AF466216

LE PATURAGE EN FORÊT

PAR

Alphonse MATHEY

INSPECTEUR ADJOINT DES EAUX ET FORÊTS

OUVRAGE COURONNÉ PAR LA SOCIÉTÉ FORESTIÈRE DE FRANCHE-COMTÉ ET BELFORT

Silvæ subsidium belli, ornamentum pacis.

BESANÇON

IMPRIMERIE ET LITHOGRAPHIE DE PAUL JACQUIN

1900

LE

PATURAGE EN FORÊT

LE

PATURAGE

EN FORÊT

PAR

Alphonse MATHEY

INSPECTEUR ADJOINT DES EAUX ET FORÊTS

OUVRAGE COURONNÉ PAR LA SOCIÉTÉ FORESTIÈRE DE FRANCHE-COMTÉ ET BELFORT

Silvæ subsidium belli, ornamentum pacis.

BESANÇON

IMPRIMERIE ET LITHOGRAPHIE DE PAUL JACQUIN

—

1900

A MONSIEUR BROILLIARD

CONSERVATEUR DES FORÊTS

ANCIEN PROFESSEUR A L'ÉCOLE NATIONALE FORESTIÈRE DE NANCY

A vous, mon cher maître, qui avez guidé mes premiers pas dans la carrière forestière, et qui sans cesse m'avez soutenu de vos encouragements et éclairé de vos conseils, je devais l'hommage de ce petit livre, fruit de votre enseignement. Veuillez l'accepter comme le témoignage d'une reconnaissance et d'une affection qui ne s'éteindront qu'avec moi.

Dijon, 25 octobre 1899.

A. Mathey.

Silvæ subsidium belli, ornamentum pacis.

LE PATURAGE EN FORÊT

Aux premiers âges de l'humanité, la forêt servait à l'homme de retraite, et assurait en partie sa subsistance au moyen du gibier qu'elle recélait et des fruits qu'elle produisait. Grâce à la domestication des bêtes sauvages, nos ancêtres s'attachèrent de plus en plus aux lieux qui les avaient vus naître. D'immenses troupeaux d'aurochs, d'élans, de porcs sauvages hantaient les forêts de la Gaule, avant la domination romaine, et cherchaient, sous l'ombrage des antiques futaies, leur provende de glands et de faines. Le bois, surabondant, n'avait aucune valeur, et, comme le sauvage, le Celte ou le Gaulois coupait l'arbre pour avoir le fruit. Avec les légions romaines, la civilisation pénètre dans notre pays; des chemins se créent, des cultures nouvelles s'introduisent, des échanges se font par terre et par eau, et les forêts cèdent devant la hache et le feu. L'homme du Midi, contempteur des Lois et des Dieux, a perdu tout respect pour le bois. Déjà, au temps de Varron, les bergers d'Apulie menaient paitre l'été leurs brebis dans le Samnium et consommaient la déforestation des Alpes latines. En même temps que le Midi monte, la forêt recule.

Pendant toute la période troublée du moyen âge, la passion de la chasse, innée dans le sang gaulois, tempère cependant la soif de détruire. Les seigneurs sont partagés entre le désir de conserver leurs giboyeuses retraites et celui d'accroitre la source de leurs richesses par la multiplication de leurs vassaux. De là viennent les premiers droits d'usage : usage à la glandée, au pâturage. Le serf cultive un petit coin de terre dû aux libéralités du seigneur, mais il a, en outre, quelques porcs, peut-être même des brebis ou une vache. Où les mener paître, si ce n'est dans la forêt seigneuriale?

Tant qu'il ne s'est agi que de porcs et de glands, la forêt a pu verdoyer en paix ; mais sitôt que sont venues les bêtes aumailles, la nécessité a fait le larron. Sous la futaie, rien que des feuilles mortes ; il faut détruire la futaie par le fer et par le feu. Tous les moyens sont bons pour créer et étendre les vides et les clairières. Quatorze siècles durant, la lutte se poursuit avec acharnement. Les futaies ont disparu pour faire place ici à des friches ou à des brandes, là à de misérables taillis, plus loin à des herbages de qualité très mêlée.

Mais, au fur et à mesure que les campagnes se peuplent, que les villes se multiplient, que les besoins en bois de chauffage et de construction deviennent plus urgents et plus impérieux, — XIVe, XVe, XVIe et XVIIe siècles, — l'homme recule, épouvanté de son œuvre, et, dans ses heures de lucidité, demande à la loi de le protéger contre ses propres débordements. Mais il n'est pas encore à l'abri de la nécessité ; il n'a ni provisions ni industrie, et se trouve à la merci de l'inclémence des saisons. Aussi, dans les années de famine et de disette, il revient à son premier berceau, à sa première pourvoyeuse, et livre de nouveaux assauts à la forêt.

L'histoire du pâturage en forêt est en raccourci l'étude de l'humanité et de l'agriculture. Les bois furent les premiers champs où s'exercèrent les facultés pensantes du cultivateur. Et l'on est vraiment confus de voir, en ce siècle qui a doublé les forces et les productions de la terre, des esprits, pourtant cultivés, se faire l'écho d'aspirations vieillies et de haines héréditaires, vouloir nous forcer à revivre les premiers âges de l'humanité et s'attarder à préconiser une pratique ennemie de tout progrès, que vingt siècles et plus ont condamnée sans appel.

I.

Lande et forêt.

Dès que le laboureur a cessé de féconder le sol, les végétaux qu'il cultive émigrent devant l'invasion de plantes sauvages qui donnent naissance à la *jachère*. Celle-ci est caractérisée par la présence de végétaux ordinairement de grande taille, semi-ligneux et constituant un mauvais fourrage. Ce sont *surtout*, dans les terrains calcaires : *Hypericum perforatum*, *Verbascum Thapsus*, *Verbascum lychnitis*, *Verbascum nigrum*, *Cirsium lanceolatum*, *Daucus carota*, *Ononis natrix*, *Ononis spinosa*, *Scorzonera austriaca*, *Melampyrum arvense*, *Linaria vulgaris*, *Hedysarum girans ;* dans les terrains argileux : *Myosurus minimus*, *Vicia cracca*, *Lathyrus aphaca*, *Trifolium filiforme*, *Trifolium procumbens*, *Genista tinctoria*, *Anthemis arvensis*, *Cirsium arvense*, *Agrostis spica-venti*, *Lolium temulentum*, *Equisetum arvense ;* dans les terrains siliceux : *Sarothamnus vulgaris*, *Calluna vulgaris*, *Vaccinium myrtillus*, *Agrostis rubra*.

Cette phase de jachère ne dure pas longtemps, à peine 10 ou 15 ans. Peu à peu les traces de l'industrie humaine s'effacent ; les sillons s'effondrent ou sont nivelés par le travail incessant des lombrics, des taupes et des fourmis ; une végétation toute différente succède à la première. C'est la *lande rase*, en partie due à l'effort de l'homme et de ses troupeaux, en partie à l'action spontanée et gratuite des forces naturelles.

1. — *Terrains calcaires.*

a) *Lande bourguignonne et comtoise.* Cette lande rase couvre d'immenses étendues dans les terrains calcaires de l'oolithe. Il n'est même pas d'agglomération un peu grande, située sur cet étage, qui ne soit environnée d'une sorte de désert, d'une mer de collines pelées, tristes et tondues, au milieu desquelles les blocs de rochers émergent comme de blanches tombes. C'est là l'image de la mort, le sceau de la décadence. Voyez les champs de Bethléem.

Enorgueilli par ses monuments, son industrie, Dijon, pour ne citer qu'un exemple, ne voit pas la lèpre attachée à son flanc ouest : Plombières, Velars, Marsannay, autant de cimetières. Beaune, Chagny et d'autres *villæ minores* n'ont rien à lui envier.

Comme exemple typique de la lande rase, nous signalerons le champ de tir de Chenôve, près Dijon. Il est situé sur les assises du Bathonien supérieur et offre une succession de couches alternativement calcaires et marneuses. Le sol, fatigué par le passage des troupes et le parcours des moutons, est parsemé de plaquettes calcaires qui sonnent sous le pied ; il est étonnamment pauvre en lombrics ; mais, en revanche, des colonies nombreuses de fourmis se sont installées sous les grosses pierres plates. A côté d'elles voisinent des carabes et d'autres arthropodes. Les cyclostomes sont peu nombreux. Cette pauvreté de la faune est en relation intime avec la pauvreté de la flore. Celle-ci est représentée par un maigre gazon de *Thymus serpyllum*, *Picris hieracioides*, *Lotus corniculatus*, *Galium murale*, *Euphorbia cyparissias*, *Euphorbia helioscopea*, *Centaurea calcitrapa*, *Anthoxanthum odoratum*, *Bromus erectus*, *Melica nebrodensis*. De loin en loin se dressent quelques buissons de *Rosa canina* et de *Cratægus oxyacantha*, puis quelques touffes isolées d'*Eryngium campestre*.

Ce type stérile de lande rase est, à n'en pas douter, un résultat du pâturage intensif. Dès, en effet, que le nombre des bestiaux admis au parcours est moins considérable, dès que les difficultés d'accès du terrain augmentent et diminuent les incursions du mouton, on voit aussitôt la lande rase se transformer et tendre vers la *lande armée*. Celle-ci se distingue par une évolution plus marquée du tapis végétal, par l'apparition de plantes nouvelles et le développement corrélatif de la vie animale. La terre végétale elle-même subit des transformations énergiques, et les plaquettes calcaires disparaissent petit à petit de la surface et sont comme ensevelies sous les déjections des vers.

Prunus spinosa, *Cerasus mahaleb*, *Rosa pimpinellifolia*, *Rosa canina*, *Cratægus oxyacantha*, sont les premiers représentants de la flore arbustive et tranchent vigoureusement sur le tapis uniforme et glauque de la lande, que hérissent encore les capitules de l'*Eryngium campestre*. Toutes ces plantes se sont développées à l'abri d'un rocher qui a éloigné le sabot du mouton, le plus souvent comme le montre le croquis ci-contre. Et c'est un fait que nous aurons maintes fois l'occasion de constater, dans les collines calcaires de la Bourgogne, dans le Jura et dans les Alpes : *le rocher est le premier et le dernier abri de la végétation forestière.*

Pour en revenir à la lande, chacun de ses buissons devient le centre d'une association végétale, qui se développe à l'abri de ce puissant voisin. La base est garnie de nombreuses graminées et à l'entour fleurissent : *Scutellaria alpina*, *Dianthus sylvestris*, *Dianthus carthusianorum*, *Rumex scutatus*, *Coronilla minima*, *Coronilla varia*, *Campanula rotundifolia*, *Allium sphærocephalum*, *Inula montana*, *Centaurea scabiosa*, *Helleborus fœtidus*, *Centhranthus angustifolius*, *Teucrium chamædrys*, *Galium mollugo*, *Galium verum*, *Phœnopus muralis*.

Mais le berger, arabe de nature, et ordinairement ignorant, bien que faisant le commerce des simples, ne voit pas l'enrichissement de sa pâture opéré par l'arbuste. Sa vue, trop courte, lui empêche de constater que ce dernier n'occupe que les parties les plus maigres du sol, celles qui, sans lui, seraient vouées à une infécondité prolongée. Aussi se hâte-t-il de le faire disparaître autant qu'il est en son pouvoir, soit en le coupant, soit en augmentant le nombre de ses bestiaux, c'est-à-dire des ennemis de l'arbuste, soit en y mettant le feu. Il arrive que l'évolution de la lande s'arrête souvent à ce stade de développement, ou même qu'il y a retour vers la lande rase, la plus improductive de toutes. Il est intéressant de noter comment s'effectue ce retour. En premier lieu, on constate la disparition de la bourre de graminées qui garnissait le pied du buisson et la raréfaction de la population animale qui y trouvait abri. Le buisson ne s'élève plus ; son feuillage tend à s'appauvrir. Cela est l'effet du tassement du sol. Puis, les rameaux de la périphérie, limés par le passage continuel du bétail, se garnissent de lichens et finissent par sécher. Ces formes naines, plus ou moins abondantes sur la pelouse, continuent longtemps à fleurir et à donner des graines. En particulier, la résistance de l'épine noire est vraiment prodigieuse.

Elle est si grande, que le berger se trouve quelquefois impuissant à conjurer la progression de la végétation arbustive, qui arrive ainsi à édifier d'abord la *lande de genévriers*, puis la *lande de buis*.

Les genévriers et les buis ont presque toujours pour berceau et pour abri, dans le jeune âge, un brin ou une cepée d'épine noire ; mais celle-ci disparait à son tour, quand elle a rempli son rôle de protection, sous le couvert de son protégé. La nature n'a pas d'entrailles.

Dans cette lande déjà améliorée, la vie est très active. Les mollusques et les lombrics abondent ; les rongeurs se glissent de buissons en buissons en quête de nourriture ; les geais pillards et les grives gourmandes s'y donnent à l'automne et au commencement de l'hiver de bruyants rendez-vous et disséminent, au milieu de leurs ébats, les semences forestières les plus variées : noix, gland, faine, noisette, baies de toutes sortes.

Le tapis végétal s'est considérablement augmenté ; il peut comprendre, en dehors des espèces déjà signalées : *Helianthemum vulgare*, *Helianthemum pulverulentum*, *Reseda lutea*, *Polygala calcarea*, *Lychnis dioica*, *Arenaria tenuifolia*, *Cerastium glomeratum*, *Linum tenuifolium, Geranium robertianum, Trifolium repens, Genista pilosa, Medicago lupulina, Vicia sepium* (buissons), *Anthyllis vulneraria, Poterium sanguisorba, Agrimonia eupatoria, Libanotis montana, Buplevrum falcatum, Laserpitium asperum, Cirsium acaule, Carlina vulgaris, Leontodon hastile, Centaurea jacea, Centaurea amara, Achillea millefolium, Phyteuma orbiculare, Borrago officinalis, Veronica teucrium, Stachys recta, Teucrium montanum, Brunella vulgaris, Origanum vulgare, Anthericum ramosum, Polypodium calcareum* (rochers), *Asplenium trichomanes* (rochers), *Asplenium ruta-muraria.*

Toutes ces plantes sont réparties dans la lande de façons fort diverses; les unes, comme *Vicia sepium*, ne se trouvent qu'au voisinage immédiat des buissons; les autres et tout spécialement les *Légumineuses*, telles qu'*Anthyllis vulneraria, Trifolium repens, Coronilla minima, Lotus corniculatus, Medicago lupulina*, abondent, avec les graminées les plus fines, dans les parties uniformément gazonnées où séjourne ordinairement le bétail. Dans les collines calcaires de la Bourgogne, dans les basses montagnes du Doubs, du Jura et de l'Ain, voire même dans les Alpes, les croupes, mollement arrondies et d'un parcours aisé, sont ainsi dégarnies, tandis que les revers, uniformément couverts de buis et de genévriers, sont sillonnés de petits sentiers, à peine visibles du fond de la vallée.

Ces pelouses calcaires donnent un foin court, mais de bonne qualité ; situées sur un sol que rien n'abrite des vents desséchants, elles sont malheureusement exposées à perdre de bonne heure leur fertilité et ne constituent guère que des *pâturages de printemps.* Sagement aménagées, protégées par des rideaux de taillis ou de grands arbres, elles seraient susceptibles de donner autant de bois que d'herbe et de laisser quelques profits à leurs propriétaires, actuellement d'autant plus pauvres qu'ils possèdent davantage.

Pour arriver à cerner les pelouses d'un rideau protecteur de haut taillis, pour édifier çà et là un abri contre les chaleurs du jour dans les parties rocheuses et conséquemment stériles, pour rendre à la culture forestière ces versants encombrés de pierres roulantes où le gros bétail ne se risque que pressé par le besoin, il est inutile de dépenser quoi que ce soit en reboisements onéreux ; il suffit de laisser agir la nature. Cette lande de buis et de genévriers renferme en elle-même le germe de la forêt ; une clôture quelconque lui permettra de se développer. Écoutons Darwin. Ce célèbre observateur rapporte ceci dans son « Origine des espèces » : « Un de mes parents possède, dans le Staffordshire, une propriété

« où j'ai eu l'occasion de faire de nombreuses recherches ; tout à « côté d'une grande lande stérile, qui n'a jamais été cultivée, se « trouve un terrain de plusieurs centaines d'acres, ayant exacte- « ment la même nature, mais qui a été enclos il y a vingt-cinq ans « et planté de pins d'Écosse. Ces plantations ont amené, dans la « végétation de la partie enclose de la lande, des changements si « remarquables, que l'on croirait passer d'une région à une autre ; « non seulement le nombre proportionnel des bruyères ordinaires « a complètement changé, mais douze espèces de plantes (sans « compter des herbes et des carex), qui n'existent pas dans la « lande, prospèrent dans la partie plantée. L'effet produit sur les « insectes a été plus grand encore, car on trouve à chaque pas, « dans les plantations, six espèces d'oiseaux insectivores qu'on ne « voit jamais dans la lande, laquelle n'est fréquentée que par deux « ou trois espèces distinctes d'oiseaux insectivores. Ceci nous « prouve quel immense changement produit l'introduction d'une « seule espèce d'arbres, car on n'a fait aucune culture sur cette « terre ; on s'est contenté de l'enclore, de façon à ce que le bétail « ne puisse entrer. Il est vrai qu'une clôture est aussi un élément « fort important dont j'ai pu observer les effets auprès de Farnham, « dans le comté de Surrey. Là se trouvent d'immenses landes, « plantées çà et là, sur le sommet des collines, de quelques groupes « de vieux pins d'Écosse ; pendant ces dix dernières années, on a « enclos quelques-unes de ces landes, et aujourd'hui il pousse de « toutes parts une quantité de jeunes pins venus naturellement, et « si rapprochés les uns des autres que tous ne peuvent pas vivre. « Quand j'ai appris que ces jeunes arbres n'avaient été ni semés « ni plantés, j'ai été tellement surpris, que je me rendis à plu- « sieurs endroits d'où je pouvais embrasser du regard des cen- « taines d'hectares de landes qui n'avaient pas été enclos ; or, il « m'a été impossible de rien découvrir, sauf les vieux arbres. En « examinant avec plus de soin l'état de la lande, j'ai découvert une « multitude de petits plants qui avaient été rongés par les bes- « tiaux. Dans l'espace d'un seul mètre carré, à une distance de « quelques centaines de mètres de l'un des vieux arbres, j'ai « compté trente-deux jeunes plants : l'un d'eux avait vingt-six « anneaux ; il avait donc essayé, pendant bien des années, d'élever « sa tête au-dessus des tiges de la bruyère et n'y avait pas réussi. « Rien d'étonnant donc à ce que le sol se couvrît de jeunes pins « vigoureux dès que les clôtures ont été rétablies. Et, cependant,

« ces landes sont si stériles et si étendues, que personne n'aurait « pu s'imaginer que les bestiaux aient pu y trouver des aliments. »

Cette page si curieuse et si vraie, émanant d'un naturaliste dont le talent d'observation a rénové l'étude des sciences naturelles, a une portée incalculable pour les finances de notre patrie, pour les efforts ultérieurs à tenter en vue de la consolidation rapide et durable du sol instable de nos montagnes, et même pour l'avenir de notre agriculture. Elle s'impose aux méditations de nos hommes d'État. Jugez plutôt. Chaque année s'allonge la liste des ennemis qui s'attaquent aux fruits de la terre. Les insectes se multiplient dans une proportion incroyable, piquent et sucent bois et racines, ouvrent partout la porte aux champignons parasites et aux germes nocifs. Or, il y a une corrélation évidente entre le développement des insectes nuisibles et le progrès des maladies cryptogamiques. Dans la lutte entreprise contre ces multiples fléaux, l'homme a constamment le dessous, depuis qu'il s'est privé des services gratuits de l'oiseau. L'oiseau émigre de ces landes rases ou à peine vêtues de buis, qui, pendant des centaines et des centaines de kilomètres, en Comté, en Bourgogne, en Beaujolais, en Dauphiné, en Savoie, partout enfin, sur notre territoire, se déroulent avec une monotonie fatigante au-dessus de nos vignobles les plus fameux.

Hannetons, pyrales, cochylis, aphis, etc., bravant tous les insecticides, anéantissent en quelques semaines l'espoir d'une année. En serait-il de même si la forêt, augmentant le nombre des espèces végétales, des insectes carnassiers, des oiseaux insectivores, était enfin constituée, si la lande, laissée en repos, pouvait se couvrir en paix d'un manteau de verdure, source de toute vie? Poser la question, c'est évidemment la résoudre.

Est-il donc admissible que nos législateurs permettent à des communes imprévoyantes, voire même à des particuliers inconscients, détenteurs de friches rapportant à peine 0 fr. 50 par hectare, de consommer la ruine de vignerons, dont les terres rendent 800 à 900 fr. par hectare, tous frais déduits, et de porter ainsi un coup des plus rudes à la viticulture française? Vainement on invoquera les nécessités de l'élevage; les bénéfices en sont vains, comme nous l'établirons plus loin.

Fermant cette digression, nous reviendrons à *la lande de buis et de genévriers* qui, à peine constituée, est en butte aux tentatives de destruction du berger, et qui, neuf fois sur dix, ne peut poursuivre sa carrière. La chèvre et le mouton en sont les pires ennemis. Dans la Combe à la Serpent, de Corcelles-lez-Dijon, dans les friches de la première chaîne du Jura, dans les coteaux du Rhône, dans les rocailles du Bas-Bugey, nous en avons maintes fois constaté les méfaits, toujours les mêmes. Avec leur sabot, ils déchaussent le plant; avec leur corps, ils éclatent le buisson, en usent, en liment et en défeuillent les rameaux. Une ou deux branches sèchent d'abord, puis la cepée tout entière disparaît, emportant avec elle le gazon de gramen, la touffe jaunâtre de flouve ou de brachypode qui garnissait son pied et rayonnait à l'entour. La terre mise à nu est entraînée par le ruissellement. Le tapis végétal est appauvri en bonnes espèces, et la trame en est surtout constituée par les plantes dédaignées du bétail, qui peuvent fleurir et mûrir leurs semences. Ainsi s'opère, le plus souvent, un incessant retour de la lande de buis vers la lande armée, puis de la lande armée vers la lande rase.

Cependant, dans des conditions exceptionnelles de repos ou dans des terrains difficilement abordables, la lande de genévriers ou de buis continue à évoluer, donnant naissance à une *brosse*. La brosse est l'ébauche de la forêt. Voici comment elle s'édifie.

Au milieu des buissons écrasés de genévriers, au travers des touffes vieillies de buis, sur un léger duvet de mousse et sur le terreau résultant de la décomposition des feuilles, des aiguilles et des herbes qui ont disparu, tuées par l'ombrage, se développe un plant de cornouiller mâle, de nerprun des Alpes, de coudrier ou de chêne. A l'entour de cette touffe, le groseillier épineux, le cerisier mahaleb, l'épine-vinette, le prunellier, l'églantier, décrivent un cercle d'épines ou de piquants, puis l'ensemble est encore resserré par les liens de la clématite. Peu à peu l'ombre s'étend, la population végétale s'augmente de viornes, de saules-marsaults, d'amélanchiers, d'alisiers blancs, puis, tardivement, de charmes et de hêtres. La rareté du charme, dans ces jeunes brosses, tient sans doute à la germination bisannuelle de sa graine, très exposée ainsi à être détruite par les rongeurs.

Dans cette brosse, les arbres longévifs qui composent la forêt sont rares et noyés au milieu de végétaux bacciformes, dont la propagation s'est évidemment faite par les oiseaux : grives, geais, pies ou corbeaux; ces derniers, très friands de noix, propagent ce fruit à de grandes distances, et il n'est pas rare de rencontrer, çà et là, dans la brosse, de jeunes noyers, qui finissent malheureusement par disparaître devant la concurrence d'autres plantes.

Le tapis végétal a continué à s'enrichir de nombreuses espèces. A Fleurey, à Velars, à Plombières, nous notons : *Viola canina*, *Viola collina*, *Thlaspi montanum*, *Anthyllis vulneraria*, *Coronilla emerus*, *Coronilla varia*, *Coronilla maxima*, *Hippocrepis comosa*, *Vicia sepium*, *Genista pilosa*, *Fragaria vesca*, *Fragaria collina*, *Potentilla verna*, *Laserpitium latifolium*, *Laserpitium gallicum*, *Knautia arvensis*, *Hieracium murorum*, *Vincetoxicum officinale*, *Cynoglossum officinale*, *Orobanche rapum*, *Melampyrum cristatum*, *Betonica officinalis*, *Clinopodium vulgare*, *Ballota fœtida*, *Brunella grandiflora*, *Origanum vulgare*, *Teucrium montanum*, *Globularia vulgaris*, *Ruscus aculeatus*, *Cephalanthera rubra*, *Epipactis atro-rubeus*, *Acera antropophora*, *Orchis mascula*, *Ophrys aranifera*, *Ophrys arachnites*, *Carex præcox*, *Carex glauca*, *Phleum pratense* (*var. nodosum*), *Dactylis glomerata*, *Briza media*, *Brachypodium sylvaticum*, *Brachypodium pinnatum*, *Sesleria cærulea*, *Festuca duriuscula*, *Kœleria cristata*.

Il est à remarquer que les plantes de la jachère ont entièrement disparu de la brosse ; celles de la lande armée y sont devenues rares, et, seules, celles de la lande de buis et de genévriers continuent à s'y maintenir. Les légumineuses sont toujours prépondérantes sur la pelouse énergiquement pâturée, mais, partout où l'ombrage a gagné, elles cèdent devant l'invasion des graminées et des végétaux d'introduction nouvelle.

Entre la brosse naissante, formée par des cepées de chêne et d'alisier noyées au milieu d'un fourré encore vulnérant d'épines et de morts-bois, et la forêt définitive de chêne, de charme, de fruitiers et de hêtre, on peut observer tous les intermédiaires. La chaîne est continue, comme est aussi continu l'effort de la nature. L'évolution ne dépend que de l'homme et de ses troupeaux. Interviennent-ils brutalement et abusivement, c'est le recul ; profitent-ils sagement du gazon et du bois, c'est l'arrêt ; n'interviennent-ils que pour récolter les fruits mûrs, c'est la marche indéfinie en avant.

Enfin, on peut facilement constater que la brosse, même avec une étendue moindre de gazon, offre au pâturage des ressources plus grandes que la lande. D'abord, le bois se trouve cantonné dans les parties rocheuses ou stériles que fuit le bétail ; ensuite la pâture est moins exposée à la sécheresse, mieux gardée des vents brûlants qui fanent l'herbe ou même la tuent ; elle est donc plus fraîche, plus riche en bonnes espèces, partant, plus animée et plus vivante.

En conservant quelques chênes robustes, préalablement garnis d'un manchon d'épines, au milieu des herbages; en créant des bouquets de hauts taillis, préservés de la dent du bétail par des cordons de rochers ou des ronces artificielles, on parviendrait à constituer facilement de riants prés-bois, dont le traitement serait aussi facile que le revenu profitable. Et qui empêche de veiller sur les noyers qui pointent, de greffer mahalebs, épines et sauvageons distribués sur le pourtour des lisières du taillis et en fermant l'entrée? En agissant ainsi, on se ménagerait les ressources les plus variées, en attendant que la forêt, suprême parure de ces sols ingrats, ait définitivement conquis l'espace.

Combien faut-il de temps à la nature non contrariée pour franchir toutes ces étapes? Cela dépend du terrain et de la proximité plus ou moins grande des bois. En moyenne on peut compter:

Pour la jachère	10 ans
Pour la lande	25 —
Pour la brosse.	30 —

C'est en tout 65 ans, soit un peu plus d'un demi-siècle, pour arriver à la forêt de rapport. Mais, nous le répétons, les conditions sont très diverses, et nous avons maintes fois trouvé des vignes abandonnées, transformées, après quinze ou vingt ans, en brosses touffues.

b) Lande montagnarde jurassienne et alpestre. — Si, quittant les régions de coteaux, on s'élève dans les pays de montagnes, sans sortir des roches massives du jurassique, on constate que la formation de la forêt exige un peu moins de temps. D'abord, la période de jachère n'existe pas, l'homme ayant abandonné depuis longtemps la culture de ces terrains trop haut placés; ensuite, les phases évolutives sont abrégées par l'humidité du climat favorable à la végétation ligneuse; les essences robustes, constitutives de la forêt, s'installent souvent dès l'abord sur la pelouse et les essences délicates succèdent avec plus de rapidité aux plantes de la lande.

La prairie naturelle des basses et hautes montagnes calcaires du Jura et des Alpes extérieures ou Préalpes comprend un assez grand nombre d'espèces.

Nous donnons en note les principales que nous avons classées en bonnes, médiocres et mauvaises (1).

(1) *Ranunculus thora*, *Ranunculus bulbosus*, *Ranunculus acris*, *Anemone*

Dans les bonnes prairies du Jura méridional que nous avons visitées et qui étaient situées à une altitude de 700 à 800 mètres, le tapis végétal comprenait environ moitié de graminées et une très forte proportion de légumineuses. Tout à côté, dans des pâturages communaux dégradés par un parcours abusif, le nombre des graminées et des légumineuses avait considérablement diminué ; la gentiane jaune, le vêratre blanc, les euphorbes, les carlines, les centaurées, les scutellaires, toutes plantes vénéneuses ou mauvaises, avaient partout envahi le sol, et, déjà, se montraient, au voisinage des rochers, des rosiers, des troènes et des buissons très denses de buis. Un peu plus haut, des genévriers et des coudriers avaient conquis la lande de buis, et, sur quelques hectares, la brosse se formait en chêne et en hêtre. Un vieux berger, drapé dans sa limousine et s'apitoyant sur les temps présents, nous racontait qu'il avait vu naître tout cela en trente ans ! Il exagérait probablement, car, dans ces basses montagnes de l'Ain, la lande de

montana, *Anemone alpina*, *Anemone narcissiflora*, *Trollius europæus*, *Helleborus fœtidus*, Arabis hirsuta, Hutchinsia petræa, Viola biflora, POLYGALA CALCAREA, Dianthus carthusianorum, Saponaria ocymoïdes, Arenaria serpyllifolia, Linum tenuifolium, Linum alpinum, Hypericum perforatum, *Genista sagittalis*, *Genista pilosa*, *Ononis repens*, *Ononis natrix* ; ANTHYLLIS MONTANA, MEDICAGO LUPULINA, MEDICAGO MINIMA, TRIFOLIUM PRATENSE, TRIFOLIUM SCABRUM, TRIFOLIUM MONTANUM, TRIFOLIUM REPENS, LOTUS CORNICULATUS, *Coronilla varia*, Coronilla minima, HIPPOCREPIS COMOSA, ALCHEMILLA VULGARIS, Dryas octopetala, Fragaria vesca, Potentilla verna, Poterium sanguisorba, *Sedum acre*, *Sempervivum montanum*, *Eryngium campestre*, *Eryngium alpinum*, PIMPINELLA MAGNA, PIMPINELLA SAXIFRAGA, Buplevrum falcatum, LIGUSTRUM MUTELLINA, *Heracleum spondylum*, Laserpitium latifolium, Laserpitium siler, GALIUM MOLLUGO, GALIUM TENUE, Centhranthus angustifolius, Valeriana tripteris, Valeriana montana, Aster alpinus, Aster amellus, *Bellis perennis*, Erigeron acris, Gnaphalium dioicum, Leucanthemum vulgare, *Cirsium lanceolatum*, *Cirsium acaule*, *Carlina vulgaris*, CENTAUREA JACEA, *Centaurea calcitrapa*, *Picris pyrenaica*, *Leontodon hispidus*, TARAXACUM OFFICINALE, Hieracium pilosella, *Hieracium murorum*, PHYTEUMA ORBICULARE, *Gentiana lutea*, *Gentiana grandiflora*, *Gentiana acaulis*, *Gentiana verna*, Euphrasia officinalis, Euphrasia minima, Bartsia alpina, Veronica teucrium, Veronica alpina, Betonica officinalis, *Scutellaria alpina*, BRUNELLA ALPINA, BRUNELLA VULGARIS, Teucrium botrys, *Globularia vulgaris*, PLANTAGO MEDIA, PLANTAGO LANCEOLATA, PLANTAGO ALPINA, *Euphorbia cyparissias*, *Galanthus nivalis*, *Narcissus pseudo-narcissus*, *Narcissus poeticus*, *Orchis morio*, *Orchis simia*, *Orchis globosa*, *Orchis sambucina*, *Orchis maculata*, *Orchis pyramidalis*, *Orchis albida*, *Ophrys aranifera*, NIGRITELLA ANGUSTIFOLIA, *Allium sphærocephalum*, Phalangium liliago, *Veratrum album*, Carex humilis, Carex præcox, ANTHOXANTHUM ODORATUM, PHLEUM PRATENSE, PHLEUM ALPINUM, POA TRIVIALIS, Sesleria cærulea, Agrostis vulgaris, Calamagrostis argentea, KŒLARIA CRISTATA, BRIZA MEDIA, *Festica duriuscula*, *Festuca rubra*, BROMUS ERECTUS, BROMUS MOLLIS, BRACHYPODIUM PINNATUM, NARDUS STRICTA.

buis est singulièrement tenace, et nous n'avons guère vu que l'épicéa qui puisse en avoir facilement raison. Le sommet où nous nous trouvions était dépourvu de cette essence.

Dans le Jura septentrional, et en particulier dans la région du sapin pectiné, la lande n'a qu'une faible importance ; de gras herbages et des sapinières luxuriantes se succèdent alternativement. Sur quelques pâtures communales rocheuses, on constate cependant l'envahissement des genévriers et des épines ; des saules, des coudriers et des érables leur font d'abord cortège, et sont eux-mêmes remplacés par le hêtre, puis le sapin.

Par contre, la couronne forestière a presque entièrement disparu des hauts sommets des Préalpes, et le bois n'occupe plus la place que lui assigne une culture intelligente du sol. En nombre de points s'est édifiée une lande de busseroles officinales et de genévriers nains (Juniperus nana), et aussi, çà et là, une lande de myrtilles et de rhododendrons, qui s'est installée sur un humus acide, formé par la décomposition de détritus végétaux. Dans les conditions voulues d'abri et de repos, ces terrains commencent à se couvrir d'alisiers nains, de chèvrefeuilles bleuâtres et de haies qui préparent la venue de l'épicea, le plus grand boiseur de la montagne. D'autres fois, la forêt débute simplement par l'apparition de touffes isolées, puis affluentes, de framboisiers.

Dans ces sols à base calcaire, la lande de rhododendrons est peu tenace et le bétail en a vite raison, pour peu qu'il la hante régulièrement. Il n'en est pas de même de la lande de busseroles et de genévriers: celle-là, le berger peut la poursuivre par le fer et par le feu ; elle résistera à tous ses efforts et n'a qu'un seul ennemi: l'*arbre*. Cela apparaît mieux encore et avec une netteté saisissante dans les Alpes de Savoie, où les Lapiaz (mers de rochers) urgoniens et néocomiens couvrent des milliers d'hectares. Là étaient des forêts claires d'épicéa, de pin de montagne et de pin mugho, avec des alisiers et des sorbiers, protégeant de petites cuvettes fraiches et garnies d'un gazon fin, serré et succulent de nard raide, troué au premier printemps par les fleurs si gracieuses des soldanelles et des crocus; là ne sont plus que des *landes à jamais stériles* de busseroles, de genévriers nains, de rhododendrons, de myrtilles et d'arbouses. Le pasteur a détruit l'arbre qui protégeait et gardait la pelouse ; il n'a récolté que l'inutile arbuste, que la soif, le torrent et la tempête. Et ces déprédations continuent sous l'œil indifférent de l'État, qui consacre annuellement trois millions pour le reboisement des montagnes ! !

2. — *Terrains argilo-calcaires.*

a) Lande des Préalpes savoyardes et dauphinoises. — Des calcaires massifs, on passe par transition ménagée aux calcaires marneux du jurassique et du crétacé représentés surtout, dans le Jura méridional et dans les Alpes, par les calcaires du Berrias et du Valenginien et par les marnes de l'Hauterivien. Les premiers, toujours superficiels, arides et facilement entamés par les eaux, ont été déboisés sur de grandes surfaces dans toute la région des Préalpes savoyardes et dauphinoises ; ils constituent des landes improductives, abandonnées aux chèvres et aux moutons, et que guettent la ruine et le torrent. Entre Chambéry et Grenoble, les monticules adossés au massif bastionné de la Chartreuse sont couverts d'un gazon rare, grêle et peu nutritif de : ***Ranunculus nemorosus*, *Helianthemum vulgare*, *Polygala calcarea*, *Polygala chamæbuxus*, *Lotus corniculatus*, *Anthyllis vulneraria*, *Trifolium repens*, *Potentilla verna*, *Galium mollugo*, *Inula salicina*, *Centaurea calcitrapa*, *Centaurea jacea*, *Hieracium pilosella*, *Campanula glomerata*, *Campanula rotundifolia*, *Chlora perfoliata*, *Gentiana ciliata*, *Odontites rubra*, *Brunella vulgaris*, *Brunella grandiflora*, *Teucrium chamædris*, *Globularia vulgaris*, *Plantago major*, *Euphorbia cyparissias*, *Carex præcox*, *Carex humilis*, *Calamagrostis argentea*, *Briza media*, *Anthoxantum odoratum*, *Sesleria cœrulea*.**

Ces pacages verdoient rapidement au premier printemps, mais se fanent avec plus de rapidité encore dès les premières chaleurs. Toutes les plantes délicates émigrent de ces terrains desséchés par les vents brûlants ou glacés par le hâle, et il ne reste plus, finalement, que des végétaux grossiers, semi-ligneux et sans valeur nutritive. Faute d'abri, faute d'ombrage qui les vivifie, ces pacages ne constituent qu'une ressource illusoire pour les habitants, et leur reboisement offre un intérêt considérable dans une région viticole, ventée et grêlée, d'où l'oiseau a presque entièrement disparu.

Au mois de septembre 1898, assis avec quelques amis sur le mur d'une élégante villa de Montbonnot, près Grenoble, nous admirions, sans pouvoir nous en lasser, et la riche plaine du Grésivaudan, qui serpentait à nos pieds, et les montagnes granitiques et encore bien boisées qui, d'étage en étage, s'élevaient vis-à-vis de nous jusqu'au pic de Belledonne. Malheureusement, cette belle nature était morte ; on n'entendait, on ne voyait aucun oiseau. Et il en est ainsi dans presque toute la vallée. Vraiment, l'homme a tort de se plaindre si sa semence ne germe pas et si ses récoltes sont détruites aussitôt que nées. Par le désert de l'air, il prépare le désert de la terre et recueille le fruit de son imprévoyance.

Et cependant, il faudrait bien peu de chose pour changer la face de ces coteaux et de ces montagnes : simplement laisser agir la nature. Déjà, dans les prés de fauche, plus haut placés, de Saint-Baldoph et d'Apremont, boisés par des buissons de chêne rouvre, d'érable et de cytise, le tapis végétal se montre plus dru et plus frais, comme rénové. On y trouve abondamment *Coronilla montana*, *Orobus tuberosus*, *Lathyrus silvestris*, *Laserpitium gallicum*, *Laserpitium latifolium*, *Astrantia major*, *Leucanthemum atratum*, *Phleum pratensis*, *Alopecurus agrestis*, *Agrostis vulgaris*, etc. C'est qu'en effet la pâture est loin d'être immuable ; elle se transforme incessamment. Sur le sommet tondu et pelé du mont Charvais, commune de Saint-Baldoph, l'appauvrissement progressif du tapis végétal, son dessèchement prématuré en ont éloigné le bétail, depuis quelques années, durant l'été et l'automne. Cela a suffi pour que des genévriers, des rosiers et des buis aient pris possession de quelques ares de terrain. Alors sont venus le tremble toruleux, étendant au ras du sol ses rameaux noués par la saperde, puis l'amélanchier et le coudrier. Supprimez entièrement le pâturage, c'est la brosse édifiée en vingt ans, c'est la forêt créée en moins d'un demi-siècle. Et avec la forêt, c'est l'herbe parfumée revenue dans les vides et les clairières des peuplements défensables ; c'est l'eau rendue à des malheureux qui, pendant les sécheresses, usent leurs nuits pour aller récolter quelques tonneaux d'eau corrompue et homicide dans les marais situés au fond de la vallée. Pour conserver un lieu de promenade à quelques vaches rachitiques et souffreteuses, on laisse le goitre déprimer l'homme et la diphtérie exercer parmi l'enfance ses incessants ravages. Est-ce là le progrès ? Le progrès, nous persistons à le voir dans ces landes de buis et de busseroles qui, jusqu'à 950 mètres, marquent le premier effort de la végétation ligneuse, le premier pas vers l'enrichissement, le verdissement et l'animalisation de la contrée. Comme toujours, à la lande de buis succède la brosse de cornouiller mâle, de coudrier, de viorne, d'amélanchier, de cotoneaster, de groseillier des Alpes, de troène, de cerisier mahaleb et de nerprun, puis la forêt claire de houx, de cytise, d'alisier blanc, d'érables champêtre et de Montpellier, de chêne, de charme et de hêtre.

Mais, s'il faut près de cinquante ans pour édifier cette forêt, quelques années suffisent, en revanche, pour la détruire. En 1892, la commune d'Apremont (Savoie) demanda et obtint la distraction du régime forestier de deux parcelles situées, l'une au canton de Boissonnay, l'autre au canton de Combe Vernaz.

Boissonnay était, dans le bas, à l'état de lande rase, déjà éraillée par les eaux ; dans la partie médiane, à l'état de lande de buis parsemée de fougères et de rares buissons d'épines et de coudriers ; dans le haut, enfin, à l'état de brosse de chêne, de hêtre, alisier, cytise, châtaignier, amélanchier et érable. Bien que déprimé par la serpette des chercheurs de litière et distendu par le parcours des moutons, tout cela serait parti bien vite, si on l'avait mis à ban.

Combe Vernaz, située plus haut, à 880 mètres, se montrait plus riante encore. Sur un terrain bien consolidé de marno-calcaires du Valenginien, recouverts de 0^{m}15 à 0^{m}40 de diluvium siliceux et glaciaire, on observait un mélange intime, des plus rares et des plus curieux, de plantes nettement calcicoles et d'autres calcifuges. C'était, parmi les herbes, *Anthoxantum odoratum*, *Agrostis vulgaris*, *Carex humilis*, *Gentiana lutea*, *Gentiana ciliata*, *Coronilla minima*, *Coronilla maxima*, *Trifolium rubens*, *Clinopodium vulgaris*, *Elleborus fœtidus*, *Origanum vulgare*, *Brunella vulgaris*, *Helianthenum vulgare* ; parmi les arbrisseaux et les morts-bois, *Buxus sempervirens*, CALLUNA VULGARIS, *Arctostaphylos officinalis*, GENISTA ANGLICA, *Coronilla emerus*. Un taillis simple, évidé, mais bien venant, de saule, coudrier, cytise, alisier blanc, érable, chêne, charme et châtaignier, surmontait cette végétation basse. Brochant sur le tout, quelques semis naturels d'épicéa pleureur (Picea pendula, Christ.) et de pin sylvestre trahissaient le voisinage immédiat de la haute montagne. Tel quel, ce pré-bois offrait des ressources sérieuses au parcours, et défendait le sol de toute érosion.

En 1896 et 1898, nous voulûmes revoir ces deux cantons abandonnés. Quel changement ! Boissonnay n'offrait plus qu'un sol effrité et garni d'un court gazon. Par mille plaies béantes les eaux suintaient et donnaient à l'ensemble un aspect ruiniforme lamentable. Ces terres décollées, minées et sans liaison, sont à la merci des grandes pluies, et s'en iront un jour, comme le firent, en 1878, celles voisines des Côtes, colmater les quais de Chambéry.

Quant à Combe Vernaz, elle avait mieux résisté ; mais elle avait déjà perdu son manteau forestier, et les arbustes sociaux, cessant d'être refoulés par le couvert, s'étaient multipliés à l'envi : la valeur de l'herbage avait diminué de moitié. Telles sont, dans les Alpes, les conséquences immédiates de la suppression du régime forestier.

Dans cette même chaîne de Joigny, et à une altitude supérieure à 1,000 mètres, le buis disparaît complètement ; sur le versant de la montagne, l'airelle dessine des taches au milieu d'un fort beau gazon de *Campanula rhomboidalis, Nigritella angustifolia, Orchis albida, Poa sudetica, Poa hybrida, Festuca nigrescens, Nardus stricta.* La forêt, ayant quelques rosiers et quelques rhododendrons pour avant-garde, progresse à pas de géant ; elle est représentée par des alisiers blancs, des sorbiers des oiseleurs, et surtout par des aunes verts. Dans les vides de ces clairs prés-bois croissent : *Mulgedium alpinum, Mulgedium plumieri, Epilobium alsinæfolium.* Et l'épicéa, le roi de la montagne, guette l'instant propice pour se faufiler dans ces taillis courbés et déprimés par les neiges et pour y régner en maître.

Ce retour offensif de la forêt est dû au perfectionnement de l'agriculture dans la vallée, et à une surveillance plus active. Autrefois, pressés par le besoin, les habitants de Saint-Baldoph louaient, pour la récolte de l'herbe, les vides et les vacants de ces régions élevées. Au prix d'une grande somme de travail et d'une perte considérable de temps, ils parvenaient à réunir quelques charges de ce foin petit, mais parfumé et très nutritif. Ces bottes étaient entourées d'une armature complète de feuillage, puis lancées dans des couloirs naturels aboutissant sur des voies de communication, ou placées sur un brancard de perches d'épicéa ou de grosses branches d'alisier ou de sorbier, et que le montagnard traînait après lui. D'une pierre il faisait deux coups, enlevant l'herbe et le bois.

Du jour où on a supprimé sa maraude forestière, il s'est attiédi, a mesuré le coût et l'avoir et, se trouvant en perte, est demeuré chez lui, donnant tous ses soins à sa vigne et à son champ. Il a défriché, comme il convenait, la châtaigneraie de petit rapport, qui peuplait, aux basses altitudes, les plages de diluvium glaciaire et a laissé reverdir la haute montagne, trop souvent glissante et croulante.

3. — *Terrains argilo-siliceux.*

a) Lande alpestre. — Les marnes hauteriviennes participent plus des terrains argileux que des terrains calcaires. La forêt n'y serait même qu'exceptionnellement représentée, si elles n'offraient çà et là des ressauts rocheux, si elles n'étaient pas humectées de sources qui minent sourdement le sol, et si le pasteur n'avait pas trop profondément abusé des herbages. Habituellement, la pâture commence à se dégrader par l'apparition de touffes serrées de genêt sagitté qui éloignent le bétail. De petites fourmis jaunes et cruellement piquantes s'installent dans ces lieux paisibles et y construisent leur demeure. Elles la revêtent de débris de plantes, au milieu desquels se trouve parfois une graine ailée d'épicéa. Celle-ci germe et la fourmilière a un toit, la forêt, une sentinelle avancée. Le plant isolé devient bouquet abritant *Helix fontinelli* ou *Helix alpina*. L'oiseau accourt, apporte la baie, et le buisson se ceint d'une armure d'airelles et d'arbouses, de sorbiers ou d'érables. D'autres fois, le sol lubréfié près d'une source a coulé; un miroir de terre bleue et vaine s'est formé. Des tussilages apparaissent, drainent le terrain, l'aèrent et l'enrichissent de ferments nitriques, sans lesquels il n'y a pas de vie. Des saules ou des aunes verts, apportés d'on ne sait où, cernent la tache, la fixent, en attendant la venue de l'épicéa ou du sapin. On a compté sans le berger....

A côté de ces marnes hauteriviennes, viennent se placer les marnes bleues du Lias alpin ou Jura noir. Ce sont des terrains consacrés moitié à la culture forestière, moitié à la culture pastorale. Dépouillés de leur cuirasse d'arbres ou de gazon, ces schistes sont délayés par les eaux sauvages et réduits en une sorte de bouillie noirâtre, rebelle à la végétation. Tous ceux qui ont parcouru les Alpes ont été saisis par la sauvage tristesse émanant de ces innombrables versants décharnés, dont l'ombre du soir rehausse encore la laideur. Ces terres sont pourtant étonnamment fertiles pour l'herbe et pour le bois. Dans le Faucigny et la haute vallée du Doron, les pâtures fumées sont recouvertes d'un gazon très fourni et très élevé de *Phleum alpinum*, *Festuca nigrescens*, *Agrostis stolonifera*, *Poa alpina*, *Anthoxantum odoratum*, *Trifolium alpinum*, *Trifolium repens*, *Trifolium montanum*, *Alchemilla vulgaris*, *Anthyllis montana*, *Campanula barbata*, *Campanula Scheuzerii*, *Campanula pusilla*, *Betonica hirsuta*, *Plantago lanceolata*.

Dans les prairies à pente vertigineuse et à fauche biennale ou triennale qui couvrent les flancs de l'aiguille de Tricot, vis-à-vis du glacier de Miage, le foin est plus court, mais composé de plantes très variées, au milieu desquelles tranchent le *Nard raide*, le

Trèfle des Alpes, au pénétrant et suave parfum, l'*Alchemille mille-feuilles*, la *Livêche mutelline*, la *Dryade*, la *Phaque astragaline* et l'*Oxytrope des montagnes*. Dans ces terrains imperméables, les sources sont très nombreuses. Garanties et protégées par un épais rideau d'aunes blancs ou verts, elles donnent naissance à un filet d'eau qui descend de cascades en cascades en argentant les flancs de la montagne, mais sans entrainer des éboulements considérables. Isolées au milieu des pâtures déboisées, elles provoquent la formation d'éponges ou de marécages, au travers desquels le bétail trace des ornières profondes. Au lieu de ruisseler, les eaux s'infiltrent, s'épanouissent sur une couche imperméable d'argile, la lubréfient et font couler la plaque de gazon qui se trouvait au-dessus. Le versant s'étoile de plaquettes brunes; il est perdu si le mouton y demeure, et devient mûr pour le reboisement. Ce reboisement naturel suit une marche très caractéristique. Ces miroirs se garnissent d'une végétation lâche de *Trifolium spadiceum*, *Linaria alpina*, *Sedum sexangulare* et *Anthyllis montana*, dont les racines, fines, menues, déliées, se glissent à de grandes distances, enserrent l'argile et la retiennent. Sur ce sol déjà un peu fixé apparaissent ensuite *Saxifraga aizoon*, *Cerastium alpinum*, *Primula farinosa*, *Pinguicula alpina* et *vulgaris*, *Dianthus sylvaticus*, *Tussilago farfara*, etc. Pendant que s'accomplit ce travail sur la bouillie noire, les plaques de gazon encore intactes se garnissent de genévriers nains, parfois aussi d'aunes verts, puis, finalement, se couvrent d'un semis très dru d'épicéa. La forêt est née, le versant consolidé.

Sur les plateaux, l'apparition de la forêt est provoquée exclusivement par l'appauvrissement du gazon. Sur le sol mis à nu par le bétail se développent de vigoureux plants de *Cirsium spinosissimum* donnant naissance à une lande armée, à laquelle succède une lande de genévriers, de rhododendrons et d'airelles. Il est à noter que, sur ces terrains argileux, le rhododendron n'a qu'un faible pouvoir envahissant; il ne résiste même que grâce à la présence du genévrier. Ce dernier est tenace, et le berger l'allume, espérant récolter dans sa cendre. C'est en vain. La présence de cet arbuste trahit le plus souvent un appauvrissement tel de l'herbage, que l'arbre est seul en état de panser la plaie. La lande liasique d'airelles, de genévriers et de rhododendrons ne tarde pas à se couvrir d'un semis assez dru d'épicéa ou d'une végétation buissonnante d'aune vert. En cinquante ans, le gaulis est constitué; en quatre-vingts ans, le perchis est formé.

Malheureusement, le montagnard ne veut pas voir l'appauvrissement de la terre, et ne comprend pas le rôle fécondant de l'arbre ou de l'arbuste. Aussitôt nés, il les détruit. Qu'advient-il ? Ceci. En 1896, accompagné d'un ami et de sa jeune femme, nous descendions au galop la croupe du mont Joly à travers un essart d'aune vert. Aussi loin que la vue pouvait porter, s'étendait une forêt touffue d'*ellébore blanc*, la plus mauvaise de toutes les herbes de la montagne. Et les fleurs abondantes et d'un blanc sale, qui couronnaient les hampes, promettaient pour l'avenir une moisson plus belle encore. Que valait le pâturage? Presque rien, moins à coup sûr qu'avant l'essartement désastreux. Et l'avalanche, toujours menaçante, ayant détruit une première fois le rustique chalet situé au bas de la pente, le montagnard avait été contraint, pour s'en défendre, d'élever en amont un monticule de terre haut de 3 mètres. Faible protection contre l'écrasement!

b) Lande lorraine, bourguignonne et comtoise. — Les marnes du Lias constituent encore une grande partie des plaines, des vallées et des coteaux de la Lorraine, de la Bourgogne et de la Franche-Comté. Au-dessus de riches cultures et de splendides prairies, apparaissent souvent des terrains incultes, des friches garnies de prêles, de tussilages, de houlques et surtout d'une mauvaise graminée : l'agrostis commune. Sur ces friches, la végétation forestière débute par d'humbles touffes de génestroles, par des épines noires et blanches, puis par des genévriers. La bourdaine et le tremble font ensuite irruption et sont enfin suivis par des coudriers, des chênes et des charmes constitutifs de la forêt. Voyez plutôt :

« La commune de Mesmont, voisine de Sombernon (Côte-d'Or), « possède un excellent bois, où il n'y avait que quelques brous- « sailles, il y a 45 ans. On pouvait y tirer les lièvres à découvert, « et les hommes de 60 ans se rappellent y avoir fait pâturer leurs « bestiaux. Le conservateur des forêts à Dijon, en 1845, fit mettre « ce terrain en défens, et on cria beaucoup contre lui, disent les « gens de Mesmont. Actuellement ce canton, dont le nom de *Brogile* « (primitif de Breuil) rappelle l'état ancien de pâture communale, « est un excellent taillis sous futaie, plein de bois, arbres et taillis, « comme un œuf est plein de blanc et de jaune. » (*Le traitement des bois en France*, par M. Broilliard, ancien professeur à l'École forestière.)

4. — *Terrains argileux.*

Lande bourguignonne et comtoise. — Dans les sols argileux, la végétation forestière est longue à s'implanter et demande encore plus de repos. Cela tient à la concurrence prolongée que font les graminées aux menues plantes de la lande. Les graines ou les baies tombant sur une litière épaisse de chaumes flétris émettent bien une radicule, mais cette dernière se faufile vainement à travers les herbes, elle ne peut toucher la terre nourricière et se dessèche. Il arrive cependant qu'une *fourmilière* ou une *taupinière* offre asile à l'une d'elles ; *c'est le salut.*

Abandonnées à la jachère, ces terres argileuses, froides et humides se couvrent, dans nos plaines, d'un épais gazon d'agrostis rouge, puis d'une lande de bruyères. Qui voit à l'automne ces champs rutilants, est tenté d'accuser le berger de coupable négligence, pour n'avoir su utiliser un si précieux fourrage. En fait, il n'en est guère de plus mauvais, et la location de ces terres, de chute en chute, est tombée à rien. Peu à peu le bois s'en empare ; voici comme : au travers des touffes alanguies de la bruyère,sur un sol travaillé par les taupes, germe une baie de bourdaine ou une graine légère de tremble et de bouleau. L'édifice encore fragile se consolide par l'apparition de quelques épines blanches, et le bouquet progresse. Sous le couvert, la bruyère s'éclaircit, puis émigre; des colonies de lombrics travaillent la terre et l'ameublissent, un plant de chêne surgit, un semis de charme le suit. L'association est désormais complète, et la forêt évolue rapidement, à moins d'un retour offensif du berger. Dix ans de jachère et quinze ans de bruyères séparent de la brosse, mais trente ans suffisent, après coup, pour donner le bois de rapport.

Si l'argile n'est pas trop froide et compacte, la ronce peut primer les plantes de la jachère ; elle buissonne en forme de lentille et sert de berceau au chêne, au bouleau et à l'orme. Le cycle est abrégé de 10 ans.

Dans les terrains argileux des Alpes, et spécialement sur les instables moraines alpines, *Calamogrostis argentea* et *Luzula nivea* remplacent *Agrostis rubra* et servent merveilleusement à fixer les talus en ruines. Des végétaux spéciaux, comme *Hippophae rhamnoides*, constituent ensuite la lande armée, qui défie le mouton. Cette lande est envahie par des saules et par l'aune blanc, que décime plus tard le sapin ou l'épicéa.

Les friches argileuses des pays plats n'ont une certaine importance que dans l'humide Sologne et dans les Phyllades du Cotentin, gorgées d'eau en hiver et dures comme pierre en été.

5. — *Terrains siliceux.*

Les landes qu'il nous reste à passer en revue occupent, elles, une superficie considérable, depuis les ballons vosgiens jusqu'aux calanques méditerranéennes, depuis l'océan jusqu'aux cimes neigeuses des Alpes. Et le plateau central tout entier n'est guère qu'une immense lande.

Les terrains siliceux : gneiss, granits, pegmatites, micaschistes, séritoschistes, protogines et syénites, bien que divers dans leur composition et leur structure, ont même flore, toujours pauvre en espèces, toujours riche en individus.

a) *Lande morvandelle.* — Dès que la terre a cessé d'être fécondée par le cultivateur, dès que l'herbage a été dégradé par les troupeaux, le sol se couvre de genêts (*Sarothamnus vulgaris*) et de fougères (*Pteris aquilina*), sous lesquels croît un court gramen d'agrostis, de canches et de fétuques. Tantôt (Morvan) la lande s'éclaircit par l'adjonction de châtaigniers et de bouleaux édifiant une claire futaie que piétine et tasse le mouton ; tantôt, au contraire, le berger s'âcharne après l'arbuste, le taille ou le brûle, et provoque la formation d'une lande rase. Celle-ci perd peu à peu ses meilleures graminées ; des laiches variées les remplacent, la fougère se multiplie, et, avec elle, les séneçons visqueux et les rouges digitales.

b) *Lande cévenole.* — Dans le Forez, à Saint-Bonnet-le-Château, Craponne, etc., de grandes étendues de landes de genêts communs, tapissées d'un gazon de *Poa trivialis*, *Avena pubescens*, *Avena scheuzerii*, *Agrostis vulgaris*, sont rapidement envahies par le pin sylvestre (var. d'Auvergne), et donnent, après dix ou quinze ans, des paquets de semis inégalement distribués, mais d'avenir. La forêt succède à la culture pour ainsi dire sans transition.

Dans les montagnes du Pilat et des Boutières, et à mi-pente, les faits sont autres. La lande de genêts griots (*Sarothamnus purgans*) ne tarde pas à s'éclaircir, et fait place à l'airelle, puis à la bruyère. Une fois que cette dernière s'est emparée du terrain, elle se développe avec une incroyable rapidité, élimine et détruit tout sur des versants entiers. *La pâture est anéantie.* Quelques rares moutons circulent à travers ce rose désert, broutent les tiges naissantes de la callune, ou rongent avidement, de ci de là, le long des sentiers qu'entretient une circulation active, quelques pieds de *Carex cæspitosa* et de ***Festuca ovina***.

N'allez pas dire au berger qu'il a mésusé de la terre qui le nourrit, que la bruyère a pris pied dans cette place égratignée et mise à nu par le sabot du bétail, que l'arbre sauvera sa pâture. Il haussera les épaules, et, vous montrant de sa houlette son troupeau indigent, il vous dira : « Nous n'avons plus assez de brebis, et c'est pourquoi la bruyère nous gagne. Autrefois, la montagne nourrissait dix fois plus de bêtes et elle demeurait toujours verte. » Il oublie d'ajouter qu'il a détruit l'arbre, brûlé une première fois l'arbuste, puis augmenté le nombre de ses moutons, jusqu'à ce qu'il ait vu poindre le roc. Maintenant, sa tâche est finie, son œuvre de destruction est complète. Impuissant, il se tourne vers l'État-Providence, et lui dit : « Sauve-moi, rends-moi mon herbe, fais ce que tu pourras, ce que tu voudras, à condition pourtant que tu éloignes de moi l'arbre qui blesse ma vue. » Et l'Etat cède, vote des subsides qui ne remédient à rien. Au lieu de cela, si, abordant résolument le problème pastoral, il mettait toutes ces landes communales en défens, en moins de 25 ans la forêt de pin sylvestre renaîtrait de ses cendres et reconstituerait progressivement l'herbage. Il n'y a pas d'autre solution.

En voici un exemple tiré de la forêt communale de Roizey (Loire), située dans le massif du Pilat, au-dessous du pic des Trois Dents.

Par ordonnance royale du 9 mars 1837, 186 hectares de landes appartenant à cette commune furent soumis au régime forestier. Ce n'étaient, disent les rapports d'alors, que genêts et bruyères, au milieu desquels se montrent de loin en loin quelques buissons abroutis de coudriers et de hêtres. A l'est et au sud, à proximité d'un bois appartenant à un particulier, on remarquait quelques petits pins de 2 mètres d'élévation et, dans leur voisinage immédial, d'autres étalaient au ras du sol leurs tiges rongées par les chèvres. On pouvait résumer comme suit l'état de la forêt.

Chiras (éboulis chaotique de rochers)	62 hect.
Landes de genêts et de bruyères	93 —
Brosse de hêtres et de coudriers	31 —
Total	186 hect.

En 1862, soit vingt-cinq ans après la mise en défens, qui a été d'ailleurs incomplète, faute de surveillance, ce désert est devenu :

Chiras	30 hect.
Brosse de hêtres et de coudriers, mélangée de pins sylvestres et de *sapins*.	145 —
Pins sylvestres de 1 à 20 ans, en massif de belle venue	10 —
Pins sylvestres de 30 à 40 ans, abroutis dans leur jeunesse, branchus, clairsemés et sans avenir . . .	1 —
Total.	186 hect.

De 1861 à 1871 et années suivantes, on planta, au canton des Trois Dents, environ 40 hectares en épicéa, mélèze et pin, mais, en 1880, les habitants de Verannes, furieux de la mise en défens des communaux de Roizey, voisins des leurs, incendièrent 15 hectares de ces jeunes plantations.

En 1886, exactement quarante-neuf ans après la soumission au régime forestier, la commune de Roizey commença à récolter les fruits de sa sagesse; elle vendit pour 625 fr. une première coupe comprenant 10 hectares de brosses âgées de 30 ans, et 130 pins secs pouvant produire 40 mètres cubes d'étais.

En 1887, à la suite d'une levée générale de boucliers des communes forestières de la Loire, nous fûmes envoyé d'office pour procéder à l'aménagement des principaux massifs de ce département, et nous parvînmes heureusement à éteindre toutes les réclamations.

Bien qu'à cette époque nous ayons jugé prématurées les études d'aménagement dans la forêt communale de Roizey, nous nous mîmes courageusement à l'œuvre, et nous la divisâmes en dix coupes biennales, prescrivant, dans l'enceinte de chacune d'elles, le jardinage des pins de 0m35 de diamètre et plus, en même temps qu'un certain nombre de règles culturales.

Voici les résultats de l'application de l'aménagement, tels qu'ils nous ont été communiqués, le 19 décembre dernier, par M. Sauvage, le distingué inspecteur des eaux et forêts à Lyon :

FORÊT COMMUNALE DE ROIZEY

EXERCICES	NATURE DES PRODUITS	VOLUME	PARCELLES	PRIX DE VENTE	PRIX TOTAL PAR EXERCICE	OBSERVATIONS
		m. c.		francs	francs	
1886	10 hect. taillis, bois mort.	»	»	625	625	
	L'aménagement a été appliqué à partir de 1888					
1888	Chablis	19	A. B. E. F	189	189	
1889	Id.	1	A	4	5.104	
	Coupe ordinaire vendue	544	D	5.100		
1890	Chablis	4	C	45	6.795	
	Coupe ordinaire vendue	627	E	6.750		
1891	Id.	427	B. C	4.450	5.690	
		141	F	1.240		
1892	Chablis	7	E	65	1.065	
	Coupe ordinaire vendue	93	G	1.000		
1893	Nettoiem. sur la coupe de 1892.	10	G	20	250	
	Coupe ordinaire vendue	21	H	230		
1894	Nettoiem. sur la coupe de 1892.	17	G	32	762	
	Coupe ordinaire vendue	73	I	730		
1895	Coupe extraordinaire vendue.	250	A	3.230	3.230	
1896	Id.	23	A	388	388	
	Coupe ordinaire vendue	92	I			
	Nettoiem. sur la coupe de 1893.	30	H			
1897	Coupe ordinaire à l'unité	116	K	266	1.765	
	Bois de chemins et chablis vendus et délivrés	120	»	889		
	Coupe ordinaire vendue	49	A	530		
	Coupe vendue en 1896 à l'unité.	83	K	80		
1898	Coupe ordinaire vendue	195	C	1.790	1.790	
					27.028	

Soit en moyenne, par an, 27.028 : 11 = 2.457 francs.

Ces résultats ont dépassé toutes nos espérances. Ils empruntent à la nature des lieux et à la simplicité des moyens mis en œuvre une importance considérable. Nous les dédions à la jeune société qui s'est formée, dans la Loire, pour la mise en valeur des terrains incultes. Ils montrent, entre tant d'autres choses, qu'une lande communale dégradée, pouvant à peine nourrir 45 vaches pendant cinq mois de l'année, et susceptible de donner un *revenu foncier maximum de 450 fr.*, s'est constituée, après 51 ans de mise en défens, sur le pied d'un capital boisé capable de fournir un revenu annuel de *2,457 fr.* N'est-ce pas le cas de proclamer l'éloquence de chiffres qui révèlent le merveilleux travail de la nature ?

On pourrait craindre que ces résultats n'aient été obtenus au détriment de la richesse acquise et de l'avenir de la forêt. Sur ce point, nous devons laisser la parole à M. Sauvage :

« Je vous avoue que les exercices 1889, 1890, 1891 me paraissent avoir été beaucoup trop avantagés au détriment des autres. Aujourd'hui, nous commençons la deuxième période, et nous sommes un peu embarrassés pour trouver du vieux matériel exploitable. Heureusement, les jeunes gaulis et perchis ont prospéré, et nous pouvons faire disparaître une partie des pins existants. Cette forêt est, en somme, je crois, bien disposée pour l'avenir, mais il faut marcher prudemment et reconstituer rapidement tous les vides. »

Avant de quitter ces premières pentes des montagnes granitiques ou gneissiques de la Loire, nous voudrions noter la rapide conquête des Chiras par la végétation ligneuse. Cette conquête est due surtout au coudrier, dont nous apprécions ainsi le rôle, en 1887, dans la forêt communale de Roizey : « Bien que ce ne soit qu'un mort-bois, l'importance de cet arbrisseau est vraiment énorme ; c'est lui qui est le premier reboiseur de tous les terrains nus. Mieux encore que les alisiers et les sorbiers, il sait profiter des moindres taches de mousse qui verdissent le rocher, et s'y installe solidement. Il se présente ordinairement sous forme de cepées naines qui se garnissent, après vingt ou vingt-cinq ans, d'un grand nombre de branches mortes. Il offre, durant le cours de sa vie, toutes les variations possibles de couvert, amende très vite le sol, et procure successivement à chaque essence un milieu favorable à la germination de sa graine, et un abri en relation avec les exigences de son tempérament. Le sapin envahit rapidement les jeunes corroies et le pin sylvestre abonde dans celles qui sont plus âgées. »

Ces impressions, reçues au matin d'une carrière forestière, ont été avivées par un contact plus intime avec la forêt, et l'action fécondante du noisetier a été tout particulièrement mise en relief par les beaux travaux de M. Broilliard.

Sur les cimes déboisées du plateau central, à des altitudes variant entre 1,100 et 1,400 mètres, le retour de l'état boisé se fait indéfiniment attendre. Cela tient au défaut d'abri et à la disparition presque complète des forêts de hêtre, qui peuplaient autrefois ces sommets.

Ces forêts feuillues des plateaux et des élévations ventées de l'Auvergne ressemblaient à celles qui subsistent encore dans les

Vosges, mais qui sont, elles aussi, en voie de déclin et de retrait, chaque siècle en emportant un lambeau. C'est au canton de *Travary*, aux sources mêmes du *Furens*, un peu en dehors de la forêt communale de Saint-Étienne, que nous est apparue une des dernières forêts protectrices des montagnes foréziennes. Et sa permanence ne s'explique guère que par la nature fangeuse du terrain avoisinant, par la présence de tourbières qui en ont éloigné bétail et berger. C'étaient des taillis de hêtre peu denses et peu élevés, chargés d'ans, de mousse et de lichens. Au milieu d'eux surgissaient quelques sapins argentés, dont les cimes, à demi sèches, étaient limées et usées par les ondes des vents furieux.

Dans les vides de ces taillis ouverts par la tempête croissaient de beaux gazons de nard raide, l'une des meilleures graminées de la montagne; on comprend donc que le berger y ait été attiré d'instinct. Une fois établi sur ces sommets, il a commencé son œuvre de sauvage destruction, coupant ou brûlant l'arbre pour agrandir ou améliorer son pâturage. Or, en ces lieux élevés, le hêtre ne se reproduit bien que de semence, et, en tous points, il cède devant l'attaque de la chèvre et du mouton, qui en détruisent les rejets. Le pasteur apprend maintenant à ses dépens que, suivant l'adage de nos pères, *en montagne, un arbre vaut un homme.* D'une façon générale, en effet, les pâturages granitiques se dégradent à vue d'œil; le berger excite son chien, sculpte la branche, ou suit, le cerveau vide, le troupeau qui passe et repasse; mais il est incapable du moindre effort, du moindre travail manuel. Derrière lui, la lande de canches (*Vaccinium Vitis-Idæa*) et de myrtilles (*Vaccinium myrtillus*) avance rapidement, acétifie le sol, édifie la tourbe, et prépare ainsi la venue de la bruyère, le plus vain et le plus stérile ornement de la montagne.

A la fin, cependant, ces landes finiraient aussi par se reboiser naturellement quand l'abri ou le feuillu s'y trouvent, mais il ne faut plus compter avec les années. Sur les cimes de Tailhard, commune de Saint-Sauveur-en-Rue, le matelas de callunes s'était éclairci spontanément sur quelques points, et l'on trouvait parmi un grêle gazon : *Pteris aquilina*, *Prenanthes purpurea*, *Dianthus sylvaticus*, *Solidago virga aurea*, *Arnica montana*, *Gentiana lutea*; *Hypericum perforatum.* Quelques chèvrefeuilles, quelques hêtres et sorbiers, vestiges d'une végétation plus opulente, se traînaient çà et là, et à l'abri de plantations récentes, on observait de rares semis naturels de pins sylvestres. Mais tout cela battu sans pitié par les vents, encore trop faible, trop peu cohérent, pour se prêter à l'installation du sapin, qui peuple, au-dessous, la forêt communale.

Non loin de là, sur le Pyfara, six cents moutons de la Crau cherchaient provende à travers la lande de bruyères et d'airelles à fruits rouges et noirs; en regardant de près, on voyait une foule de petits plants de sylvestres, rongés jusqu'au ras du sol, et dont la graine avait été apportée par des oiseaux qu'attirait une jolie plantation de quelques ares, installée, on ne sait comment, sur ce mont granitique. C'était en 1887. Les moutons y sont-ils toujours? Qu'est devenue la lande? Sable ou rocher, c'est là son sort.

c) *Lande alpestre.* — Dans les Alpes, c'est un autre décor, mais une non moindre désolation. Sur les prairies fauchées, mais négligées, de Saint-Martin-d'Uriage, de Vaulnaveys, etc., sur les pâtures communales appauvries, à une altitude de 900 à 1,100 mètres et en sol de micaschistes, l'aune vert se multiplie avec une étonnante vigueur et donne des taillis vigoureux, que l'épicéa ne tarde pas à envahir, puis à étouffer. A de pauvres gazons succèdent de luxuriantes forêts, qui sont bientôt la richesse de leurs propriétaires. Soxante ans suffisent pour donner de bons bois de papeterie, à raison de 350 à 400 mètres cubes par hectare.

Plus haut, vers 1,250 à 1,500 mètres, commence la lande alpine de genévriers et de rhododendrons, que nous avons suivie depuis les versants abrupts de la vallée de la Romanche jusqu'aux pics neigeux des grandes Alpes, et qui stérilise, dans cette seule région, *plus de cent mille hectares de bons terrains.* Elle est fille, avons-nous besoin de le dire, du surmenage des pâturages de la région alpine, et elle descend en même temps que s'abaisse la limite supérieure des forêts. Sa composition ne varie guère. A Séchilienne, sur des micaschistes, à Champrousse, sur des grès micacés et amphiboliques, à Saint-Gervais et aux Contamines, sur des bésimaudites, à Arâche, sur des grès de Taveyannaz, ce sont les mêmes plantes, les mêmes arbustes qui la caractérisent. Aux Canches et au Prarion de Saint-Gervais-les-Bains (Haute-Savoie), entre 1,400 et 2,000 mètres, elle est formée par un tapis continu, serré, haut de $0^{m}50$ à 1 mètre, de rhododendrons, de genévriers nains, d'airelles canches et myrtilles, au travers desquels percent quelques tiges amaigries de gentiane pourpre, d'arnica, de campanules, d'astrantia minor et de mulgédies. Le long des sentiers battus par le bétail et sur quelques croupes mollement arrondies et fraîches, on trouve des gazons vivaces de nard raide, qu'embellit *Gymnadenia albida* et que parfume *Nigritella angustifolia*. Sur les rochers où le pied peut enfin se poser solidement, abondent ***Buplevrum stellatum*** et ***Primula glutinosa***.

Dans les pâturages du Truc (commune des Contamines), dans d'autres lieux voisins de la chaîne du Mont-Blanc, on suit très facilement la marche de la dégradation des herbages. Elle se manifeste par l'apparition de touffes isolées d'airelles, auxquelles succèdent d'abord la lande de bruyères, puis enfin la lande de genévriers et de rhododendrons, au travers de laquelle le bétail cesse de s'aventurer. La callune ne reste à demeure que sur les arêtes vives de rochers, où des lichens variés, craquant sous le pied, marquent le premier triomphe de la vie sur la matière.

Dans le massif du Brévent, à une altitude supérieure à 1,800 mètres, en dehors par conséquent de la zone forestière, les meilleurs pâturages visités offrent comme plantes principales : ***Nardus stricta***, ***Agrostis rupestris***, ***Anthoxantum odoratum***, ***Aira flexuosa***, ***Trifolium repens***, ***Trifolium montanum***, ***Lotus corniculatus***, ***Anthyllis montana***, ***Campanula barbata***, ***Campanula Scheuzerii***. Mais la pelouse, déjà bien abîmée, renferme de nombreuses taches de verâtre blanc, et la lande alpine de bruyères et de rhododendrons est en voie de progrès manifeste. Dans vingt-cinq ou trente ans, l'herbage aura perdu les trois quarts de sa valeur actuelle.

Sur le versant opposé du Mont-Blanc, près du Montanvers, pâturages et forêts sont en pleine décadence. La lande de genévriers et de rhododendrons décime le tapis végétal formé de ***Phleum alpinum***, ***Nardus stricta***, ***Anthoxantum odoratum***, ***Agrostis rupestris***, ***Festuca duriuscula***, ***Alchemilla alpina***, ***Trifolium montanum***, ***Trifolium repens***, ***Trifolium alpinum***, ***Erigeron uniflorus***, etc.

Non seulement cette lande alpine, si uniforme et si monotone, détruit l'herbage en trente ou trente-cinq ans, mais elle finit par user la forêt. Elle agit indirectement et mécaniquement sur elle en entravant la régénération naturelle de l'épicéa, du mélèze, du pin cembro, et en arrêtant brusquement l'essor des jeunes semis qui y sont emprisonnés ; elle intervient directement ensuite sur la végétation en dégradant le sol et en donnant naissance à un humus acide, tourbeux et infécond.

Dans nos pérégrinations si nombreuses à travers la montagne, nous avons maintes fois recueilli le cri de rage et de désespoir du berger impuissant devant cet ennemi qui a mille bras, mille racines et qui le défie. Il blesse bien la lande par le feu, mais il ne la tue pas, et il prépare même son triomphe définitif en éliminant l'arbre qui la refoule. L'humus, si peu abondant dans ces froides contrées, brûle en même temps que l'arbuste; les cendres sont dispersées au loin par le vent ou entraînées par les eaux. Une croûte noire, pulvérulente, se forme après le passage de l'incendie, et le sol se couvre, pendant quatre ou cinq ans, d'un rare et dur gazon de *Calamagrostis montana*, *Anthoxantum odoratum*, *Hieracium piliferum* et *Hieracium albidum*, que le bétail refuse le plus souvent de brouter. A la longue, pourtant, les bonnes espèces reviennent, mais moins vite que la bruyère, qui veille du haut d'un roc, d'où le berger a banni le mélèze ou l'arole. Au moment même où le pasteur pensait récolter ce qui était né dans la cendre, il voit son espoir trompé, et la lande de bruyères et d'airelles, puis de genévriers et de rhododendrons, se reforme avec plus de vigueur. Fait curieux! l'expérience ne l'instruit pas, et il continue son œuvre barbare.

D'une manière générale, la forêt résineuse, non seulement n'envahit point ces landes, mais ne s'y maintient qu'à la faveur du rocher; ordinairement même elle en émigre. Nous ne connaissons qu'une essence qui en ait facilement raison : c'est *l'aune vert*, le dernier représentant de la végétation forestière dans ces montagnes et *le plus utile auxiliaire de l'homme et du troupeau*. Avons-nous besoin d'ajouter que, pour prix de ses services, on le détruit avec rage, avec folie. Cela fait, l'œuvre de ruine commence et ne s'arrête plus. Sur ces hauts sommets, toute atteinte portée à la forêt par le berger est fatale, et la nature n'enfante à sa place que l'inutile buisson.

CONCLUSIONS

Dans cette longue excursion à travers plaines et monts, nous n'avons cité que des faits personnellement observés des Alpes aux Vosges et des Cévennes aux collines de Lorraine. En remontant de la friche à la lande, de la lande à la brosse, puis de la brosse à la forêt, nous avons avons essayé de mettre à nu l'ulcère qui gangrène tant de coteaux et de montagnes, et qui frappe de stérilité *plus d'un million d'hectares* de notre pays. Si l'on retourne, en effet, cet enchainement, on aura une idée nette de l'action invisible du pâturage outré, qui brise et divise la forêt, conduit à la friche et amène finalement le sol à l'état de terre nue ou de pierre. C'est l'éternelle histoire de la goutte d'eau tombant sur le roc et le perçant. Si nous avons préféré suivre une marche inverse, c'est que nous avons voulu indiquer également les trésors d'énergie latente que la nature possède et que l'on dédaigne trop souvent, faute de les connaître.

II.

Modifications subies par le tapis végétal à la suite de la concurrence ligneuse.

Nous avons précédemment étudié la composition du tapis végétal pendant la phase de formation de la forêt ; il nous reste maintenant à suivre son évolution dans les taillis, dans les futaies et dans les plantations. Nous nous rendrons compte ainsi, chemin faisant, des ressources qu'offrent au pâturage les différents peuplements dans le cours de leur développement.

I. Taillis.

Quand un taillis vient à être exploité, le sol maintenu pendant plus ou moins longtemps meuble, frais et ombragé, se trouve tout d'un coup inondé de lumière et se présente comme un champ clos où les espèces végétales les plus variées vont se livrer combat. Les souches, rares et espacées, sont encore dans le sommeil, que les premières plantes *vivaces* viennent de loin en loin occuper le parquet. L'année où s'achève l'exploitation est une période de recueillement, de préparation et d'*ensemencement :* le forestier vaque librement à ses travaux, foulant le tapis de feuilles mortes que le vent accumule contre les obstacles naturels ou dans les dépressions. Ce travail peu connu du vent est utile à maintes espèces dont les graines viennent en contact immédiat avec le terreau, et peuvent alors être recouvertes par les déjections turriformes des lombrics ou par les particules terreuses éboulées des taupinières. Cette simple et légère pression est nécessaire et suffisante pour que la radicule s'enfonce en terre, et que la plantule se développe. Cette première année est caractérisée par l'éclosion d'une végétation éphémère de petites plantes gracieuses, colorées et odorantes, dont le rôle est évidemment d'attirer l'insecte, l'oiseau et l'animal, ces inséparables collaborateurs de la nature. Citons, parmi tant d'autres, le muguet, les anémones hépatique et sylvie, la primevère officinale, des violettes variées, le fraisier, la pulmonaire officinale, etc....

A travers ce lâche tapis végétal tranchent souvent, à l'automne, les semis des grandes essences forestières, aussi fragiles alors que les herbes qui les environnent. Qui de nous n'a vu, à la suite d'une année de semence, ces brosses de petits chênes répartis sous la projection des réserves, dressés comme une forêt de baïonnettes et gardant en terre, par mesure de prévoyance, leurs mamelles ou cotylédons, puis aussi ces jeunes bouleaux distribués de façon plus irrégulière dans les vides et sur l'emplacement des arbres arrachés ? Saluons ces semis pendant qu'il en est temps encore, mais ne comptons pas trop sur eux pour en faire des anciens : la grande Faucheuse n'a pas dit son dernier mot !

Ce facies est celui de la coupe pleine. Malheureusement, nos forêts, et spécialement les plus mauvaises, c'est-à-dire celles situées en sols superficiels, présentent des vides plus ou moins étendus. Là sont venus échouer et y chercher asile les plantes bien connues de la lande et de la brosse. Nous les y retrouverons toutes, groupées suivant leurs affinités et leurs exigences. Mais, au milieu d'elles, se sont glissées des figures étrangères, car c'est le propre des vieux massifs de posséder une flore infiniment plus riche que ceux de création récente. Cela tient à la présence d'un humus abondant mis à profit par les plantes rudérales, amies de l'azote, à la diversité des milieux et à l'action exercée par la forêt sur le climat local. Par leur couvert, l'humidité de leur sol et la constance de leur température, les bois prolongent l'aire d'habitation des plantes septentrionales. Mais les vides des parties chaudes et rocheuses continuent à nourrir quelques plantes méridionales; d'où la variété de l'ensemble.

Cette richesse de la flore n'est pas très apparente dans les vides de nos massifs forestiers, peuplés surtout par les plantes les plus robustes et les plus résistantes de la lande. On trouve cependant dans les terrains calcaires : *Thalictrum minus*, *Anemone pulsatilla*, *Arabis turrita*, *A. sagitta*, *Sisymbrium alliarea*, *Thlaspi montanum*, *Helianthenum vulgare*, *Viola alba*, *V. odorata*, *V. canina*, *Reseda lutea*, *Polygala vulgaris*, *Dianthus carthusianorum*, *Saponaria officinalis*, *Arenaria serpyllifolia*, *Stelleria graminea*, *Linum catharticum*, *Erodium cicutarium*, *Trifolium rubens*, *T. montanum*, *Vicia cracca*, *Hippocrepis comosa*, *Agrimonia eupatoria*, *Potentilla fragaria*, *Alchemilla arvensis*, *Libanotis montana*, *Galium verum*, *G. album*, *G. cruciata*, *G. sylvestre*,

Globularia vulgaris, Centaurea jacea, Centaurea montana, C. scabiosa, Solidago virga-aurea, Senecio jacobæa, Inula salicina, Crepis virens, Lampsana communis, Phyteuma orbiculare, Campanula persicifolia, C. rapunculoides, C. trachelium, Gentiana cruciata, Cynoglossum officinale, Myosotis intermedia, Lithospermum purpureocœruleum, Origanum vulgare, Thymus serpyllum, Calamintha acinos, Calamintha officinalis, C. Nepeta, Clinopodium vulgare, Lamium album, Galeobdolon luteum, Galeopsis ladanum, Ballota fœtida, Melittis melissophyllum, Digitalis lutea, Linaria striata, Melampyrum cristatum, M. arvense, Veronica chamædrys, Veronica officinalis, Mercurialis perennis, Ornithogalum pyrenaicum, Phalangium liliago, Phalangium ramosum, Cephalanthera ensifolia, C. rubra, C. grandiflora, Epipactis atro-rubens, Orchis bifolia, Orchis ustulata, Orchis mascula, Orchis conopsea, Orchis maculata, Ophrys arachnites, Ophrys muscifera, Ophrys apifera, Luzula pilosa, Carex muricata, Carex sylvatica, Carex præcox, Milium effusum, Sesleria cærulea, Kœhleria cristata, Aira flexuosa, Danthonia decumbens, Melica nutans, Poa annua, Poa trivialis, Dactylis glomerata, Festuca ovina, Festuca duriuscula, Festuca heterophylla, Brachypodium sylvaticum, B. pinnatum, Bromus arvensis, Bromus asper, Bromus sterilis, Cynosurus cristatus.

Toutes ces plantes comptent, bien entendu, au nombre des plus rustiques, des plus résistantes à la sécheresse et des mieux adaptées aux terrains calcaires; les unes croissent sur la pelouse ensoleillée, les autres sur la bordure un peu sombre de la forêt. Ce sont elles qui envahissent les lignes et les sommières de nos bois du calcaire jurassique, et que récoltent nos gardes.

Les vides des terrains argileux renferment surtout : *Anemone nemorosa, Ficaria ranunculoides, Caltha palustris, Cardamine hirsuta, Viola sylvestris, Viola canina, Viola hirta, Polygala vulgaris, Lychnis flos-cuculi, Lychnis sylvestris, Linum catharticum, Geranium molle, Geranium sanguineum, Trifolium fragiferum, Spiræa ulmaria, Potentilla tormentilla, Epilobium parviflorum, Lythrum salicaria, Angelica sylvestris, Pimpinella magna, Valeriana dioica, Cirsium palustre, Cirsium lanceolatum, Eupatorium cannabinum, Gnaphalium sylvaticum, Primula officinalis, Lysimachia nummularia, Lysimachia nemorum, Erythræa centaurium, Solanum dulcamara, Mentha rotundifolia, Glechoma hederacea, Ajuga reptans, Teucrium scorodonia, Mercurialis annua, Humulus lupinus, Allium ursinum, Polygonatum vulgare, Juncus glomeratus, Juncus effusus, Juncus bufonicus, Luzula Forsteri, Luzula campestris, Scirpus sylvaticus, Carex maxima, Carex glauca, Carex pallescens, Ca-*

lamagrostis epigeios, *Agrostis alba*, *Agrostis nemorosa*, *Aira cæspitosa*, *Holcus lanatus*, *Holcus mollis*, *Danthonia decumbens*, *Molinia cærulea*, *Festuca pratensis*, *Festuca tenuifolia*, *Dactylis glomerata*, *Poa annua*.

Ce sont là végétaux des stations humides pouvant vivre et se développer dans des terres imperméables, alternativement noyées en hiver et desséchées en été.

Au milieu des claires forêts des terrains siliceux, nous trouvons : *Anemone sylvestris*, *Helianthemum guttatum*, *Stellaria holostea*, *Ulex europæus*, *Sarothamnus vulgaris*, *Genista germanica*, *Trifolium agrarium*, *Orobus tuberosus*, *Ornithopus perpusillus*, *Rubus idæus*, *Galium verum*, *Senecio adonidifolius*, *Senecio sylvaticus*, *Hieracium umbellatum*, *Jasione montana*, *Vaccinium myrtillus*, *Erica vagans*, *Erica cinerea*, *Calluna vulgaris*, *Verbascum blattaria*, *Pinguicula vulgaris*, *Lysimachia nemorum*, *Pedicularis sylvatica*, *Digitalis purpurea*, *Veronica serpyllifolia*, *Euphrasia officinalis*, *Melampyrum pratense*, *Betonica officinalis*, *Luzula Forsteri*, *Luzula albida*, *Orchis maculata*, *Carex muricata*, *Carex ericetorum*, *Anthoxantum odoratum*, *Calamagrostis epigeios*, *Agrostis vulgaris*, *Agrostis canina*, *Aira flexuosa*, *Holcus mollis*, *Poa nemoralis*, *Dactylis glomerata*, *Festuca rubra*, *Festuca heterophylla*, *Pteris aquilina*.

Sur tous les sols, refoulées dans les vides par suite du développement de la végétation forestière et parquées dans un espace restreint, ces plantes se font une concurrence très active et ne donnent naissance qu'à des gazons peu élevés. La coupe du taillis, en provoquant le ruissellement d'eaux chargées de nitrates et en favorisant les échanges moléculaires dans le sol, donne un coup de fouet au tapis végétal. On voit immédiatement, l'année même de l'exploitation, le gazon s'émailler de fleurs et les hampes se garnir de graines abondantes que le vent, l'homme et les animaux vont disperser au loin dans la coupe, sur le sol propre et humifié. Ce n'est pas tout. Les lombrics, les taupes et autres mammifères fouisseurs, en travaillant la terre, ramènent incessamment à sa surface des graines provenant de végétaux qui ont crû jadis sur les lieux mêmes précédemment découverts. Aussi, l'année qui suit l'exploitation, quand le taillis prend sa seconde feuille, le parterre de la coupe se couvre d'une végétation herbacée très drue, au travers de laquelle semis et rejets disparaissent entièrement. Plus de cent cinquante espèces végétales, parmi lesquelles sont de nombreuses plantes *annuelles*, se jettent dans les vides créés par l'exploitation et y atteignent promptement une vigueur surprenante. Le forestier qui récole évite d'instinct leur lacis et cherche à gagner les anciennes clairières, garnies d'une végétation sensiblement moins haute et moins dense. Ce fait s'explique simplement par la présence ou l'absence d'humus qui agit sur les végétaux forestiers comme le fumier ou les engrais azotés sur les plantes cultivées. Cela est si vrai qu'on peut, au seul aspect du tapis végétal, reconnaître l'état de la forêt, riche ou pauvre, clairiérée ou pleine. Plus il y a de coloris et de vigueur dans le gazon formé après une coupe, plus est grande la fertilité naturelle ou acquise du sol. Ce contraste ne nous a jamais trompé; il était frappant dans la grande forêt domaniale de Chatillon-sur-Seine, où s'entre-croisaient les exploitations dégradantes à 25 ou 27 ans et les exploitations améliorantes à 40, 50 et 60 ans.

Dans ce fouillis de fleurs et de verdure, les plantes aimées du bétail sont particulièrement abondantes et excitent de multiples convoitises. Les Mélilots, les Astragales, les Gesses, les Trèfles, les Épilobes, etc., garnissent les places à charbon; le Mélampyre des prés, les Brômes, etc., occupent les parties plus rocheuses; les Dactyles, les Fétuques, les Kéleries, les Cirses, les Mauves, les Angéliques se cantonnent dans les régions plus fertiles. C'est à peine si les rejets de chêne et de frêne, d'aune ou d'érable, parviennent à percer ce dais flottant, qui ménage au botaniste les plus douces émotions. Les morts-bois ne se révèlent que par leurs piquants. Comparée à la production herbacée, la production ligneuse est alors pour ainsi dire négligeable.

A la troisième année, les choses changent déjà d'aspect. Les morts-bois ou les bois blancs, que nous ne voyions pas, ont travaillé sourdement; leur nombre s'est accru, en même temps que leur taille et leur force. Les cepées de bois dur forment des berceaux, et, de festons en festons, la nappe foliacée s'étend. Le tapis végétal est décimé : ont disparu les plantes rudérales ou apportées par l'homme; demeurent les représentants de la flore des vides et des clairières, spécialement des Rosacées, des Borraginées, des Cypéracées et des Graminées, qui s'élèvent au travers des cepées ou dans l'espace libre qu'elles laissent entre elles.

Ces Cypéracées et ces Graminées vont s'éclaircir à leur tour rapidement, dès la quatrième année, dans les taillis, débordants de morts-bois, du calcaire jurassique; elles résistent plus longtemps dans les terrains marneux, où les bois blancs sont moins nombreux, plus grêles et rarement en cepées; elles demeurent presque indéfiniment dans les sols compacts et froids des argiles siliceuses, où les taillis sont exploités à courte révolution, de dix-huit à vingt-cinq ans, et où la bruyère est singulièrement tenace. En visitant dernièrement des taillis âgés de 24 ans à Brognon (Côte-d'Or), nous étions frappé par l'épaisseur de la bourre d'*Aira cæspitosa* et de *Calamagrostis epigeios* qui s'étendait à perte de vue sous un clair recrû de chêne, de bouleau et de bourdaine. Au garde qui nous accompagnait, vieux routier de la forêt, nous demandions pourquoi le bétail communal ne pâturait pas en ces lieux. « A quoi bon, nous répondit-il, il mangerait le bois plutôt que cette mauvaise herbe. » Il disait vrai : rien n'est dur comme ces chaumes, susceptibles seulement de donner un peu de litière. Évidemment, cet état se prolongera aussi longtemps que les essences d'ombre, charme et coudrier n'auront pas envahi le sol; en attendant, la terre continue à produire presque autant de mauvaise herbe que de bois. C'est la misère.

Au fur et à mesure que les buissons tressent leurs branches basses, que le fourré se perfectionne, les herbes sont refoulées. Il vient même un instant où le sol n'est garni que de feuilles mortes et, çà et là, de ronciers que percent d'assez nombreuses Labiées, *Teucrium scorodonia*, entre autres. Puis l'élagage naturel opère, le sous-bois s'éclaircit, l'air circule sous le massif, et alors apparaissent de plus en plus nombreuses les espèces herbacées *vernales*. Celles-ci, accomplissant leur évolution avant que le taillis ait feuillé, peuvent mûrir leurs semences et se développer d'autant mieux que les végétaux forestiers ont enfoncé au loin leurs racines et leur laissent disposer à loisir des parties superficielles du sol.

Que sont donc ces plantes que le bétail rencontre ordinairement dans ses chevauchées en forêt, où il prend surtout l'air et gagne de l'appétit? Ce sont ou des *poisons* comme *Anemone nemorosa*, *Anemone ranunculoides*, *Actæa spicata*, *Asarum europæum*, *Arum maculatum*, *Paris quadrifolia*, ou des *plantes douteuses*, comme *Scilla bifolia*, *Narcissus pseudo-narcissus*, *Leucoium vernum*, *Convallaria maïalis*, ou encore des *plantes bien pauvres fourragères*, comme les Bruyères, les Calamagrostis et les Aira, comme *Hedera helix*, *Borrago officinalis*, *Lithospermum purpureo-cæruleum*, *Vinca minor*, *Asperula odorata*, *Allium ursinum*, *Maïanthemum bifoliatum*, *Dentaria pinnata*, *Centaurea alpina*, *Vaccinium myrtillus*, etc. Cela explique pourquoi, dans les taillis d'âge moyen, le meilleur fourrage est encore constitué par la feuille ou le bois.

Enfin, quand les taillis sont coupés à une époque très reculée, quand le sous-bois, les épines et les ronces, qui constituent la meilleure défense au sol contre le pâturage, ont disparu, alors la lumière, filtrant à travers le feuillage amaigri, pénètre jusqu'au sol et réveille le tapis végétal. Celui-ci sera représenté : dans les alluvions modernes, par des touffes serrées de crin végétal; dans les marnes, par un fin duvet de fétuques ou de pâturins; dans les argiles, par une brosse grossière d'aira et de calamagrostis; dans les calcaires, par une végétation clairsemée de laiches, de sesléries et de brachypodes.

Voici, résumées, les phases par lesquelles passe le tapis végétal dans la plupart de nos taillis de l'est de la France :

DÉSIGNATION DES PHASES	AGE CORRESPONDANT du recrû	COMPOSITION SOMMAIRE DU TAPIS VÉGÉTAL
1° Phase herbacée. Maximum : 6 ans.	1 an	Apparition des plantes herbacées, ensemencement du parquet.
	2 à 3 ans	Épanouissement du tapis végétal.
	4 à 6 ans.	Multiplication des morts-bois et des bois blancs, raréfaction du tapis végétal représenté surtout par des cypéracées et des graminées.
2° Phase néo-forestière ou arbustive.	7 à 15 ans.	Constitution du fourré; extinction progressive des ronciers et des graminées; tapis discontinu de mousse et de feuilles mortes.
3° Phase ligneuse.	16 à 35 ans.	Épanouissement de la végétation forestière; apparition et multiplication de la *flore vernale*.
4° Phase de retour.	36 à 70 ans.	Développement régulier de l'accroissement ligneux; léger gazon de gramen sous le couvert surélevé du taillis; *apparition de nombreux semis forestiers*.

A la seule inspection de ce tableau, on voit combien sont faibles les ressources offertes au pâturage par les taillis âgés. *Ceux-ci ne valent pour le pasteur que par les vides qu'ils renferment : lignes de coupes, laies, chemins ou clairières.* La forêt pleine et bien tenue ne produit que du bois à partir de 16 ans. Tel est le fait à retenir.

Récolte de l'herbe dans les taillis. On a soutenu qu'il ne fallait pas dédaigner l'herbe fournie par les jeunes coupes, herbe destinée à disparaître devant la concurrence des végétaux ligneux, et à se perdre sans profit pour le bois et pour l'agriculture. D'où les demandes sans cesse renaissantes de récolte d'herbes, faites par les cultivateurs riverains des massifs forestiers. On a même essayé de colorer ces appels à la générosité bien connue des propriétaires de bois, en alléguant que ce flux de végétaux herbacés étouffait les jeunes semis et nuisait au recrû ; on a prétendu que la régénération des bonnes essences serait facilitée par son enlèvement, voire aussi par l'introduction du bétail dans les jeunes coupes. Quels pauvres sophismes ! Chacun sait que *ces plantes issues de l'humus retourneront à l'humus* et engraisseront le sol de la forêt; en outre, les belles recherches de M. P.-P. Dehérain, sur les *cultures dérobées*, ont établi d'une façon péremptoire que cette végétation adventice, *en arrêtant la perte des nitrates*, constitue une des causes les plus efficaces et les plus actives qui *entretiennent la fertilité des terrains boisés*. Jetez donc bas les masques, et convenez, vous tous apôtres d'une mauvaise cause, que l'amélioration des massifs, que leur enrichissement et leur densité sont le dernier de vos soucis ! Convenez que vous n'avez d'autre but que de récolter sans peine, dût la forêt en périr, un fruit que vous n'avez pas semé! Croyez-vous sérieusement, d'ailleurs, que ces semis, dont vous invoquez la fragile existence, ne souffrent pas plus de la faucille du chercheur de litière que de l'étreinte des herbes ? Est-il donc bien difficile de voir que ce manteau de verdure, en arrêtant l'évaporation et la dessiccation du sol, en donnant aux semis l'abri nécessaire à leurs jeunes ans, les préserve bien mieux de la destruction que la suppression de toute concurrence vitale ? Faut-il encore vous citer des forêts que dégrade cette pratique désastreuse ? Tel est le plateau molassique de la Chambarand (Isère), bien connu des artilleurs, que ruine l'enlèvement outré de la bruyère et des herbes. Telles sont les rapailles de Saint-Pierre-de-Chérenne, à l'extrémité des monts du Vercors (Drôme), où l'on pille buis et ombellifères. Tels encore les taillis de la Grande et de la Petite Montagne, à Saint-Baldoph (Savoie), où le brin d'herbe, à peine né, est aussitôt rasé. Dans ces ombres de forêts, le chasseur voit débusquer le lièvre à plus de cent mètres, et les clairières s'étendent à vue d'œil. Malgré le mal évident que la récolte des herbes cause à la forêt, l'administration forestière n'en a cependant pas banni l'usage, demeuré vivace seulement dans les pays d'agriculture arriérée, mais elle l'a réglementé.

Voici, à titre de document, un règlement datant de 1854, dû à M. le conservateur des forêts Le Rouyer, et qui a porté d'excellents fruits en Côte-d'Or.

Récolte des herbes vertes et sèches, etc.

1° L'extraction comprendra, outre les herbes sèches et vertes, les mousses, genêts, myrtilles et bruyères.

2° Elle aura lieu du 1er janvier au 31 décembre inclusivement, tous les jours, fêtes et dimanches exceptés, entre le lever et le coucher du soleil.

3° Elle s'effectuera dans les cantons désignés par l'agent forestier local, et dont le peuplement sera âgé de deux ans au moins ; seront toujours réservées les coupes en usance et les coupes non récolées.

4° Les herbes seront arrachées à la main et transportées à dos d'homme jusqu'aux chemins et lignes sommières.

Il est expressément interdit de se servir d'instruments tranchants et d'introduire des voitures et bêtes de somme dans les coupes.

Ce règlement, en mettant en défens les coupes âgées de moins de deux ans, et en proscrivant l'usage de la faucille, limite considérablement les enlèvements et les dommages, et assure à la forêt une bonne et sérieuse sauvegarde.

Rendement fourrager des vides et peuplements du taillis. — Après avoir indiqué la composition de l'herbage, il reste à en fixer le quantum et la valeur. Les tableaux ci-après font connaître le rendement d'un hectare de vides et de sommières, et la production en herbe des taillis aux différents âges.

RENDEMENT FOURRAGER MOYEN D'UN HECTARE DE VIDES

TERRAINS CALCAIRES					TERRAINS ARGILEUX					TERRAINS SILICEUX					OBSERVATIONS
RENDEMENT EN KILOS			VALEUR (année moyenne)		RENDEMENT EN KILOS			VALEUR (année moyenne)		RENDEMENT EN KILOS			VALEUR (année moyenne)		
Maximum (Années humides)	Minimum (Années sèches)	Moyenne	Brute	Nette	Maximum (Années humides)	Minimum (Années sèches)	Moyenne	Brute	Nette	Maximum (Années humides)	Minimum (Années sèches)	Moyenne	Brute	Nette	
1.000	300	650	26f »	1f30	1.500	500	1.000	30f »	4f »	2.000	600	1.300	39f »	5f20	On a compté pour le mille de foin sec ou les 500 kilos : 20 fr. dans les terrains calcaires. 15 fr. dans les terrains argileux et siliceux. Pour obtenir la valeur nette du fourrage récolté, il convient de déduire les frais qui peuvent s'établir ainsi, par 1.000 livres : Terrains calcaires { Fauchage, 3 journées à 4 fr., ci . . . . . 12 fr. ; Fanage, 2 journées à 2 fr., ci . . . . . 4 fr. ; Transport . . . . . 3 fr. } 19 fr. Terrains argileux et siliceux { Fauchage, 1.5 journée à 4 fr., ci . . . . . 6 fr. ; Fanage, 2 journées à 2 fr., ci . . . . . 4 fr. ; Transport . . . . . 3 fr. } 13 fr.

Par l'examen de ce tableau, on voit combien est faible le revenu des vides de nos taillis; les frais de récolte et de transport absorbent presque entièrement la valeur de l'herbe, si même ils ne la dépassent pas. Les chiffres de 4 fr. et 2 fr., adoptés pour la rémunération du travail d'un faucheur et d'une faneuse, sont, en effet, bien faibles eu égard aux exigences de la main-d'œuvre. En fait, il n'y a guère que les garde forestiers et quelques ouvriers inoccupés qui profitent des concessions d'herbe. Dans les vides fauchés régulièrement, aucune végétation forestière ne peut s'implanter; le propriétaire foncier ruine son sol et ouvre la porte de son domaine aux déprédations sans fin des fermiers ou des permissionnaires pour un profit illusoire. L'appauvrissement du sol non fumé et dont on exporte des quantités appréciables de substances fertilisantes se trahit par une diminution très apparente du rendement. Les gardes un peu observateurs ont soin de ne faucher leurs vides des terrains calcaires que tous les deux ans; ils gagnent ainsi en qualité et en quantité; le gazon est mieux fourni du pied; il y a, comme ils disent dans leur langage imagé, plus de *fondrée*.

RENDEMENT FOURRAGER D'UN HECTARE DE PETITS VIDES (SOMMIÈRES, LIGNES DE COUPES, ETC.)

Les vides de faible étendue (4 ares et moins), les sommières, les lignes d'aménagement auraient un rendement supérieur à celui signalé ci-dessus pendant les six ou huit premières années qui suivent l'exploitation du taillis. La cause en est dans la présence d'un terreau plus abondant. Mais, au fur et à mesure que le sous-bois s'élève et que l'ombre s'étend, le gazon s'étiole et se raréfie, la mousse dessine des plaques étendues, les feuilles mortes collent sur le terrain et les touffes d'herbe s'espacent de plus en plus. Nous admettrons que le rendement des petits vides, des lignes et des sommières est, en moyenne, dans le cours d'une révolution de 25 ans, moitié moindre que ne l'indique le tableau précédent.

TERRAINS CALCAIRES					TERRAINS ARGILEUX					TERRAINS SILICEUX					OBSERVATIONS
RENDEMENT EN KILOS			VALEUR (année moyenne)		RENDEMENT EN KILOS			VALEUR (année moyenne)		RENDEMENT EN KILOS			VALEUR (année moyenne)		
Maximum	Minimum	Moyenne	Brute	Nette	Maximum	Minimum	Moyenne	Brute	Nette	Maximum	Minimum	Moyenne	Brute	Nette	
Après l'exploitation des taillis															
1.500	1.000	1.250			2.000	1.500	1.750			2.500	2.000	2.250			Voir le tableau précédent.
Dans les dernières années															
250	100	175			375	150	260			500	200	350			
En moyenne															
500	150	325	13f »	0f65	750	250	500	15f »	2f »	1.000	300	650	19f50	2f60	

RENDEMENT FOURRAGER D'UN HECTARE DE TAILLIS
AUX DIFFÉRENTS AGES

AGES DES TAILLIS	TERRAINS CALCAIRES			TERRAINS ARGILEUX			TERRAINS SILICEUX			OBSERVATIONS
	RENDEMENT en kilog.	VALEUR		RENDEMENT en kilog.	VALEUR		RENDEMENT en kilog.	VALEUR		
		Brute	Nette		Brute	Nette		Brute	Nette	
1	»	»	»	»	»	»	»	»	»	Le fourrage donné par les jeunes taillis est connu sous le nom d'*herbes grainées* ou *blé aux bœufs*, en raison des hautes graminées qui le composent. Il est bottelé en vert et laissé sur le parterre des coupes, où il sèche rapidement. A l'aide de la seule faucille, une femme peut récolter environ 200 livres par jour, ce qui porte la façon des 500 kilos à 10 fr., pour un salaire quotidien de 2 fr. La valeur de cette herbe, utilisée surtout comme litière, est fort peu élevée. En la taxant à 12 fr. les 500 kilos dans les terrains calcaires, à 10 fr. dans les terrains argileux et à 8 fr. dans les terrains siliceux, nous sommes certainement au-dessus de la réalité. La récolte de cette litière n'offre donc un léger intérêt que dans les sols calcaires et les régions excessivement pauvres; partout ailleurs, les frais en annulent ou en dépassent la valeur vénale.
2	1.500	36f »	6f »	2.000	40f »	»	2.500	40f »	»	
3	500	12 »	2 »	1.500	30 »	»	1.800	28 80	»	
4	300	7 20	1 20	1.000	20 »	»	1.400	22 40	»	
5	250	6 »	1 »	700	14 »	»	1.100	17 60	»	
6	200	4 80	0 80	400	8 »	»	800	12 80	»	
7	150	3 60	0 60	200	4 »	»	600	9 60	»	
8	125	3 »	0 50	150	3 »	»	400	6 40	»	
9	100	2 40	0 40	125	2 50	»	200	3 20	»	
10	90	2 16	0 36	110	2 20	»	150	2 40	»	
11	80	1 92	0 32	100	2 »	»	125	2 »	»	
12	70	1 68	0 28	90	1 80	»	110	1 76	»	
13	60	1 44	0 24	80	1 60	»	100	1 60	»	
14	50	1 20	0 20	70	1 40	»	90	1 44	»	
15	25	0 60	0 10	60	1 20	»	80	1 28	»	
16	15	0 36	0 06	50	1 »	»	70	1 12	»	
17				25	0 50	»	60	0 96	»	
18							50	0 80	»	
19							40	0 64	»	
20										
21										
22										
23										
24										
25										
26										
27										
28										
29										
30										

A ceux qui nous demanderaient comment nous avons pu déterminer le rendement fourrager des vides et des taillis, nous répondrons très loyalement qu'ils ne résultent pas de pesées directes, mais bien exclusivement de renseignements fournis par les préposés qui récoltent annuellement des herbes en forêt, de notes extraites de nos calepins et de la connaissance personnelle que nous avons acquise des prairies naturelles en suivant de grandes exploitations rurales.

Ceux qui n'envisagent qu'un cas particulier pourront trouver nos chiffres faibles ou exagérés : il y a vides et vides, comme il y a aussi fagots et fagots. Suivant l'année, l'âge du taillis qui l'enserre, la même clairière peut fournir des récoltes extrêmement variables. Nous nous sommes attaché à rester dans une sage moyenne, et les tournées faites en dernier lieu, pour contrôler nos chiffres, n'ont pu que les enfler, l'année 1898 ayant été tout particulièrement favorable à la production herbacée. Cela ne peut que fortifier nos conclusions, à savoir *que la récolte de l'herbe en forêt est une des plus pauvres spéculations agricoles que nous connaissions. Le cultivateur réduit à cet expédient gâche le bois et perd son temps : il se fait l'artisan de sa misère.*

II. Futaies.

a) Futaies feuillues. — Les futaies feuillues prolongent l'état de couvert du taillis, ainsi que l'état meuble et frais du sol, et n'offrent de ressources au pâturage que pendant le temps consacré à la régénération et à la formation du fourré. En général même, ces ressources sont fort limitées, presque nulles, et la jeune forêt succède à la vieille, pour ainsi dire sans laisser place à l'herbe. C'est pourquoi les pasteurs des Pyrénées s'élèvent avec force contre le régime de la futaie ; c'est pour le même motif que les habitants des Alpes préfèrent le taillis simple à tout autre mode de culture.

Sous les perchis et les jeunes futaies des forêts en conversion, — les seules futaies feuillues que nous connaissions, — on retrouve la flore vernale des vieux taillis : anémones, renoncules, pervenches, lierre, aspérules, laiches et luzules ; mais, en raison de la tres forte proportion d'humus, la phase arbustive prime de beaucoup la phase herbacée dans les conditions les plus ordinaires d'éclairement. Partout, en effet, où filtre un rayon de lumière blanche, le roncier acquiert une vigueur exubérante, et donne asile à une florule très caractéristique et très pauvre. Parfois, cependant, à la suite d'une coupe d'éclaircie un peu forte, le sol se garnit d'un manteau de graminées variées : Millet, Aira, Brachypodes, etc. Le but cherché par le sylviculteur est manqué; voulant du bois, il fait surgir de l'herbe.

Les exploitations si variées et si nombreuses qui se déroulent dans les futaies, l'état si changeant du massif, le temps si variable consacré à la régénération ne nous permettent pas d'estimer, année par année, le rendement fourrager ; nous nous bornerons à dire qu'il peut varier depuis *zéro*, sous le massif complet et bien tenu, jusqu'au *maximum* indiqué pour les taillis dans les clairières et les coupes blanches.

Comme dans le groupe précédent, on ne peut apprécier la valeur du pâturage que par l'étendue des vides et des clairières que présente le massif considéré. Hors de là, tout est trouble.

b) Futaies pleines résineuses. Sapinières et pessières. — Ce qui éloigne le bétail des sapinières et des pessières soumises au mode du réensemencement naturel et des éclaircies, c'est d'abord leur rendement élevé, car on n'égorge pas toujours la poule aux œufs d'or; ce sont ensuite les ressources herbagères presque nulles qu'elles offrent au pasteur.

Dès que le massif est constitué, c'est-à-dire vers quarante ou cinquante ans, le sol ne porte plus qu'un feutre glissant de mousse et d'aiguilles sèches, clairement duveté de ***Vinca minor***, ***Hedera helix***, ***Asperula odorata***, ***Oxalis acetosella***, ***Pyrola rotundifolia***, ***Pyrola minor***, ***Monotropa hypophitis***. La plus maigre des vaches de l'Écriture n'y trouverait pas sa vie.

Cette pauvreté de la flore demeure pendant longtemps comme le trait saillant de la sapinière, dont toute l'énergie est dépensée à la fabrication du bois. On sait les merveilles qu'elle enfante. Il n'y a guère que les *dernières coupes d'éclaircie* qui réveillent le tapis végétal. Celui-ci ne prolonge sa veillée des armes que dans les vides et les clairières, dans les laies et les sommières, sur les bordures ouvertes de la forêt où se tient le bétail qui affronte la faim et les taons. Quand la hache a donné, en deuxième affectation, un peu de jour, la futaie ne se trouvant plus assez plastique pour augmenter rapidement sa ramure, le sol se brode d'une végétation encore clairsemée d'herbes variées.

Ce sera dans les terrains calcaires : ***Atragene alpina***, ***Thalictrum majus***, ***Ranunculus platanifolius***, ***Dentaria pinnata***, ***Dentaria digitata***, ***Mercurialis perennis***, ***Viola mirabilis***, ***Geranium sylvaticum***, ***Lathyrus vernus***, ***Veronica urticæfolia***, ***Veronica montana***, ***Melampyrum sylvaticum***, ***Calamintha alpina***, ***Polygonatum multiflorum***, ***Convallaria maïalis***, ***Maïanthemum bifolium***, ***Leucoïum vernum***, ***Arum maculatum***, puis quelques luzules (***L. vernalis***, ***L. flavescens***), aux feuilles dures et coriaces; enfin, des fétuques plus abondantes (***F. sylvatica***, ***F. tenuifolia***), dont le fin gramen s'étend comme une mousseline sur le tapis d'aiguilles sèches. Mais tout cela si maigre qu'une vache en a bien vite épuisé la coupe sur un hectare en moins d'une semaine, si rare que la faucille la mieux emmanchée ne peut y mordre.

Dans les terrains argileux, l'évolution est beaucoup plus prompte. Le moindre filet de lumière fait surgir *Thalictrum flavum*, *Ranunculus aconitifolius*, *Cardamine impatiens*, *Viola biflora*, *Stellaria nemorum*, *Hypericum hirsutum*, *Hypericum montanum*, *Lathyrus latifolius*, *Saxifraga rotundifolia*, *Knautia sylvatica*, *Adenostyles bifrons*, *Adenostyles alpina*, *Petasites albus*, *Prenanthes purpurea*, *Mulgedium alpinum*, *Mulgedium plumieri*, *Phyteuma orbiculare*, *Gentiana pneumonanthe*, *Gentiana asclepiadea*, *Melampyrum nemorosum*, *Salvia glutinosa*, *Stachys sylvatica*, *Mercurialis perennis*, *Paris quadrifolia*, *Polygonatum verticillatum*, *Pteris aquilina*, *Polystichum filix-mas*. Malheur aux terrains livrés à la puissance de cette flore! Malheur au sol dénudé qui lui est offert! Mieux vaudraient peut-être la bruyère et l'airelle. Dans les terrains calcaires, une éclaircie trop forte fait généralement sortir de terre une nuée de morts-bois qui suscitent eux-mêmes la production du semis ; mais, dans les terrains argileux et fertiles, la même opération provoque le gazonnement durable du parquet, le gaspillage des forces productives et l'introduction meurtrière du bétail. Ainsi naissent et s'étendent les vides de nos sapinières. Ces herbes si hautes et si drues, qui foisonnent un peu partout sous les massifs argileux clairiérés, sont pourtant une pauvre pâture. Le bétail les foule d'un air distrait, et s'attaque de préférence aux ronces, aux arbrisseaux, aux feuillus, qui en rompent çà et là la trame, et qui s'apprêtent à les décimer. Ce qui l'attire et ce qui le retient, c'est le vide ancien, bien pourvu de gramen, dont il étend sans cesse la tache, de connivence avec le berger, qui brûle le tronc ou annèle le fût. Sur 100 kilogrammes de grande herbe ainsi produite, dix à peine sont utilisés par la vache ou la génisse. La ration d'une vache au vert étant environ de 25 kilogrammes par jour, il faudrait que l'hectare rapportât 2,000 kilogrammes de cette herbe pour nourrir pendant une semaine une seule bête aumaille. Autant dire qu'il faudrait détruire la forêt!

Dans les terrains siliceux, la bruyère, les genêts et les airelles ont toujours un pied dans les massifs les mieux tenus. Ils restent à l'affût sur le haut d'un tertre rocheux, sur le sommet d'une taupinière, au centre d'un vide ou dans un coin perdu de sommière. Les dernières éclaircies, si utiles au massif, peuvent, si elles sont trop fortes, gravement compromettre la régénération ultérieure, dont on est séparé par quelque quinze ans, en livrant le sol aux plantes sociales de la lande. Peu touffues et comme égrenées sous le massif, encore grêles dans les vides où elles s'affament, elles se répandent très vite dans les clairières, et grassement nourries par l'humus, elles y atteignent une taille gigantesque et une vigueur exubérante. Le bétail lui-même a peine à s'y frayer passage et n'y trouve rien à brouter.

La phase herbacée ne commence vraiment dans de telles forêts qu'au moment des coupes de régénération. Moins elle est longne, plus est facile la tâche du sylviculteur. C'est pour cela qu'il ne faut jamais nettoyer le sol des sapinières, ni recéper la végétation basse et buissonnante des feuillus et des arbrisseaux qui maintient l'herbe en respect.

Pour qui sait combien est fragile la plantule de sapin, combien est tendre le jeune plant d'épicéa, il est inutile de dire que la récolte, à la faucille, des herbes, doit être sévèrement proscrite des parcelles en voie de régénération. Pour nourrir un veau, on perdrait une vache. Et, s'il y a des ronces, des paquets de framboisiers, ce n'est pas du bétail qu'il faut attendre le salut, mais du temps qui éclaircit le roncier, du mort-bois ou du feuillu qui s'y jette et qui relève le couvert. Si vous faites fouler et brouter la ronce, vous arrivez nécessairement au pré, et le pré ne vous conduira à la forêt que par l'intermédiaire de la plantation ou par la répétition de la phase arbustive. Touchant au but, vous vous serez arrêté, pris d'essoufflement ou de vertige.

Peu à peu, le fourré naît par bouquets, les plantes des clairières et de la lande sont refoulées dans les espaces vides. Vers 20 ou 25 ans, la faucille peut glaner un ou deux quintaux d'herbe par hectare, qui ne valent certainement pas la façon, quel que soit le sol dont ils proviennent.

En résumé, la futaie pleine résineuse n'offre au pâturage que des ressources absolument dérisoires en dehors de ses vides, de ses sommières et de ses lignes, en dehors aussi des parcelles que l'on régénère ou qui sont régénérées depuis peu et où l'introduction du bétail équivaudrait à la destruction complète de la forêt.

Quant aux vides, leur production moyenne est consignée dans le tableau suivant :

RENDEMENT FOURRAGER D'UN HECTARE DE VIDES
DANS LES FUTAIES PLEINES RÉSINEUSES (*Régions de basse montagne*)

TERRAINS CALCAIRES			TERRAINS ARGILEUX			TERRAINS SILICEUX		
RENDEMENT (Kilogr.)	VALEUR		RENDEMENT (Kilogr.)	VALEUR		RENDEMENT (Kilogr.)	VALEUR	
	Brute	Nette		Brute	Nette		Brute	Nette
800	40f	8f	1.200	60f	12f	1.500	75f	15f

c) *Futaies résineuses jardinées.* — Avec les futaies jardinées, nous touchons à un problème beaucoup plus délicat. En France, ces forêts, situées sur les confins de la végétation forestière, sont partout outrageusement pâturées, outrageusement dévastées, et en voie de plein retrait. Les méthodes d'aménagement par volume sont en train de leur porter le dernier coup. Nous montrerons plus tard comment.

Comme l'a dit notre cher maitre, M. Broilliard, dans son cours d'aménagement (voyez p. 327), « le pâturage n'est pas admissible « dans une forêt jardinée, dont tous les cantons sont et doivent « rester constamment en régénération, où tous les âges se trou- « vent nécessairement entremêlés. » On l'y tolère cependant, parce que la plupart des forêts alpestres, déjà ruinées, ne rapportent presque plus rien par elles-mêmes, et que leurs propriétaires se plaignent sans cesse de l'insuffisance des revenus; on l'y tolère avec réglementation peu sévère dans le Jura, avec liberté pleine et entière dans les Alpes, où les entraves n'existent que sur le papier. C'est pitié et grande désolation de voir fondre la forêt dans les lieux où justement elle est le plus nécessaire.

Couronnant généralement les basses montagnes ou échelonnées sur les versants abrupts des massifs alpins et pyrénéens, les forêts jardinées offrent, suivant leur situation, toutes les transitions entre l'état complet et l'état clair, entre la forêt productive et le pré-bois, entre le pré-bois et la lande. Au Jura appartiennent les meilleurs peuplements, aux Alpes les plus mauvais.

Partout où la pente est forte et où la roche moutonne, la forêt jardinée se maintient compacte et fermée, mais partout où le relief s'adoucit et où l'argile apparaît, se montrent le vide et la clairière. La cause? l'absence ou la fréquence du pâturage. Dans les futaies pleines et les taillis, les plantes de la lande, incessamment refoulées par le couvert et décimées par les arbustes, n'ont que de faibles points d'appui en forêt; dans les futaies jardinées des hauts versants, pauvres en morts-bois et en feuillus, ces mêmes plantes ont mille retraites, et leur immigration dans les vides créés par les exploitations est toujours à craindre. C'est ce qui a fait dire fort justement que *la modération doit être la règle du jardinage.*

Aux basses altitudes et dans la forêt cohérente, le tapis herbacé est peu dru, presque négligeable, et, pour peu que la rotation soit suffisamment courte et en rapport avec les années de semence, l'enlèvement raisonné des arbres exploitables, *sans plus*, laisse un vide aussitôt comblé par les semis préexistants ou les perches étagées. Le pâturage est sans raison.

Au contraire, dans les parties supérieures, la forêt est entrecoupée de clairières étendues que séparent des bouquets boisés; l'enlèvement d'arbres à cimes opulentes crée toujours un vide important où se jette la végétation herbacée. En dehors des anciennes pelouses, souvent stérilisées par les arbustes sociaux (arbouses, genévriers, bruyères, callunes et rhododendrons), le bétail trouvera, dans les jeunes coupes, un surcroît *temporaire* d'alimentation. Il y sera naturellement conduit. De semis, il ne s'en produira pas avant que le tapis végétal soit déprimé par les arbrisseaux spontanés de la forêt : sureaux, chèvrefeuilles ou framboisiers, auxquels succèdent les sorbiers, les alisiers et les érables, puis le hêtre et enfin les résineux. L'intervention du bétail n'a d'autre conséquence que de rompre le cycle évolutif, de provoquer, comme nous l'avons déjà dit, la formation du pré, et de préparer l'avènement des arbustes sociaux de la lande.

Combien dure cette phase herbacée? Cela dépend de la grandeur de la clairière. Plus elle est petite, mieux elle se regarnit. *Ainsi se trouve justifiée la définition du jardinage donnée par nos maîtres.* Ce peut être, dans les sols calcaires, sept à dix ans; dans les sols siliceux, quinze à vingt ans; dans les sols argileux, trente ans et plus. Méfions-nons donc! Ceux qui, avec la Société, ont visité, en 1894, la forêt du Massacre, ont pu se rendre compte de la puissance inouïe de la végétation herbacée dans les terrains argileux des sommités. Nous connaissons peu la forêt jurassienne, mais, par contre, nous avons eu l'heur, ou plutôt le malheur, de circuler des journées entières dans de pareils peuplements alpestres.

Ugines, la Compôte, le Reposoir renferment les modèles du genre. *Adenostyles alpina*, *Mulgedium alpinum*, *Prenanthes purpurea*, *Pteris aquilina* formaient, en juillet et en août, de mal odorants fourrés, hauts de 1m50, où l'on marchait avec peine. En novembre, la neige avait rabattu tout cela, et le sol était stérilisé par un épais matelas de frondes et de hampes qui offrait un obstacle insurmontable à la germination des graines. En particulier, la parcelle E d'Ugines se trouvait dans cet état depuis vingt ans, et un troupeau de génisses n'avait cessé d'y pâturer. Nous n'avons pas constaté, contrairement à ce qui a eu lieu pour le Massacre, que ce pâturage ait beaucoup servi la forêt ; bien au contraire, les rares semis que nous avons pu observer se trouvaient à l'entour de perches de hêtre ou sur les troncs des arbres abattus, autour desquels faisaient effort les herbes envahissantes. D'où le remède : élever de loin en loin des tertres de 0m60 à 0m70 de haut, en retournant la motte et en enfouissant les herbes. L'a-t-on fait? je l'ignore. Le moyen était pourtant infaillible. Quant au bétail, il avait frayé des chemins qui reliaient entre elles les clairières préexistantes et qui les prolongeaient. Il avait donc accru l'étendue des vides, et c'est tout.

D'après ce qui précède, on voit combien il est difficile d'évaluer le rendement herbager des futaies jardinées, puisque cela dépend de leur situation et de leur densité. On ne peut le faire que pour les vides et d'une façon approchée. Voici notre estimation que l'on pourra comparer avec les données du bulletin du ministère de l'agriculture (n° 5, octobre 1898, page 943).

RENDEMENT FOURRAGER D'UN HECTARE DE VIDES
DANS LES FUTAIES JARDINÉES

RÉGIONS		RENDEMENT EN KILOS	VALEUR des 100 KILOS	VALEUR TOTALE BRUTE	VALEUR TOTALE NETTE	OBSERVATIONS
Alpes vertes (terrains schisteux).	Haute-Savoie Savoie. Dauphiné.	300k	5f	15f	3	Les frais de récolte de ce fourrage, ordinairement de petite taille, sont, *au minimum*, de 20 fr. par 500 kilos. Dans les régions accidentées, ils atteignent 30 fr.
Plateau central (terrains granitiques).	Loire. Haute-Loire. Ardèche.	400	5	20	4	
Franche-Comté (terrains calcaires).	Jura. Doubs. Haute-Saône.	600	5	30	6	

III.

Valeur du pâturage en forêt.
Relation entre cette valeur et le revenu forestier.

VALEUR DU PATURAGE EN FORÊT

1° *Taillis sous futaie.* — L'agriculteur s'est de tout temps aperçu que la récolte directe du fourrage en forêt ne lui laissait qu'un bénéfice illusoire ; aussi a-t-il cherché à utiliser l'herbe d'une manière indirecte, en la faisant pâturer par ses bestiaux.

Pour évaluer la valeur du pâturage en forêt, nous admettrons qu'une vache de taille moyenne consomme environ 25 kilogrammes de fourrage vert par jour, et que, pour tenir compte de la dessiccation et de la remonte ou de la repousse de l'herbe, dans le cours de l'année, il y a lieu de doubler les rendements fourragers en sec (1).

a) Terrains calcaires. — Cela étant, on voit qu'un vide, dont la production fourragère est en moyenne de 650 kilogrammes, peut rendre, exploité comme herbage, à peu près 1,300 kilogrammes de foin vert. En supposant une enforestation de six mois, du 15 avril au 15 octobre, on trouve qu'une vache consomme 180 × 25 = 4,500 kilogrammes de fourrage vert. Il faudra donc un peu plus de 3 hect. 40 pour la nourrir pendant ces six mois.

Cherchons maintenant le rapport. Une vache moyenne, appartenant à un garde et convenablement nourrie pendant l'hiver, lui

(1) Les agronomes admettent pour le foin de prairie un coefficient de dessiccation de 64 °/₀, supérieur de 14 °/₀ à celui que nous avons adopté. Le foin forestier étant toujours récolté à complète maturité, perd moins, par la dessiccation, que le foin de prairie ; il comprend, en outre, beaucoup d'espèces semi-ligneuses ou peu nutritives qui ne sont pas broutées en vert par le bétail ; enfin, la ration journalière en vert devant être augmentée dans la même proportion, le rapport, qui donne la possibilité herbagère et le revenu en argent, est indépendant du coefficient.

Ces déductions théoriques ont été pleinement confirmées par l'expérience. C'est ainsi que des pesées rigoureuses, faites en 1899, ont donné :

29 kilos de foin sec pour 71 kilos d'herbes vertes, dans une prairie d'alluvions des bords de la Saône, sise sur le territoire de la commune de Chivres (Côte-d'Or) ;

48 kilos de foin sec pour 52 kilos d'herbes vertes, dans les vides de la forêt domaniale de Val-Suzon (Côte-d'Or), située sur des calcaires arides du bathonien moyen.

donne environ, pendant l'enforestation, cinq litres de lait par jour à 0 fr. 10 l'un, ci : 0 fr. 50. Mais elle ne reste que deux mois (mai et juin) sans ration complémentaire. Pendant les quatre autres mois, on ajoute environ 2 kil. 500 de luzerne, de trèfle ou de sainfoin à sa nourriture quotidienne. Dans les fermes, riveraines de la forêt, où le bétail ne reçoit aucun appoint de nourriture, le rendement par vache n'est certainement pas supérieur à trois litres par jour. Le rendement brut par vache peut donc s'établir comme suit :

1. — Cas le plus favorable.		**2. — Cas ordinaire.**	
Vache recevant un appoint de nourriture.		*Vache vivant exclusivement en forêt.*	
Rendement en lait : 5 l. × 180 = 900 l.		3 l. × 180	540 l.
Rendem. en argent : 900 l. × 0 f. 10 = 90 f.		540 l. × 0 fr. 10 . . .	54 f.
SOMMES A DÉDUIRE :		SOMMES A DÉDUIRE :	
Valeur de 2 kilos 500 de fourrage vert pendant 120 jours : 300 kilos × 4.	12 fr.		
Perte de fumier : 6 m. c. à 5 fr.	30 fr.	Perte de fumier : 6 m. c. à 5 fr. . .	30 fr.
Frais de garde : un berger pour 12 vaches, à raison de 20 fr. par mois : $\frac{120}{12}$ = . .	10 fr.	Frais de garde . . .	10 fr.
Total.	52 fr.	Total. . .	40 fr.
Rendement brut. . .	38 fr.	Rendement brut.	14 fr.
Soit, par hectare	11 fr.	ou	4 fr. 05

La moitié de ce produit représentant le bénéfice de l'éleveur et l'autre moitié celui du propriétaire foncier, on voit, par là, que le *prix de fermage ou de location* d'un hectare de *vides gazonnés*, en terrains calcaires, représente une somme qui n'est jamais supérieure à 5 fr. 50 et qui est le plus souvent égale à 2 francs, soit à peu près à la *valeur de l'impôt.*

Il est facile de déduire, à l'aide de ces calculs, la possibilité herbagère des taillis défensables, c'est-à-dire âgés de 15 ans et plus. De tels peuplements n'offrent plus, en effet, de ressources au pâturage, en dehors des vides qu'ils renferment. Si donc la proportion des vides est, comme dans la région dijonnaise, de 1/10 (1 hectare de vides pour 10 hectares de taillis), il faudra que chaque vache puisse disposer pour vivre :

Pendant 6 mois de $10 \times 3{,}4 = 34$ hect.

— 3 — $\dfrac{10 \times 3{,}4}{2} = 17$ hect.

— 2 — $\dfrac{10 \times 3{,}4}{3} = 11$ h. 33.

— 1 — $\dfrac{10 \times 3{,}4}{6} = 5$ h. 66.

Toutes les fois que ces conditions ne seront pas remplies, le bétail se trouvera dans la nécessité de ronger la forêt. Il n'y manque pas.

Partant de ces données, nous avons essayé de nous rendre compte approximativement du rendement herbager d'un hectare de taillis dans le cours de son développement. Pour cela, nous avons doublé la production fourragère donnée au tableau de la page 43, afin de tenir compte de la dessiccation, de la repousse et de l'herbe qui, ne pouvant être récoltée par la faucille, peut néanmoins être facilement broutée par le bétail. Nous avons enfin supposé que la ration journalière d'une vache était toujours de 25 kilogrammes de fourrage vert et que son rendement était de 5 litres de lait par jour. Le tableau suivant résume les faits.

AGE DU TAILLIS	PRODUCTION HERBAGÈRE EN KILOGRAMMES	NOMBRE DE JOURS NÉCESSAIRES A UNE VACHE pour consommer ce fourrage	PRODUCTION correspondante EN LITRES DE LAIT	RENDEMENT BRUT	RENDEMENT NET	PART du PROPRIÉTAIRE FONCIER	OBSERVATIONS
2	3.000	120	600 lit	60f	25f 20	12f 60	En fixant à 3.000 kilos le rendement herbager de la coupe de 2 ans, on assimile la forêt à un médiocre pré de Saône donnant en moyenne 2.000 livres à la soiture. C'est tout ce que l'on peut faire, l'herbe des massifs forestiers étant plus légère que celle des prairies naturelles.
3	1.000	40	200	20	8 40	4 20	
4	600	24	120	12	5 04	2 52	
5	400	16	80	8	3 36	1 68	
6	300	12	60	6	2 52	1 26	
7	250	10	50	5	2 10	1 05	
8	200	8	40	4	1 68	0 84	
9	180	7	35	3 50	1 47	0 73	
10	160	6	30	3	1 26	0 63	
11	140	5	25	2 50	1 05	0 52	
12	120	4.5	22.5	2 25	0 95	0 47	
13	100	4	20	2	0 84	0 42	
14	80	3	15	1 50	0 63	0 31	
15	60	3	15	1 50	0 63	0 31	
16	»	»	»	»	»	»	
17	»	»	»	»	»	»	
»	»	»	»	»	»	»	
»	»	»	»	»	»	»	
»	»	»	»	»	»	»	
»	»	»	»	»	»	»	
»	»	»	»	»	»	»	
»	»	»	»	»	»	»	
24	60	3	15	1 50	0 63	0 31	
25	60	3	15	1 50	0 63	0 31	

A l'aide de ces données, on peut facilement résoudre les différents problèmes que soulève le parcours. Supposons, par exemple, qu'il s'agisse de déterminer l'émolument du pâturage dans une forêt de 100 hectares, exploitée en taillis sous futaie à la révolution de 25 ans, et dont les peuplements de 11 ans ont été reconnus défensables. On a calculé que la contenance des sommières, des lignes et des chemins était de 2 hect. 50 ares et que l'étendue des vides était de 1/10 environ.

On trouve facilement :

Pour la coupe de 11 ans :	4 h. × 0 fr. 52 =	2 fr. 08
— 12 ans :	4 h. × 0 fr. 47 =	1 fr. 88
— 13 ans :	4 h. × 0 fr. 42 =	1 fr. 68
Pour les coupes de 14 à 24 ans :	44 h. × 0 fr. 31 =	13 fr. 64
Soit, pour le taillis		19 fr. 28
Pour les lignes et sommières :	2 h. 50 × 5 fr. 50 =	13 fr. 75
Pour les vides : $\frac{56}{10}$ = ...	5 h. 60 × 5 fr. 50 =	30 fr. 80
Total général		63 fr. 83

Telle est la valeur raisonnable *maxima* du pâturage dans cette forêt de 100 hectares. C'est un peu plus de 0 fr. 60 par hectare.

Remarquons enfin que ces 56 hectares peuvent tout au plus suffire à nourrir, par leur herbe, 5 vaches pendant 4 mois de l'année ; aussi nous ne devons pas nous étonner des dommages occasionnés au taillis par le séjour, sur une telle contenance, d'un troupeau de cent et quelques bêtes à cornes, comme on a coutume de l'autoriser dans les bois communaux, où l'on tolère deux bêtes par hectare.

Un conservateur des forêts, homme éminent, nous contait naguère que, balivant une coupe en coteau calcaire, il avait été effrayé de la différence de rendement constaté dans le taillis d'une révolution à la suivante, et qu'il en avait cherché le motif dans une exploitation vicieuse, dans la saute du piquet. La hache était pour peu de chose dans cette aventure, et le bétail de certain châtelain peu commode en était la cause inconsciente. Il fallait bien qu'il vécût. Et, ne trouvant plus d'herbe, il avait brouté le bois.

Nous avons envisagé le cas de la jouissance d'un tiers dans une forêt qui ne lui appartient pas. S'il s'agissait d'un propriétaire exerçant le droit de parcours pour lui et les siens, — et c'est ce qui a lieu dans les forêts communales, — le bénéfice du pâturage serait doublé et se monterait à 127 fr. 66, soit à un peu plus de 1 fr. 25 par hectare.

Un mot sur la révolution. Comme l'a dit notre cher maître, M. Broilliard (Cours d'aménagement, page 326), « il convient d'adopter de longues révolutions dans les forêts où doit s'exercer le pâturage. C'est l'intérêt du bétail comme de la forêt. »

Reprenons l'exemple cité plus haut d'une forêt de 100 hectares, exploitée en taillis sous futaie à la révolution de 40 ans, et ouverte au parcours à partir de 11 ans. La contenance des sommières, des lignes et des chemins est de 3 hectares, et l'étendue des vides n'est que de 1/20.

L'émolument du pâturage s'établit comme suit :

Pour la coupe de 11 ans :	2 h. 50 × 0 fr. 52 =	1 fr. 30
— 12 ans :	2 h. 50 × 0 fr. 47 =	1 fr. 17
— 13 ans :	2 h. 50 × 0 fr. 42 =	1 fr. 05
Pour les coupes de 14 à 25 ans :	12 × 2 h. 50 × 0 fr. 31 =	9 fr. 30
— 26 à 30 ans :	5 × 2 h. 50 × 0 fr. 42 =	5 fr. 25
— 31 à 35 ans :	5 × 2 h. 50 × 0 fr. 47 =	5 fr. 88
— 36 à 39 ans :	4 × 2 h. 50 × 0 fr. 52 =	5 fr. 20
	Soit, pour le taillis . . .	29 fr. 15
Pour les lignes, sommières et chemins :	3 h. × 5 fr. 50 =	16 fr. 50
Pour les vides : $\frac{75}{20}$ = ...	3 h. 75 × 5 fr. 50 =	20 fr. 62
	Total	66 fr. 27

C'est donc une bonification de 4 % au moins dans une forêt qui, exploitée à 40 ans, renferme d'ailleurs moitié moins de vides que si elle était coupée à 25 ans. Là encore les chiffres ont une grande éloquence, et l'on comprend aisément combien sont nécessaires les longues révolutions dans les taillis des Alpes, par exemple, où le pâturage est souvent abusif. Ici même, dans la Comté et la Bourgogne, pourtant plus riches, la révolution à 40 ans satisfait le mieux tous les intérêts. Elle est impérieusement commandée dans la grande majorité des forêts domaniales, grevées de droits d'usage au parcours qui sont ordinairement la cause toujours active de leur dégradation. Nous ne reviendrons plus sur ces faits, les tenant pour acquis, et nous dirons que l'allongement de la révolution est, dans tous les cas et dans tous les sols, le moyen le plus sûr de se défendre contre la dent et les incursions du bétail. C'est également le meilleur moyen d'augmenter ses revenus et sa fortune.

Les partisans du pâturage en forêt nous diront : « Mais vos

calculs pèchent par la base et vous n'avez pas tenu compte du *croît* du troupeau. » Cet oubli est volontaire. Le bétail qui vit exclusivement en forêt, usé par les longues marches et par une nourriture insuffisante, se reconnaît à première vue par son rachitisme. Dans deux fermes de notre cantonnement, où l'enforestation est régulièrement pratiquée, une vache prête au veau atteint à grand'peine un prix moyen de 200 francs, alors que celles des troupeaux voisins se vendent couramment 450 à 500 francs. Dans ces conditions misérables d'existence, trois ans sont nécessaires pour faire une mauvaise vache, et la débilité du troupeau est si grande qu'un garde nous disait avoir vu le berger d'une de ces fermes « prendre ses bêtes par le cou pour leur faire passer un fossé. » Que peut être la valeur du croît en semblable occurrence? Je laisse au lecteur le soin de répondre.

b) *Terrains argileux.* — Le rendement herbager d'un vide étant supposé de $1{,}000 \times 2 = 2{,}000$ kilogrammes, il faudra à une vache, pour l'épuiser, un nombre de jours égal à $\frac{2{,}000}{25} = 80$.

D'où 2 hect. 25 ares de vides gazonnés suffiront pour assurer, pendant six mois, la subsistance d'une bête à cornes. En admettant une production de cinq litres de lait à 0 fr. 10 par jour, on arrive à un rendement de 90 francs pour la durée de l'enforestation. Déduisant, comme précédemment, pour les frais, une somme de 52 francs, il reste net 38 francs, soit 16 fr. 90 par hectare. Le prix de location d'un hectare de vides peut être ainsi évalué à $\frac{16 \text{ fr. } 90}{2} = 8$ fr. 45. Si la forêt ne présente qu'un vingtième de vides, en dehors des lignes et des chemins, il faudra qu'une vache puisse disposer pour vivre :

Pendant 6 mois de	45 hectares.	
— 3 —	22 —	50 ares.
— 1 —	7 —	50 —

Si nous cherchons à calculer approximativement le rendement herbager de l'hectare de taillis en terrains argileux aux différents âges, nous trouverons les nombres suivants :

AGE DU TAILLIS	PRODUCTION HERBAGÈRE EN KILOGRAMMES	NOMBRE DE JOURS NÉCESSAIRES A UNE VACHE pour consommer ce fourrage	PRODUCTION correspondante EN LITRES DE LAIT	RENDEMENT BRUT	RENDEMENT NET	PART du PROPRIÉTAIRE FONCIER	OBSERVATIONS
2	4.000	160	800 lit	80f	33f 60	16f 80	On a admis, comme précédemment, que la dessiccation et la repousse de l'herbe doublaient les chiffres du tableau de la page 43, que la ration journalière d'une vache était encore de 25 kilos et son rapport de 5 litres de lait par jour.
3	3.000	120	600	60	25 20	12 60	
4	2.000	80	400	40	16 80	8 40	
5	1.400	56	280	28	11 76	5 88	
6	800	32	160	16	6 72	3 36	
7	400	16	80	8	3 36	1 68	
8	300	12	60	6	2 52	1 26	
9	250	10	50	5	2 10	1 05	
10	220	9	45	4 50	1 89	0 94	
11	200	8	40	4	1 68	0 84	
12	180	7	35	3 50	1 47	0 73	
13	160	6	30	3	1 26	0 63	
14	140	5	25	2 50	1 05	0 52	
15	120	5	25	2 50	1 05	0 52	
16	120	5	25	2 50	1 05	0 52	
»	»	»	»	»	»	»	
»	»	»	»	»	»	»	
»	»	»	»	»	»	»	
»	»	»	»	»	»	»	
»	»	»	»	»	»	»	
»	»	»	»	»	»	»	
»	»	»	»	»	»	»	
24	120	5	25	2 50	1 05	0 52	
25	120	5	25	2 50	1 05	0 52	

Cela posé, il est facile de déterminer la valeur du pâturage dans une forêt de 100 hectares, aménagée en vingt-cinq coupes, ouverte au bétail à partir de treize ans, dans laquelle les lignes et les sommières ont une étendue de 2 hect. 50 ares et les vides une surface de 1/20.

On trouve :

Pour la coupe de 13 ans : 4 h. × 0 fr. 63 = 2 fr. 52
Pour les coupes de 14 à 24 ans : 44 h. × 0 fr. 52 = 22 fr. 88

Soit pour le taillis . . . 25 fr. 40
Pour les lignes et sommières : 2 h. 50 × 8 fr. 45 = 21 fr. 12
Pour les vides : $\frac{48}{20}$ = . . . 2 h. 40 × 8 fr. 45 = 20 fr. 28

Total. . . . . 66 fr. 80

Tel est le prix que pourrait raisonnablement offrir un cultivateur pour le pâturage de ces 56 hectares. C'est à peu près 1 fr. 20 par hectare pâturé (1). De l'ensemble de ces faits, il résulte que dix vaches trouveraient, dans cette forêt, une nourriture suffisante pendant deux mois de l'année ; mais quinze y souffriraient certainement, ou seraient fatalement conduites à se nourrir de feuilles et de bois. Ces conclusions peuvent paraitre excessives à des esprits prévenus ; elles seront acceptées sans conteste par ceux seulement qui, vivant en contact journalier avec la forêt, ont pu suivre la lente dégradation qui accable les peuplements pâturés. Chez ces derniers, les

(1) Les indications données au cours de ce travail sur l'estimation du revenu herbager dans les forêts étant basées exclusivement sur la production fourragère du sol, pourraient peut-être éveiller des doutes dans l'esprit du lecteur, tenté de récuser nos chiffres. On comprend, par suite, avec quel intérêt nous accueillons les faits qui illustrent notre récit et qui fortifient nos conclusions. Or, en voici un tout à fait caractéristique, qui nous est fourni par M. Guenot, inspecteur des eaux et forêts à Chalon-sur-Saône, dont le talent, chacun sait ça, n'a d'égal que la bonté : « La forêt qu'a voulu vous signaler M. Broilliard est une partie des « bois communaux de Saint-Désert : la Colonge, située sur le territoire des Granges « (canton de Givry) et de la Charmée (canton de Chalon-sud). Cette partie de la « forêt a une contenance de 108 h. 92 a. ; elle comprend les vingt-cinq coupes « ordinaires et une petite portion du quart en réserve.

« Le canton de la Colonge est éloigné de 6 kilomètres environ du village de « Saint-Désert, et les habitants, plus vignerons que cultivateurs, ne possèdent « guère de bétail. Ils ne peuvent, dans ces conditions, profiter du pâturage en « forêt. Ils peuvent encore moins exercer le droit de parcours dans le reste du « quart en réserve situé sur le territoire de Saint-Germain-lez-Buxy, canton de « Buxy, à 12 kilomètres de Saint-Désert, et grevé d'un droit de pâturage au « profit de divers hameaux voisins.

« Dans ces conditions, la commune de Saint-Désert, voulant se procurer quelques « ressources, amodie chaque année le droit de pâturage dans les cantons défen- « sables du bois de la Colonge ; leur contenance est de 65 à 70 hectares et le « nombre de bêtes ovines ou chevalines à y introduire est fixé à cent.

« Ce droit de pâturage est adjugé à des habitants de Granges, ou villages voi- « sins, situés à proximité de la forêt. Le prix d'adjudication varie de 80 à 100 fr. « Le pâturage est même resté inadjugé quelques années où les fourrages étaient « abondants : en 1893, année de sécheresse, le pâturage n'a pu, faute d'amateurs, « être amodié au printemps, en mars, époque habituelle : on ne l'a amodié qu'en « juin, pour 100 fr., sans augmentation sur le prix atteint d'autres années.

« Le sol de la forêt est argileux, humide. Il appartient, comme celui de la plu- « part des forêts du bassin de la Saône, aux alluvions anciennes de la Bresse, et « le pâturage y fait certainement, comme ailleurs, plus de mal que de bien, mais « il est impossible de faire renoncer la commune propriétaire à cette déplorable « habitude. »

D'après cela, le prix d'amodiation a varié de 1 fr. 25 à 1 fr. 40 par hectare. C'est une bonification de 0 fr. 05 à 0 fr. 20 sur notre estimation, mais on n'a pas tenu compte des années où l'adjudication a été infructueuse. Nous sommes donc plutôt au-dessus qu'au-dessous de la réalité. Il était bon de le constater.

vides s'anastomosent indéfiniment, les clairières s'étendent, le sous-bois disparaît, les perches et les arbres s'alanguissent, se couvrent de brindilles sèches, de mousse et de lichens, et finissent par disparaître sans autre cause apparente.

c) *Terrains siliceux.* — Un hectare de vides en terrains siliceux peut donner environ 2,600 kilos de mauvaises herbes par an. C'est néanmoins suffisant pour nourrir une petite vache pendant cent quatre jours. Il en résulte que, pour une enforestation de six mois, il faudrait une étendue de 1 hect. 73 ares par tête de bétail. Le revenu net étant toujours supposé de 38 francs, cela fait ressortir le rendement par hectare à 21 fr. 95 et le prix annuel de fermage à 10 fr. 97.

Le tableau ci-dessous résume l'état des ressources en nature et en argent que l'on pourrait tirer d'un hectare de taillis aux différents âges.

AGE DU TAILLIS	PRODUCTION HERBAGÈRE EN KILOGRAMMES	NOMBRE DE JOURS NÉCESSAIRES A UNE VACHE pour consommer ce fourrage	PRODUCTION correspondante EN LITRES DE LAIT	RENDEMENT BRUT	RENDEMENT NET	PART du PROPRIÉTAIRE FONCIER	OBSERVATIONS
2	5.000	200	1.000 lit	100f	42f	21f	Comme dans la colonne d'observations du tableau précédent.
3	3.600	144	720	72	30 24	15 12	
4	2.800	112	560	56	23 52	11 76	
5	2.200	88	440	44	18 48	9 24	
6	1.600	64	320	32	13 44	6 72	
7	1.200	48	240	24	10 08	5 04	
8	800	32	160	16	6 72	3 36	
9	400	16	80	8	3 36	1 68	
10	300	12	60	6	2 52	1 26	
11	250	10	50	5	2 10	1 05	
12	220	9	45	4 50	1 89	0 94	
13	200	8	40	4	1 68	0 84	
14	180	7	35	3 50	1 47	0 73	
15	160	6	30	3	1 05	0 52	
16	160	6	30	3	1 05	0 52	
17	160	6	30	3	1 05	0 52	
18	160	6	30	3	1 05	0 52	
»	»	»	»	»	»	»	
»	»	»	»	»	»	»	
»	»	»	»	»	»	»	
»	»	»	»	»	»	»	
»	»	»	»	»	»	»	
24	160	6	30	3	1 05	0 52	
25	160	6	30	3	1 05	0 52	

L'émolument herbager d'une forêt de 100 hectares ouverte au parcours à partir de douze ans, et renfermant 2 hect. 50 de lignes, chemins ou sommières, plus 1/15 de vides, s'établit alors comme suit :

Pour la coupe de 12 ans :	4 h. × 0 fr. 94 =	3 fr. 76
— 13 ans :	4 h. × 0 fr. 84 =	3 fr. 36
— 14 ans :	4 h. × 0 fr. 73 =	2 fr. 92
Pour les coupes de 15 à 24 ans :	40 h. × 0 fr. 52 =	20 fr. 80
Soit, pour le taillis		30 fr. 84
Pour les lignes, sommières, chemins, etc. :	2 h. 50 × 10 fr. 45 =	26 fr. 12
Pour les vides : $\frac{52}{15}$ = ...	3 h. 45 × 10 fr. 45 =	36 fr. 05
Total.		93 fr. 01

Cela fait 1 fr. 80 par hectare pâturé et 0 fr. 93 par hectare pour l'ensemble de la forêt considérée.

2° *Futaies pleines.* — *a*) *Futaies feuillues.* — Pour connaître la valeur du pâturage dans les cantons défensables des futaies feuillues, il suffit de calculer l'étendue occupée par les chemins, lignes et sommières, puis d'estimer la surface occupée par les vides, et de raisonner comme dans les exemples précédents. En procédant ainsi, on voit que la valeur locative d'un hectare de clairières gazonnées est toujours :

Dans les terrains calcaires, de	2 fr. à 5 fr. 50	au maximum
— argileux, de	8 fr. à 9 fr. »	au maximum
— siliceux, de	10 fr. à 11 fr. »	au maximum

Dans une forêt de 100 hectares, renfermant 5 hectares de vides, où la phase de régénération dure cinquante ans, la valeur du pâturage peut s'apprécier comme suit :

Cas d'une révolution de 100 ans :

	SOLS CALCAIRES	SOLS ARGILEUX	SOLS SILICEUX
Perchis et jeune futaie.	50h × 0f30 = 15f	50h × 0f50 = 25f	50h × 0f60 = 30f
Vides.	5h × 5f = 25f	5h × 8f = 40f	5h × 10f = 50f
	Total. . 40f	Total. . 65f	Total. . 80f

Cas d'une révolution de 150 ans :

Perchis et jeune futaie.	100h × 0f30 = 30f	100h × 0f50 = 50f	100h × 0f60 = 60f
Vides.	5h × 5f = 25f	5h × 8f = 40f	5h × 10f = 50f
	Total. . 55f	Total. . 90f	Total. . 110f

Cas d'une révolution de 200 ans :

Perchis et jeune futaie.	150h×0f30=45f	150h×0f50=75f	150h×0f60=90f
Vides.	5h×5f =25f	5h×8f =40f	5h×10f =50f
	Total. . 70f	Total. . 115f	Total. . 140f

Nous avons supposé que la flore vernale des futaies était à peu près la même que celle des vieux taillis. Ce n'est pas absolument exact. Sous les futaies de hêtre, le tapis végétal est presque nul, car les racines de cette essence, courant à fleur de terre, épuisent les couches superficielles du sol et s'opposent à l'installation des herbes. En récolant l'été dernier, on se reposait avec plaisir à l'ombre des foyards. Là seulement on pouvait éviter le lacis serré des hautes graminées qui encombraient le parterre des jeunes coupes et venaient mourir au pied même des chênes. Ainsi, les chiffres donnés plus haut sont des maxima pour les hêtraies, des minima pour les chênaies qui n'ont pas conservé en mélange une proportion suffisante de charme.

b) Futaies résineuses. — Les ressources herbagères des futaies pleines résineuses, sapin ou épicéa, sont absolument nulles en dehors des vides ou des parcelles en voie de régénération. Pour résoudre les questions litigieuses qui pourraient se poser à l'occasion du parcours, il suffit donc de connaître d'une manière ou de l'autre l'étendue de ces vides.

La capacité herbagère des parties gazonnées étant arbitrée à :

800 + 800 = 1,600 kilos dans les terrains calcaires,
1,200 + 1,200 = 2,400 — — argileux,
1,500 + 1,500 = 3,000 — — siliceux,

on voit qu'il faut à une vache pour vivre pendant six mois :

2 hect. 80 dans le premier cas,
1 87 dans le deuxième cas,
1 50 dans le troisième cas,

et cela dans l'hypothèse de vides fertiles, non rocheux, uniformément couverts de gazon et dépourvus d'arbustes sociaux de la lande.

3° *Futaies jardinées.* — L'estimation de la valeur du pâturage dans les sapinières jardinées offre de grandes difficultés, et cela tient à la bigarrure infinie des massifs. Les uns, en effet, peuvent être maintenus sans peine compacts et fermés ; les autres, au contraire, situés vers les confins de la végétation forestière, demeurent, quoi qu'on fasse, constamment ouverts. De plus, les vides sont loin d'offrir des ressources identiques au pâturage : la plupart sont envahis par les arbustes sociaux de la lande, et sont stériles pour l'herbe comme pour le bois. D'où la nécessité, quand on veut serrer de près la question, de distinguer les vides gazonnés de ceux qui ne le sont pas. Et c'est chose difficile.

a) Région jurassique. — Les futaies jardinées de la région franc-comtoise sont généralement situées sur des terrains argilo-calcaires, frais et riches. L'humidité du climat favorise la végétation herbacée, et les clairières des prés-bois fournissent un foin abondant et relativement de bonne qualité. On peut estimer à 600 kilos environ la quantité de fourrage sec que peut produire, bon an mal an, un hectare de vides, ce qui porte le rendement herbager à 1,200 kilos environ.

Le bétail du Jura français ressemble beaucoup à celui de la Suisse. Les races comtoise et fémeline sont pourtant celles que l'on rencontre le plus ordinairement dans les exploitations. Leur poids varie de 400 à 550 kilos par tête. On admet qu'une vache, pour se nourrir, consomme à peu près 3.3 °/₀ de son poids par jour en fourrage sec. Par suite, pour une bête de 400 kilos, ce seraient 13 kil. 2 ou 26 kil. 4 de fourrage vert. Pour plus de simplicité, nous continuerons à adopter la ration journalière de 25 kilos, qui n'a certes rien d'exagéré. Cela étant, on voit immédiatement qu'un hectare de vides peut nourrir une vache pendant quarante-huit jours, et, pour la durée totale de l'enforestation, qui est habituellement de quatre mois, on devra disposer d'une étendue de 2 hect. 50 par tête de bétail enforestée.

M. Cardot, dans sa remarquable étude sur la culture pastorale, admet sur le Jura un rendement moyen, un peu fort, de huit litres de lait par jour.

On en déduit aisément le rapport par vache :

Revenu brut : 8 × 120 × 0 fr. 10		96 fr.
D'où il faut défalquer :		
Pour perte de fumier : 4 m. c. × 5 fr.	20 fr.	23 fr.
Pour frais de garde	3 fr.	
Reste net.		73 fr.

Le rendement herbager est ainsi de $\frac{73}{2,50} = 29,20$ par hectare. La moitié représentant le bénéfice de l'éleveur, le prix de location d'un hectare de vides en forêt ne pourra dépasser la somme de 14 fr. 60.

Il s'agit là d'anciennes clairières, de *teppes* fertiles, gazonnées depuis de longues années et absolument dépourvues d'arbrisseaux. En plein bois et dans les gigantesques frondaisons des fougères, des adénostyles et des mulgédies, la production herbagère atteint aisément 4,000 kilos à l'hectare, mais 1/10 à peine est susceptible d'être brouté. Le rendement maximum est ainsi de 400 kilos de fourrage utilisable ; cela représente la nourriture d'une vache pendant seize jours, et un bénéfice brut d'au plus 6 fr. Dans ces conditions, le prix de location peut aller jusqu'à 3 fr. par hectare. En réalité, il demeure toujours au-dessous. Prenons pour exemple la forêt du Massacre, contenant 622 hectares, amodiée en totalité en 1893, pour un principal de 310 fr., et ayant nourri 150 têtes de bétail rouge pendant 60 jours. On voit d'après ces chiffres :

Que le rendement herbager a été de 361 kilos par hectare ;

Que le prix de location a été de 0 fr. 50 par hectare ;

Que le revenu a été de 2 fr. par tête de bétail enforestée ;

Qu'il a fallu 4 hectares pour nourrir, pendant 60 jours, une seule tête de bétail.

Et nous ignorons l'étendue des vides préexistants !

Qu'on n'aille plus, après cela, nous vanter les merveilles du pâturage en forêt. Ce serait faire montre d'ignorance ou de parti pris.

b) Région cévenole. — A côté des gras pâturages des terrains volcaniques, qui nourrissent la belle race de Salers, le plateau central offre d'immenses landes granitiques, au milieu desquelles erre un bétail croisé, de petite taille et de faible rapport. Son poids est approximativement de 300 kilos, sa ration en vert de 20 kilos, sa production de six litres de lait par jour. Un hectare de vides gazonnés peut donner 800 kilos, c'est-à-dire peut suffire à la nourriture d'une petite vache pendant quarante jours. Pour une enforestation de cinq mois (juin à novembre), il faudra disposer de 3 hect. 75 ares par tête de bétail. Si la bruyère et les genêts ont envahi le terrain, cette étendue ne sera plus suffisante, et 7 hectares de lande ont peine à nourrir une vache.

Le revenu brut est de 6×150×0,10 = 90 fr.

Les frais s'établissent ainsi :

Perte de fumier, 5 m. c. × 5 fr. =	25 fr.	28 fr.
Garde,	3	
	Reste net.	62 fr.

Soit un revenu par hectare variant entre 16 fr. 50 et 9 fr. et une valeur locative de 8 fr. 25 à 4 fr. 50.

c) *Région alpestre.* — La race tarine, pure ou croisée, domine dans les Alpes vertes ; elle pèse en moyenne 270 kilos et peut consommer à peu près 18 kilos de fourrage vert par jour. Pendant l'enforestation, qui dure 3 mois, elle donne, dans les conditions habituelles, six litres de lait par jour, au total 540 litres, valant 54 fr. Elle perd 3 m. c. de fumier à 3 fr. et nécessite, pour sa garde, une somme de 3 fr. Son rendement net est ainsi de 42 fr. Une teppe uniformément gazonnée ne fournit guère plus de 600 kilos d'herbes vertes qui seront consommées en trente-trois jours. Cela porte à 2 hect. 72 ares l'étendue nécessaire pour nourrir une tête de ce petit bétail, à 15 fr. 44 le rendement par hectare et à 7 fr. 72 le prix de location pour la même contenance. Dans la réalité, ces chiffres se trouvent beaucoup amoindris. Il faut, en effet, défalquer de l'étendue consacrée au parcours les rochers, ruines et surfaces stérilisées par la lande de bruyères et de rhododendrons. Si donc ces parties vaines balancent les parties fertiles, le prix de fermage tombe à 3 fr. ou 4 fr. par hectare. Ces chiffres se trouvent pleinement confirmés par les statistiques agricoles (voir notamment la statistique agricole de la Drôme, par M. Bréheret. Bulletin du ministère de l'agriculture, août 1898).

RELATION ENTRE LA VALEUR DU PATURAGE

ET LE REVENU FORESTIER

Nous entendons beaucoup de propriétaires nous tenir ce langage : « Ma forêt me rapporte, par hectare et par an, 4 fr. en produits « ligneux et 2 fr. en pâturage : cela me fait en tout 6 fr. Pourquoi « voulez-vous que je bannisse le bétail de mes massifs et que je « perde ainsi une part importante de mon revenu ? Songez que « pour 1,200 hectares cela fait 2,400 fr., de quoi m'affranchir du « lourd tribut de l'impôt. » Voilà bien l'erreur, accréditée de longue date, et qui a mené tant de forêts à la ruine. Oui, c'est vrai, aujourd'hui vous retirez bien 7,200 fr. de votre bois, mais, dans vingt-cinq ans, vous n'en obtiendrez plus que 6,000 fr., et, dans cinquante ans, 5,000 à peine. Vous aurez augmenté la valeur du pâturage, mais diminué le rendement forestier ; on ne peut, en effet, additionner deux quantités soustractives, jouir simultanément de la bête et de sa peau. Entre l'herbe et le bois, entre le vide et le massif, il faut choisir. Il n'y a plus d'ambage.

Dans ce qui précède, nous nous sommes évertué à démontrer ce qui est l'évidence même : c'est-à-dire que, sous le taillis ou la futaie parvenus à un certain degré d'évolution, il ne peut y avoir place pour l'herbe, et que seuls les vides sont productifs pour le berger. Tout se réduit, dès lors, à une question de balance. Établissons donc le coût et l'avoir.

a) Taillis. — M. Cardot, dans sa statistique forestière de l'arrondissement de Pontarlier, a établi que, dans cette région, le rendement par hectare et par an des taillis simples et composés varie de 4 fr. à 15 fr. Or, nous avons montré que le revenu herbager est d'environ 2 fr. dans les terrains du calcaire jurassique et ne dépasse pas 11 fr. dans les sols argilo-siliceux. Qui donc ira, de gaieté de cœur, donner 4 fr. pour en gagner 2 ? Telle est pourtant la conséquence forcée du pâturage en forêt.

Ce n'est pas tout. Tandis que le vide va en se dégradant, la forêt va en s'enrichissant par l'application de bonnes règles culturales, et ces rendements de 4 fr. et de 15 fr. s'élèvent rapidement à 11 fr. et à 43 fr., dans les taillis en conversion de la chefferie précitée.

Le contraste est plus grand encore dans les plaines et les coteaux du bassin de la Saône, et il suffit, pour le constater, de jeter les yeux sur le tableau ci-dessous :

TERRAINS CALCAIRES		TERRAINS SILICEUX		TERRAINS ARGILEUX	
REVENU PAR HECTARE ET PAR AN		REVENU PAR HECTARE ET PAR AN		REVENU PAR HECTARE ET PAR AN	
Ligneux	Herbager	Ligneux	Herbager	Ligneux	Herbager
francs 6 80 à 28	francs 2 à 5 50	francs 32	francs 10 à 11	francs 30 à 60	francs 8 à 9

Ces faits sont tellement clairs par eux-mêmes que nous éprouvons quelque honte à les traduire : ils frapperaient un enfant. Dans de tels peuplements, les demandes en autorisation de parcours, en dehors des conditions que nous avons établies, sont ruineuses, quoi qu'on en dise, pour la forêt et pour l'agriculture. Il est vain d'en espérer quelque profit pour le pays, dont elles diminuent la richesse.

Dans les hautes montagnes, et spécialement dans les Alpes, on est moins bien armé pour résister au pâturage dégradant. Cela tient à la pauvreté des forêts traitées en taillis simples, situées sur des terrains très ingrats et abandonnées complètement à leur triste sort.

Exploitées à 25 ans, elles peuvent donner un revenu ligneux de 2 fr.	par hectare
Exploitées à 35 ans, elles peuvent donner un revenu ligneux de 4 fr.	et
Exploitées à 40 ans, elles peuvent donner un revenu ligneux de 6 fr.	par an.

Ces forêts sont criblées de vides qui en occupent les meilleures parties, et qui, pâturés, rapportent de 2 à 5 fr. par hectare et par an. Suivant donc l'âge des exploitations adopté, le revenu herbager sera inférieur au revenu ligneux ou le dépassera. On devine dans quelle situation se trouve, en présence de postulats hasardés et téméraires, l'Administration forestière, qui n'a pas pu remédier hardiment à la situation par l'adoption, *obligatoire pour les communes*, de très longues révolutions. La gestion des bois communaux ne repose pas seulement, comme on se plaît à le dire, sur l'interprétation plus ou moins judaïque de règlements et de circulaires ; elle est bien plus étroitement liée à la recherche et à l'application de bonnes règles culturales, à la saine compréhension des choses forestières. Il est malaisé, souvenons-nous, de gérer une propriété qui ne rapporte rien.

Au cas particulier des Alpes, et sans doute aussi des Pyrénées, on a exagéré, comme à plaisir, les bienfaits négatifs des taillis simples, *une erreur de culture*, comme l'ont si bien compris nos voisins de la Suisse romande. Avec ce régime, nous n'arriverons jamais à constituer une richesse durable et sérieuse, à justifier aux yeux des populations, autrement que par des rapports oiseux, le maintien des forêts existantes et la création de nouveaux massifs. Le faible écart qui existe entre les revenus herbager et forestier est une barrière insuffisante pour qui n'aime pas le bois : on la franchit à pieds joints. Grandissons-la, et nous aurons mieux travaillé que le maçon à la consolidation de nos montagnes, à la grandeur et à la richesse de notre pays. Ce sont là des vérités aussi claires que le jour ; d'où vient donc qu'elles ne trouvent pas d'écho ?

A qui veut lire couramment dans les Alpes, un travail s'impose :

celui de délimiter *l'aire économique* des différents régimes. Du moment, en effet, où l'un d'eux cesse d'être rémunérateur pour le propriétaire foncier, celui-ci doit : ou bien améliorer ce régime, ou bien en préparer la transformation en vue de l'avenir.

Ce qui, dans les Alpes, déprime le plus les revenus forestiers, c'est l'exploitation et le transport, qui absorbent, et au delà, la valeur des petites marchandises fournies par le taillis simple. Or, on peut facilement y remédier par *l'établissement de câbles aériens*, susceptibles de révolutionner les conditions économiques de la région et de forcer l'estime et la reconnaissance des habitants.

Quant aux moyens à employer pour améliorer le régime ou pour le transformer, petit à petit, dans un avenir peu éloigné, nous citerons parmi les plus simples et les meilleurs :

L'allongement hardi des *révolutions*, portées à 40 ans et plus ;

La réserve dans les taillis, de nombreuses *volières* qui conduiront tout naturellement au taillis *fureté ;*

Le maintien partiel ou intégral des *résineux* qui hâteront la conversion en sapinière et en pessière ;

L'éclaircie judicieuse des *vieux taillis de hêtre*, actuellement vendus à vil prix (30 fr. l'hectare aux portes de Chambéry), et dont la transformation en futaie est chose aussi simple que désirable. Toutes ces mesures ont pour effet d'accroître *la valeur nette* des produits tirés de la forêt, par suite d'augmenter son revenu et de diminuer ou de supprimer les abus du pâturage. Les prodigues sont d'ordinaire ceux qui ne possèdent rien.

b) *Futaies pleines.* — Le revenu ligneux des futaies pleines, feuillues ou résineuses, s'élève de 50 fr. à 200 fr. par hectare et par an. C'est de 12 à 25 fois ce que donne l'herbage. Étant donné qu'il faut choisir entre les deux, nul ne saurait hésiter. Nous conclurons que le pâturage dans les futaies pleines est une erreur ; le maintien des vides ne saurait même s'y justifier, et on doit faire tout son possible pour en provoquer la disparition.

c) *Futaies jardinées.* — C'est autre chose dans les futaies jardinées, où il convient de procéder à la délimitation de *l'aire économique* des futaies et des prés-bois. Comment ? Simplement en comparant les revenus forestiers et herbagers. Il ne serait ni bon ni désirable d'introduire à demeure le bétail dans une forêt qui, comme *le Massacre*, rapporte 31 fr. par hectare et par an, en bois, et qui ne donne que 0 fr. 50 au titre pâturage, puisque la récolte de l'herbe ne peut se faire qu'au détriment de celle du bois. Mais il peut être sage de combiner, dans les hautes régions, le pâturage avec l'éducation des arbres. C'est ordinairement le meilleur moyen de faire durer l'herbage.

Nous avons montré que, dans le Jura, le rendement des vides forestiers est à peu près de 14 fr. 60 par hectare. De son côté, M. Cardot a trouvé que le revenu des herbages est voisin de 15 fr. Il est facile, à l'aide de ces données, de tracer la ligne de démarcation économique entre les pâturages et la forêt. Nous croyons qu'elle s'élève bien au-dessus des sommets les plus élevés de la chaîne du Jura. C'est une raison majeure pour conserver et améliorer les forêts existantes, pour augmenter notre domaine boisé, pour bannir enfin de nos sapinières le bétail qui n'est pas, comme quelques-uns affectent de le croire, *un mal nécessaire*, mais *un ulcère rongeur*.

Le pâturage dans les landes cévenoles ne laisse qu'un bénéfice annuel de 4 fr. 50 à 8 fr. 25 par hectare. La forêt, vieille de cinquante ans seulement, rapporte 11 fr. 20 par an (exemple de Roizey). Cette différence, presque du simple au double, est bien faite pour frapper les esprits les plus prévenus et pour justifier les efforts tentés par l'Administration forestière et par quelques hommes de bien, comme M. le député Audiffred, pour rendre à ces montagnes désertiques et pelées les massifs boisés qui seront un jour leur richesse. Ce n'est donc pas vers les anciennes forêts qu'il faut diriger le courant pastoral, puisqu'il tendrait à détruire un capital acquis ; c'est, au contraire, vers l'arbre, fertilisateur de la lande, qu'il faut porter les yeux. Si l'on dressait la statistique des bêtes aumailles et ovines qui foulent ces immenses étendues de landes, on serait effrayé de voir l'infécondité de la terre. L'homme forcément émigre de ces lieux maudits, autrefois bruissants de mouvement ; et, malgré l'appauvrissement de la population, les exigences du pasteur sont de plus en plus tyranniques. Ni les leçons de l'histoire, ni l'expérience du présent ne laissent de traces dans les institutions qui nous régissent et qui ne reflètent que les passions humaines. Que faudrait-il cependant pour rendre la vie à ces montagnes? Simplement un peu de verdure et de fraîcheur, c'est-à-dire quelques forêts et un bon régime pastoral.

En ce qui concerne les Alpes, la question est plus complexe. Il ne s'agit plus seulement de rendement, mais d'utilité publique et de sécurité. Entre la zone actuelle des forêts et celle des alpages, existait autrefois une zone intermédiaire de *prés-bois*, que le pasteur a fait disparaître et qui est généralement maintenant à l'état de lande improductive. Il faut la reconstituer pour le plus grand bien des populations alpestres.

Rares sont les sapinières dont le revenu est notoirement inférieur à celui des alpages. Des auteurs ont voulu parfois donner des estimations fantaisistes du revenu herbager en forêt et le comparer triomphalement au revenu forestier. Ils n'ont vu qu'un côté des choses. Ils ont, en effet, basé leurs calculs sur de petites teppes gazonnées et fertiles, isolées au milieu de Lapiaz urgoniens ou néocomiens foncièrement stériles. Ces mêmes vides, boisés, auraient rapporté vingt fois plus que les rapailles voisines et trois fois plus que le gazon. Tel est notamment le cas de la forêt savoyarde des Déserts.

La délimitation entre l'aire économique des futaies jardinées pleines, où le bois prime l'herbe, et celle des prés-bois, où l'inverse se produit, est une des nécessités impérieuses de l'heure présente. Cette courbe séparative passe, dans les Alpes vertes, entre 1,700 et 1,800 mètres, c'est-à-dire au niveau supérieur des forêts actuelles. Au-dessous de cette ligne démarcative, l'avantage reste au bois, et quand on jette les yeux sur les estivages profondément dégradés de la région alpine, on se demande vraiment de quelle utilité est, pour la région, le pâturage en forêt. Au pis aller, ne vaudrait-il pas mieux tenir moins de bétail et le bien soigner, que diminuer l'étendue des terrains productifs? Ce n'est pas la terre qui manque dans les Alpes, mais c'est son utilisation intelligente qui fait défaut. A quoi bon détruire les forêts pour en faire de mauvais pâturages, alors qu'il existe à côté d'elles d'immenses landes improductives que l'arbre seul peut mettre en rapport?

Dans les hautes montagnes, où les années de semences sont échelonnées à huit ou dix ans de distance, ce n'est pas une mise en défens de cinq ans qui peut assurer la reproduction des futaies jardinées. Aussi s'en vont-elles.

L'État reboise à grands frais pour cause d'utilité publique, et, à côté de ses périmètres, il laisse se consommer la déforestation de versants entiers.

La sauvegarde des Alpes nous paraît réclamer les mesures suivantes :

1° Délimiter les forêts dont le rendement est supérieur à 3 fr. par hectare et par an; en proscrire le pâturage, ou ne l'autoriser que dans des conditions exceptionnelles.

2° Édifier au-dessus de ces massifs une large zone de prés-bois, soumise au régime forestier en ce qui concerne les biens communaux, à la surveillance des agents forestiers en ce qui concerne les biens particuliers.

3° Englober dans une zone de protection, régie par une juridiction spéciale, les forêts communales et particulières, dont l'existence intéresse la sécurité publique ; dédommager, par l'allocation de subventions, les propriétaires dont on amoindrit le droit de propriété.

C'est en raccourci ce qui a été fait en Suisse.

IV.

Utilité et inconvénients du pâturage en forêt.

UTILITÉ DU PATURAGE EN FORÊT

1. *Exploitation mixte de l'herbe et du bois.* — « Au XVIIIe siècle, — « et *à fortiori* dans les siècles précédents, — la culture était encore fort peu productive, et, pour nourrir leur bétail, les pay- « sans comptaient plus sur les friches et les bois que sur les « récoltes de leurs champs » (M. Picard, Histoire de la forêt des Crochères). Varennes de Fenille, le forestier bressan par excellence, constate aussi dans son premier mémoire, consacré tout entier à la Bresse, « que de tout temps il y a eu une fort grande quan- « tité de boqueteaux, communément de cinq à six, rarement de « quinze à vingt arpents, annexés à presque tous les domaines, « faisant partie de la ferme et destinés au chauffage et aux autres « usages du fermier. Ces bois, négligés par leurs propriétaires, « parce qu'ils étaient jadis de peu de valeur, ont été abandonnés « aux fermiers, qui pouvaient les couper au moins une fois dans « le cours de leur bail Ceux-ci en ont eu peu de soin ; la réparation « des clôtures est coûteuse, ils s'en sont dispensés ; et loin de sur- « veiller leurs pâtres, ils ont toléré qu'ils y conduisent leur bétail, de « sorte que la plupart de ces boqueteaux, anciennement de meil- « leure essence, ont insensiblement dégénéré en *Aulnayes*, dont le

« bétail rebute la feuille, et qui ne donnent que des fagots peu es-« timés.

« D'autres fermiers, pour avoir tout à la fois du fagotage et un « mauvais pâtis, ont converti leurs bois en *tronchées*, manière « d'exploiter dont on ne saurait dire trop de mal. Enfin, lorsque la « valeur de ces bois a été réduite presque à rien, on s'est déter-« miné à les défricher. »

Depuis 1792, époque où brillaient les écrits de Varennes de Fenille, l'agriculture a prospéré, et, du même coup, la sylviculture s'est relevée. On a compris qu'il était vain d'associer la culture de l'herbe et celle du bois, et reconnu que personne n'y trouvait son compte.

De fait, les tronchées ont disparu presque complètement de la Bresse, et nous n'en connaissons plus que quelques hectares entre Saint-Amour et Bourg. Ce sont des têtards de chêne pédonculé, d'érable et de charme, hauts de $1^{m}50$ à 2 mètres, espacés de 4 à 5 mètres, au-dessous desquels le bétail peut circuler à l'aise et brouter un clair et pauvre gazon. Tous les six ans, les propriétaires viennent raser la couronne de ces Quasimodos et en fagoter les rejets. Chaque têtard peut donner 5 fagots, soit 3,600 à 2,110 par hectare, valant net 5 fr. le cent, ce qui fait un revenu ligneux sexennal de 105 à 180 fr., et annuel de 30 à 18 fr. La valeur du pâturage ne dépassant pas 5 fr. par hectare, c'est un rapport total de 35 à 23 fr. Or, les prés rapportent de 50 à 60 fr. l'hectare, et les bois, mis à l'abri de la dent du bétail, exploités en taillis sous futaie à la révolution de seize ans, et enrichis par une bonne réserve de pédonculés, donnent environ 50 fr. sur la même contenance. On s'explique ainsi facilement la disparition des tronchées.

Les *bois bâtards* et les *pinatelles* de l'Auvergne sont encore un vieux débris du passé, et constituent un trait d'union entre les cultures pastorale et sylvicole. Ce sont des futaies claires de pin sylvestre renfermant, à 50 ans, de 4 à 500 pieds par hectare, et élaguées tous les cinq ou six ans de leurs branches basses, dans le but toujours de favoriser le parcours du bétail et la repousse de l'herbe. Mais, dans ces terrains, la phase herbacée ne dure que juste le temps nécessaire pour épuiser la faible quantité d'humus produite par le massif. Si donc l'élagage s'opère de très bonne heure dans des pinatelles âgées de moins de vingt ans, l'herbage fait place à la lande de bruyères et d'airelles après un laps de quatre ou cinq ans. Le cultivateur a donc dégradé son bois pour un profit illusoire. Le plus souvent, en effet, ces branches (*bois à chargne*) servent, concurremment avec les genêts, à écobuer de maigres champs de céréales. On recouvre ces branches de gazon et on y met ensuite le feu. La période de jachère dépend de la rotation adoptée par l'élagage : cinq ou six ans ordinairement. On devine ce que peut produire cette culture digne de l'Arabe.

Plus on diffère l'élagage, et plus on laisse aux arbres la faculté de couvrir le sol et de l'enrichir de leurs dépouilles. Cela permet au gazon de se maintenir plus longtemps vivace, et au pin d'acquérir des dimensions plus élevées.

Ces pinatelles ainsi traitées, ou plutôt maltraitées, n'offrent que des sujets larmoyants, noueux, tortus et brunis par des écoulements de résine. Leur hauteur est toujours faible, et leur bois impropre à l'œuvre. De pareils peuplements valent environ 800 à 1,000 fr. l'hectare à 50 ans, ce qui équivaut à un revenu annuel de 16 à 20 fr. Mais le pâturage a pu rapporter 15 fr. par hectare et par an pendant vingt ans, soit 6 fr. par année pour la révolution. C'est, au total, un rendement de 22 à 26 fr. par hectare, bien supérieur au rendement de la lande, — et c'est ce qui justifie la création de prés-bois dans la région cévenole, — mais bien inférieur au revenu forestier des massifs soustraits à l'élagage et au parcours. Nous avons vu, en effet, dans le canton de Saint-Bonnet-le-Château et autres cantons voisins, des peuplements réguliers de pin sylvestre, *var. d'Auvergne*, atteindre et dépasser, à 60 ans, une valeur sur pied de 5,000 fr. l'hectare. Le revenu annuel s'élevait ainsi à 83 fr. N'est-ce pas merveilleux ?

De l'ensemble de ces faits nous sommes en droit de conclure que :

1° Le boisement des friches granitiques du plateau central triple le rendement herbager de la lande et augmente la fertilité du sol;

2° Le pâturage dans les forêts anciennes diminue de 30 % environ le revenu forestier.

Il nous souvient encore avoir traversé, dans les coteaux ardéchois de la vallée du Rhône, des taillis exploités en têtards, à l'antique mode bressane, où l'on récoltait feuilles et fascines. Était-ce pour le bétail ou pour les vers à soie ? En fait d'animaux, nous n'avons vu là que des vipères, qui pullulaient.

Par contre, le forestier alpin a rencontré souvent, dans la zone basse des Préalpes extérieures, d'antiques chênaies évidées, tronçonnées et plus ou moins analogues aux tronchées de l'Ain. Il a pu aussi découvrir plus rarement, dans des versants abrupts de la région alpestre, des taillis de hêtre exploités en têtards, dont les troncs très distants les uns des autres étaient couverts de mousse, et au milieu desquels se montraient des ifs admirables. Ces peuplements centenaires existent aussi, çà et là, dans les Alpes suisses, également dans des lieux escarpés, où l'on risque la mort; et notre cher collègue, M. le docteur Fankhauser, a cru devoir les attribuer au rôle de protection qu'ils remplissaient dans l'esprit des populations d'alors. Si cela est, les montagnards actuels ont bien dégénéré. Pour nous, nous ne pouvons y voir qu'un mode d'exploitation basé exclusivement sur l'utilisation de la feuille et de l'herbe. La chèvre et le mouton hantaient ces versants aujourd'hui décharnés, et le montagnard récoltait les jeunes pousses, maintenues hors de leurs atteintes, pour nourrir son troupeau pendant l'hiver. Le temps et le code ont fait justice de ces errements détestables.

Ce n'est plus là, d'ailleurs, que s'est porté l'effort du pasteur : il ne regarde plus en bas, mais en haut. Nous le suivrons en étudiant les forêts de protection.

Pour l'instant, nous nous bornerons à constater que tous les modes d'exploitation, où l'on avait en vue la récolte mixte de l'herbe et du bois, ont disparu ou sont en train de disparaître par la force même des choses. Le bois a triomphé de l'herbe. Cela seul ne prouve-t-il pas combien est faible l'utilité du pâturage en forêt?

Dans le même ordre d'idées, que sont devenus les bois marmenteaux (d'*armenta*, bestiaux), bois de plaisir des Romains, parcours boisés des seigneurs du moyen âge? C'est à peine si le souvenir en vit encore chez quelques forestiers érudits. Saint-Yon, qui écrivait vers le XVIe siècle, nous dit que ces hautes futaies n'étaient abattues que pour crime de lèse-majesté, afin de détruire les marques de la maison où l'on avait commis pareil crime. Ces parcours boisés répondaient évidemment à quelque nécessité économique aujourd'hui disparue (probablement le panage).

De tous les régimes mixtes entre l'herbe et le bois, nous ne voyons que les prés-bois des régions montagneuses qui aient survécu au temps; mais ils sont plus une culture imposée par le climat et la nature, qu'une exploitation raisonnée de la part de l'homme. Cela est si vrai que les Alpes n'ont plus de prés-bois.

2. *Rôle des forêts en temps de crise agricole.* — Un des plus graves

défauts du cultivateur est l'imprévoyance : il vit au jour le jour et se trouve pris au dépourvu, dès que le cours des saisons ne se fait pas normalement. En particulier, les époques de sécheresse l'éprouvent fort, faute de provisions, et c'est à la forêt qu'il demande un vain remède à ses maux. Il s'inquiète peu de savoir ce qu'elle deviendra, ce qu'elle est en mesure de lui donner sans souffrir; il la voit, il la veut, et il l'aura. Plus tard, quand elle est épuisée, il se détourne d'elle et se plaint amèrement de l'insuffisance de ses revenus. Ses mandataires en accusent immédiatement les forestiers qui la gèrent ou les aménagements qui la régissent. Nous comprenons à la rigueur qu'en temps calamiteux, la forêt redevienne une providence pour le pasteur; mais nous demandons qu'il y ait réciprocité, et que, la crise passée, on fasse la balance du doit et de l'avoir, c'est-à-dire que les communes ou les particuliers restituent la valeur vénale de l'herbe et du bois qu'ils ont enlevés, afin de panser les plaies qu'ils ont ouvertes.

Il n'est pas probable qu'on arrive jamais à faire restituer la valeur de l'herbe et du bois digérés. Mais on pourrait faire payer une taxe avant de recevoir le bétail en forêt, au lieu de l'admettre partout, sans conditions. Ne demanderait-on que 5 francs, même seulement 2 francs par bête aumaille, beaucoup de forêts resteraient indemnes; en mainte commune, ce sont uniquement quelques individus qui, en tels cas, lâchent leurs bêtes au bois, dégradant le bien de tous pour un intérêt particulier. Quand on refuse de payer 5 francs pour une vache, c'est qu'elle n'est pas exposée à périr.

Si l'on veut bien se reporter aux chapitres précédents, on verra d'ailleurs que les ressources herbagères offertes par la forêt en temps de sécheresse sont des plus minimes : le bétail vit moins du foin qu'il trouve que des rameaux qu'il broute. La triste année 1893 a fourni une démonstration éclatante des faits que nous avançons là; le pâturage en forêt a ruiné maints cantons.

Instruits par l'expérience, les propriétaires devront, en pareil cas, s'efforcer de résister à toute extension ruineuse du parcours, et se retrancher derrière l'avis et les travaux des agronomes et des savants, qui ont trouvé dans les feuilles et dans le bois un succédané du foin.

L'utilisation des feuilles et des ramilles a fait l'objet, en 1893, de nombreuses études. Nous en ferons brièvement connaître les principaux résultats.

M. Girard a résumé dans le tableau suivant la composition des différents fourrages.

FOURRAGES	EAU	MATIÈRES MINÉRALES	MATIÈRES GRASSES	MATIÈRES AZOTÉES	EXTRACTIFS non AZOTÉS	CELLULOSE
Foin de prairie. .	12	6.50	1.50	7.50	48.50	23 »
Foin de luzerne .	Id.	6.50	2.50	13 »	46.20	30 »
Feuilles	Id.	8.15	3.95	13.29	50.63	11.98
Paille	Id.	7 »	1 »	3 »	45 »	32 »
Branchettes . . .	Id.	3.35	1.71	4.15	49.79	29 »

On voit qu'au point de vue de la richesse en principes nutritifs bruts, il y a, entre la feuille et le rameau qui la porte, une différence encore plus sensible qu'entre le foin et la paille. Et, à ne considérer que l'analyse, la feuille se montrerait supérieure au foin de prairie, mais, par contre, la ramille différerait peu de la paille.

Feuilles. — D'après les recherches entreprises sur différents points en 1893, 100 kilos de foin peuvent être remplacés par 150 kilos de feuilles fraîches ou 80 kilos de feuilles sèches.

Le fourrage le plus riche en protéine, et par suite aussi le plus digestif, est fourni par les jeunes feuilles ; mais celles-ci ont le grave inconvénient d'altérer la santé du bétail, et de provoquer de dangereuses hématuries. Le poids des substances alimentaires augmente dans les feuilles jusqu'en juillet, époque où il atteint son maximum, puis il décline légèrement pendant les mois d'août et de septembre. A ce moment, le taux de digestibibité est moins élevé, mais les accidents sont aussi beaucoup plus rares.

Comme on ne peut songer à effeuiller les arbres et les rameaux, la nourriture est donnée au bétail sous forme de petits fagots. Les animaux de la ferme consomment assez facilement les feuilles, mais ne broutent que l'extrémité molle et tendre des brindilles.

Les feuilles, qui constituent une bonne ration d'entretien, donnent au lait un goût de verdure désagréable.

Bien entendu, l'usage de ce fourrage ne peut se généraliser en dehors des années de détresse, à cause de son prix de revient relativement trop élevé.

Foin de bois. — On a désigné sous le nom de *foin de bois* des branchettes sans feuilles, récoltées en hiver, présentant un demi-centimètre de diamètre et moins, et qui sont passées au hache-paille, puis broyées. Cet aliment, additionné de sel, est accepté sans trop de répugnance et sans inconvénients pour la santé par les différents animaux de la ferme. C'est, néanmoins, une pauvre nourriture.

Emploi simultané des feuilles et des ramilles. — Entre l'emploi exclusif des feuilles et celui des branchettes, il y a un moyen terme consistant à utiliser les feuilles et les ramilles, c'est-à-dire le *feuillard* ou *feuillerain*. Les branchettes d'un centimètre de diamètre au plus, provenant d'une exploitation forestière quelconque, sont soigneusement coupées à la serpe, et mises en fagots à un lien. Ces fagots sont ensuite conduits à la maison et donnés à l'état sec ou à l'état frais.

A l'état sec, ils conviennent surtout aux bêtes ovines ; mais la dessiccation abaisse considérablement les coefficients de digestibilité des principes alimentaires, et les feuilles seules sont utilisées. Pour faire sécher les fagots, on les étend à l'ombre, sous des hangars ou dans des granges, par petits lits, afin d'éviter l'envahissement des moisissures, puis on les porte dans les greniers ou bien on les met en meules dans un endroit bien aéré.

A l'état vert, ils peuvent être consommés par tous les animaux, mais il convient d'adopter l'ensilage comme mode de conservation. Dans la petite culture, cet ensilage peut se faire économiquement en des cuves ou des futailles. On coupe et on recèpe branches et rameaux, et on en détache immédiatement les ramilles de l'année, que l'on étend par lits de $0^{m}20$ à $0^{m}25$. Chacun de ces lits est fortement tassé, arrosé légèrement d'eau et saupoudré de sel. On ferme hermétiquement, on garnit d'un couvercle qui peut s'enfoncer sous le poids de grosses pierres. Au bout de deux mois, le silo peut être ouvert. Malgré toutes les précautions, l'ensilage du feuillerain est difficile, car il se prête peu à la compression. On facilite beaucoup le travail et la digestibilité du produit, en hachant les brindilles vertes au moyen d'un hache-paille ou d'un hache-maïs.

La ration journalière d'une vache varie, suivant son poids, entre 8 et 10 kilos de cette choucroute.

Ces différentes manipulations, longues et onéreuses, ne se justifient que dans les années d'extrême disette.

Essences à employer. — Tilleul, Érable, Vigne, Nerprun, Bourdaine, Robinier, Cerisier, Alisier, Sorbier, Amélanchier, Cornouiller, Frêne, Mûrier, Orme, Hêtre, Châtaignier, Chêne, Charme, Coudrier, Saule, Peuplier.

Opérations forestières permettant la récolte du feuillerain. — Voici l'énumération des différentes opérations forestières qui peuvent fournir des ressources étendues à l'agriculture, dans le cours de chaque saison :

Hiver. — Transformation en *foin de bois* des brindilles provenant des coupes en exploitation.

Printemps. — Détrapage des vieux taillis. — Recépage dans les jeunes coupes des cepées de charme et de morts-bois.

Été. — Émondage des réserves. — Nettoiements et dégagements de semis.

Automne. — Coupe anticipée des taillis (fin septembre) avant leur défoliaison complète.

3. *Panage. — Récolte des glands et des faînes.* — Après avoir été, pour nos ancêtres, une source importante de richesse, le panage est tombé en désuétude dans la plupart de nos forêts. Du temps de la domination romaine, les jambons de la Séquanaise étaient fort recherchés. Ils devaient cette vogue aux futaies de chêne, dont les glands nourrissaient des troupeaux innombrables de porcs. Jusqu'au XVIIIe siècle, le panage constituait une certaine part du revenu forestier. Dans son beau livre sur la forêt des Crochères, M. Picard relate les prix d'adjudication de la glandée dans la seule forêt d'Auxonne (Côte-d'Or), contenant environ 1,355 hectares. Ils étaient :

En 1761, de 2,200 livres;
En 1762, de 2,300 livres;
En 1764, de 1,200 livres;
En 1778, de 280 livres;
En 1785, de 930 livres.

Hâtons-nous de dire que le panage et le pâturage juxtaposés avaient mis cette forêt dans le plus triste état.

C'est à Varennes de Fenille que revient l'honneur d'avoir montré les inconvénients du panage et le préjudice qu'il porte au repeuplement des bois. Son mémoire sur la matière est définitif, donc toujours utile à citer.

Ayant été consulté sur le point suivant :

« Est-il plus avantageux de donner la glandée de la forêt de Seillon à un troupeau de porcs que de ne pas la donner? Cette glandée vaudrait 1,500 livres. Mais cet animal, avec son boutoir, ne causerait-il pas aux jeunes plants un dommage plus considérable que ne le serait le profit à faire sur la glandée? »

Il en fit l'objet d'une étude spéciale.

La question était bien posée, il y fut clairement répondu :

« Ce n'est pas précisément par la consommation des glands qui « tombent des arbres pendant l'année où l'on permet la pâture « de la glandée, que le panage est nuisible. Peu de ces glands « auraient germé, et l'on sait qu'un porc en enterre avec « son boutoir au moins autant qu'il en dévore. C'est principale- « ment sur les glands plus anciennement germés que cet animal « exerce sa voracité. Il est singulièrement avide de la racine suc- « culente qui forme le pivot du jeune chêne ; de sorte que si l'on « conduit habituellement chaque année des troupeaux de cochons « dans la même forêt, tout est englouti, tout disparaît, on ne doit « plus compter sur aucun peuplement.

« La forêt de Seillon m'a paru terre ouverte; je n'y ai guère « aperçu de clôture qu'autour des taillis. Le bétail des domaines dé- « pendants de la Chartreuse propriétaire y pâture en liberté, et peut- « être est-elle fréquentée par le bétail des domaines voisins; peut- « être même cette vaste forêt est-elle grevée de quelques droits d'u- « sage, je l'ignore ; mais la conséquence de ce parcours, ou forcé, ou « permis, ou toléré, est que les jeunes chênes échappés à la voracité « des troupeaux de porcs seraient abroutis tôt ou tard par le gros bé- « tail. Dans cet état de choses, convient-il que l'administration ac- « cepte ou refuse la proposition qui lui est faite et le bénéfice qui lui « est offert en 1791 pour le panage de cette forêt? En le refusant, « non seulement elle éprouvera une perte de 1,500 livres, mais elle « privera les adjudicataires du bénéfice légitime qu'ils auraient « fait dans le marché d'une denrée qui va tomber en pure perte, « tandis que le repeuplement qu'on se serait proposé deviendrait « précaire, puisqu'il court le risque d'être bientôt détruit par la « dent du bétail. Voilà, si je ne me trompe, les raisons de douter « de MM. les administrateurs, et le véritable état de la question.

« Malgré l'appât du prix offert pour la glandée, malgré tous les « inconvénients de la vaine pâture, je persiste à croire qu'il serait « plus dommageable qu'utile d'accepter la proposition faite au « district.

« Le gros bétail brise les rejetons, il est vrai, mais du moins il « n'arrache pas. Le porc dévore jusqu'aux racines.

« Le bœuf s'éloigne des endroits trop fourrés et hérissés d'épines, « et nous avons vu de quelle ressource étaient par la suite ces « parties qu'il laissait intactes. Il n'est aucun lieu impénétrable à « la voracité du porc, il détruira ce que le bœuf eût épargné.

« Je veux que le panage fasse peu de mal en 1791. Mais si on le « permet une fois, on n'aura pas même de prétexte pour le défen- « dre aux années suivantes; alors, plus d'espoir de repeuplement. « Enfin, il est moins fâcheux, ce me semble, de n'avoir à guérir « qu'une maladie simple, que d'avoir à combattre à la fois deux « maladies dont la complication serait mortelle.

« On peut cependant obtenir quelque profit de l'abondance des « glandées d'une forêt, sans qu'il en résulte d'inconvénients. On « peut vendre la permission de rassembler avec le râteau, ou tout « autre instrument, et d'enlever, des cantons qui seront désignés, « la quantité de glands qu'on jugera à propos, pourvu qu'il soit « défendu d'introduire aucun troupeau de porcs. Le prix de la « vente sera moins avantageux au vendeur, mais ses suites ne se- « ront pas nuisibles à la propriété. »

De même que les prémisses, les conclusions de ce travail sont excellentes, et l'administration forestière s'en inspire tous les jours dans la gestion des bois communaux et domaniaux. Les conservateurs arrêtent chaque année les conditions auxquelles a lieu le ramassage des glands et des faînes. Voici, à titre d'exemple, le règlement en vigueur dans la Côte-d'Or.

1° Le ramassage aura lieu tous les jours de la semaine, les dimanches et fêtes exceptés, entre le lever et le coucher du soleil.

2° Il s'effectuera dans les cantons qui seront spécialement désignés par les chefs de cantonnement, et réserve faite des deux coupes les plus jeunes, et des deux coupes les plus âgées.

3° Il est interdit de monter sur les arbres et de les gauler.

4° Les voitures ne pourront s'écarter des chemins et routes ordinaires.

Nous ferons, à ce sujet, une légère observation. La réserve des deux coupes les plus jeunes est largement suffisante, mais celle des deux coupes les plus âgées pourrait être avantageusement étendue aux cinq dernières. Les jeunes semis produits sous les vieux taillis sont ceux qui résistent plus tard le mieux à l'étreinte des herbes, qui ont les plus grandes chances de survie, et qui sont les plus utiles. Mieux vaut donc chercher à en multiplier qu'à en diminuer le nombre. Et c'est à ce dernier résultat que tend le ramassage des glands.

4. *Pacage du mouton.* — Nous n'aurions pas parlé du mouton, banni de la forêt par l'article 78 du Code forestier, si, dans un ou-

vrage consacré à l'économie alpestre, nous ne trouvions les lignes ci-dessous :

« Les moutons n'engendrent pas non plus les graves inconvé« nients qu'on leur reproche généralement, disons-le en passant. « Dans les cantons défensables, c'est-à-dire là où bourgeons et « feuilles sont au-dessus de leur portée, ils ne sont pas plus à re« douter que le gros bétail. Ils devraient même être utilisés immé« diatement après les coupes de régénération dans les futaies ; ils « aideraient à l'ensemencement en rompant la dureté des couches « superficielles et en éclaircissant la brosse. C'est ce que démon« trent les semis épais de mélèzes et d'épicéas, qui se développent « si remarquablement *sur les lisières des forêts*, piétinées chaque an« née par les troupeaux de moutons lorsqu'ils gagnent les pâtu« rages supérieurs. »

Nous répondrons ceci : Nous connaissons, en Savoie, une agréable campagne, embellie par l'aménité exquise de la famille qui l'habite, et dont tous les aménagistes savoyards conservent un souvenir ému. En l'an de grâce 1894, on fit don à Mlle Germaine X. d'un mouton qui prenait ses ébats dans le jardin de la propriété. Jamais mouton ne fut plus choyé. Les plus douces friandises étaient sa nourriture. Malgré tout, maître Robin ne put s'affranchir de la passion qu'il nourrissait pour les arbustes et pour les arbres; il eût dévoré la Favorite, si on ne s'en fût débarrassé.

Dans un herbeux verger de Saint-Bonnet-en-Bresse, furent amenés, en 1896, deux moutons qui firent les délices de leurs jeunes maîtresses. Comptant sur leur sagesse et confiant en la grasse nourriture qu'on leur donnait chaque jour, on ne surveilla pas leurs ébats. Quand on revint après quelques semaines, on constata, non sans douleur, que l'écorce de tous les jeunes arbres avait été rongée. En particulier, il n'y avait pas un abricotier ni un prunier d'indemne.

Voilà des faits certains à l'usage des gens du monde. Chacun est à même de les vérifier. On nous objecte : ce sont des brebis dépravées, dont l'instinct a été vicié par la domestication et le régime des brioches. En vérité, si vous doutez encore, faites l'expérience, mettez quelques moutons dans un parc, laissez-leur toute liberté, donnez-leur les herbes les plus appétissantes, puis revenez deux mois après. Vous dénombrerez vos brins et vous pleurerez les absents.

Les chemins du mouton ? nous les connaissons bien : sur la roche, on y compte facilement les cailloux ; sur l'argile, les plaques de gazon. Et si les bordures des forêts pâturées gardent encore des semis épais de mélèzes et d'épicéas, cherchez, au pied de ces derniers, l'épine ou le genévrier qui les a défendus.

Quant au concours que prête le mouton à la régénération des futaies, il apparaît clairement dans les rochers et les ravins des montagnes, partout, en un mot, où il n'y a plus de bois, pas même d'arbustes. *Le mouton régénère les forêts d'une singulière façon : en les mangeant*. C'est ce que disent les Alpes au plateau central, et ce que ce dernier répète aux Pyrénées.

INCONVÉNIENTS DU PATURAGE EN FORÊT

Dans la première partie de ce travail, nous avons fait connaître la lente et occulte dégradation des forêts sous l'influence du pâturage, nous allons maintenant étudier les inconvénients immédiats du parcours.

1. *Inconvénients généraux.* — a) *Tassement du sol.* — L'une des conditions les plus favorables à la végétation ligneuse, c'est l'état frais et meuble du sol, qui permet la lente infiltration des eaux pluviales, la possibilité des échanges moléculaires, le prompt développement des radicelles et la pénétration de l'oxygène indispensable aux fonctions de la racine et à la réduction des sels nutritifs. Or, le pâturage a pour immédiate conséquence de tasser et de durcir le terrain. Les racines profondes sont asphyxiées, celles qui courent à la surface sont gênées et ne prennent plus de développement. Ce sont donc les essences à enracinement superficiel qui ont le plus à souffrir de ce tassement provoquant parfois, chez les essences plastiques, comme l'épicéa, une modification très curieuse de la cime : forme colonnaire des pâturages alpestres. Chez les essences moins malléables, cet état du sol entraîne un appauvrissement notable du feuillage et l'apparition de nombreuses brindilles sèches dans la couronne. Sur les arbres abattus, on voit les cernes se rétrécir, et chez le chêne, par exemple, le bois de printemps est relativement abondant, mais celui d'automne est presque nul. Il y a diminution dans la quantité et dans la qualité de matière ligneuse produite.

On peut facilement constater les effets du tassement du sol dans les parties boisées attenantes à des curtils ou situées au voisinage des mares fréquentées par le bétail. En ces points, le taillis est comme déchiré, et les arbres sont mourants.

b) *Destruction du sous-bois.* — Dans les forêts pâturées, le sous-bois disparaît. C'est une conséquence de l'abroutissement, du tassement du sol et de l'usure provoquée par l'incessant passage du bétail. Le sol est ainsi exposé à se dessécher rapidement lors des grandes chaleurs, et l'humus, moins abondant, finit par se brûler. La couverture morte est faiblement tissée et ornée de mycètes qui concourent si activement ailleurs à la production de l'azote.

Dans les bois privés de sous-étage, la régénération des grandes essences se fait mal, et l'envahissement du parquet par les herbes, après chaque exploitation, est aussi violent que prolongé (forêts d'alluvions des bords de la Saône). De telles forêts sont moins vivantes, moins riches en fauves, en gibier, en oiseaux, en mollusques; par contre, les insectes phytophages et xylophages s'y multiplient rapidement.

c) *Destruction des bordures forestières et extension des vides.* — Lorsque d'un seuil situé à l'ouest, on regarde un massif forestier qui s'allonge du sud au nord, on est immédiatement frappé par la

forme ci-contre de sa silhouette. C'est vers le milieu du massif que le dôme de verdure est le plus élevé, vers le sud qu'il est le plus déprimé. Ces bordures forestières exposées aux vents dominants jouent un rôle considérable dans la culture forestière, et la constitution de rideaux bien clos a une influence marquée, plus grande qu'on ne le croit communément, sur la hauteur des taillis et des arbres de futaie. Dans les forêts résineuses de montagne, les bordures prennent une importance capitale, et exercent, sur la densité, la solidité et la santé des massifs, une action incroyable. Le bétail qui pénètre en forêt affectionne tout particulièrement ces endroits, où il trouve soleil, chaleur et herbe au premier printemps et à l'automne. Il en éclaircit et en détruit le sous-bois, puis les arbres. C'est en se frottant contre ces derniers, en revêtant le fût d'un enduit de poils et de graisse, en les ébranlant, en les écorçant, en durcissant le sol autour d'eux, qu'il finit par les faire disparaître, aussi sûrement que le bûcheron avec sa hache.

Le grand art du berger, c'est de connaître, d'utiliser et d'étendre les vides de la forêt. Dans tout massif régulièrement pâturé, les clairières sont reliées entre elles, d'abord par de simples couloirs, puis par des sentiers, et enfin par de grands chemins. De circulaires, elles deviennent promptement elliptiques, et s'accroissent sans cesse suivant le grand axe de la figure. Dans les taillis, il suffit de la présence d'un arbre de réserve pour étrangler le vide. C'est pourquoi il faut toujours *ceinturer une clairière* avec les arbres que l'on a sous la main, *quels qu'en soient la forme et l'état de végétation*. Ces arbres de pâtis sont naturellement courts, branchus, plus ou moins dégradés dans la couronne. Nonobstant, ils fournissent des graines abondantes, constituent une barrière efficace contre les incursions du bétail, et deviennent un centre d'attraction pour les morts-bois. Quand on le peut, on complète l'isolement du vide par la réserve d'une lisière de *haut taillis*.

En 1889, nous eûmes à baliver la coupe n° 17 des bois communaux de Diénay (Côte-d'Or), au canton caractéristique de la Brosse. C'étaient d'anciens pâtis boisés, réunis à la forêt depuis environ cinquante ans, et dont les vides étaient garnis de rares genévriers, d'épines noires, de nerpruns, etc. Nous fîmes réserver, au grand désespoir des gardes, *absolument tous les arbres*, et respecter la végétation basse, et jusqu'aux buissons de coudriers, d'alisiers et de chênes. Nous avons revu cette coupe, le 16 janvier dernier, en compagnie des préposés qui l'avaient marquée; c'est à peine si nous la reconnaissions. Les genévriers couvraient le sol d'un tapis continu, et, à travers, abondaient les semis de toutes esssences. Abandonnée au parcours en 1893, cette coupe et les voisines, traitées de même, n'avaient presque pas souffert, et cela en raison de la présence des genévriers et des épines.

Dans les sapinières, la régénération des vides et leur extension se font aussi par la disparition progressive des arbres de bordure. Ceux-ci doivent être sacrés pour les forestiers. N'eussent-ils qu'un bourgeon de vert, ils doivent être conservés. C'est à ces arbres de bordure que s'attaquent tout particulièrement le berger et le bétail. Celui-là en blesse le pied pour favoriser la pourriture, il met ensuite le feu dans l'excavation, il annèle l'écorce du fût, etc. Dans certaines montagnes pastorales, nous avons vu les montagnards irriguer, avec du fumier dilué dans l'eau, les lisières des massifs forestiers, de façon à y faire pousser l'herbe plus drue, à attirer plus facilement le bétail et à provoquer ainsi plus sûrement le déboisement.

La correction d'un vide en montagne se fait économiquement, à défaut de clôture, en coupant les arbres secs à $1^{m}50$ au-dessus du sol, en répandant les branches à l'entour de ces chandeliers, en roulant de gros blocs dans les clairières, enfin, et surtout, en faisant respecter la végétation basse et buissonnante. Ces petits moyens déconcertent le berger, qui, de guerre lasse, finit par se tenir tranquille.

d) *Invasions cryptogamiques.* — Le bétail concourt souvent à la propagation des invasions cryptogamiques, soit en ouvrant par des blessures la porte au fléau, soit en devenant l'agent actif de la dissémination des spores. Nous avons maintes fois constaté dans les sapinières qu'*Æcidium elatinum* était fréquent dans les cantons ouverts continuellement au parcours. *Armillaria mellea* se développe rapidement sur les racines blessées par le passage des bêtes à cornes. *Peziza Wilkommii* abonde dans les Mélèzeins énergiquement pâturés des Alpes granitiques.

Le pâturage, en diminuant la vitalité des massifs, rend, enfin, les invasions cryptogamiques beaucoup plus meurtrières et dangereuses. Le premier soin du sylviculteur doit donc être d'éloigner le bétail des cantons contaminés.

2. *Dommages causés aux taillis.* — Introduit en quantité surabondante dans les coupes, le bétail est obligé, pour vivre, de brouter les feuilles et les jeunes pousses du taillis. Tel fut l'accident en 1893. Les dommages éprouvés par les taillis à la suite de cette funeste année ne sont guère apparents pour le vulgaire ; ils sont pourtant considérables. Nous n'en voulons pour preuve que les croquis ci-annexés, et qui résument des observations faites dans un cantonnement où le pâturage s'est exercé d'une façon plutôt modérée.

Les dommages causés aux taillis diffèrent suivant que l'abroutissement porte sur le sommet des pousses ou sur les rameaux latéraux, c'est-à-dire suivant que les rejets ont une élévation inférieure ou supérieure à la hauteur que peut atteindre le bétail.

Abroutissement des pousses terminales. — De toutes les essences de nos taillis, c'est le *chêne* qui a le plus à souffrir du pâturage. Cela tient, soit à une prédilection marquée des bêtes aumailles pour ses jeunes pousses, soit à sa présence habituelle autour des vides et des clairières. Chez cette essence (Pl. 1, 2, 3 et 4), l'abroutissement entraîne tantôt l'arrêt immédiat de la végétation du rameau terminal (mauvais sols), tantôt la formation d'un nœud caractéristique (terrains fertiles). L'extrémité du bois mâché meurt immédiatement ; il se produit, dans les années subséquentes, *une poche de bois nécrosé*, qui tend à se noircir et à se gangrener, et autour de laquelle s'enroulent les fibres ligneuses de nouvelle formation. La gangrène descend plus ou moins lentement, en suivant le canal médullaire, dont le tissu spongieux s'imbibe facilement d'humidité. La sève, affluant vers la blessure, provoque l'évolution de nombreux bourgeons dormants. Mais ceux-ci, déjà vieux et étranglés à la base par la pression de l'écorce, mal nourris par la sève qui traverse les tissus broussinés, donnent des rejets peu vigoureux, se divisant eux-mêmes à l'infini. Il se forme ainsi *un balai* singulier à l'extrémité de chaque rameau abrouti; *la cepée reste naine* et se garnit de bois mort.

Il arrive souvent, en terrains fertiles, qu'un rejet épargné par la dent du bétail s'élance du milieu de la cepée, mais s'il ne devient pas lui-même chancreux, il est impropre à faire un arbre d'avenir.

Les taillis pâturés sont merveilleusement préparés pour recevoir l'invasion des *Cynips* et du *Nectria ditissima*, dont les galles ou le mycélium achèvent de déformer les jeunes pousses.

Les bêtes à cornes recherchent avidement aussi les feuilles et les brindilles d'*alisier*. Le balai, formé à l'extrémité des rameaux tronçonnés, est moins fourni que chez le chêne, mais, en revanche, les nodosités sont plus volumineuses. Très souvent, en visitant des taillis faiblement pâturés, c'est l'alisier qui frappait le premier nos regards. La section tondue est habituellement franche et peu mâchée; elle se recouvre comme une blessure, mais elle présente toujours au centre de la plaie un entonnoir avec un lumen par où pénètrent l'humidité et la gangrène (Pl. 4 et 5). Le *nanisme* est encore la conséquence de l'abroutissement.

Chez le *frêne*, très aimé du bétail, il n'y a pas, à proprement parler, formation de balai. Dans les bons terrains, l'entre-nœud sectionné périt en entier, et l'une des branches du verticille inférieur se redresse pour constituer une flèche nouvelle (Pl. 6). Il n'y a pas de bois nécrosé, enfermé dans les tissus vivants, pas de gangrène, mais seulement un épanouissement considérable du canal médullaire, ce qui nuit à la solidité de la baïonnette. Le frêne abrouti continue à monter, à moins que l'attaque ne se renouvelle, mais il est déformé et chancreux. Dans les sols rocailleux et peu fertiles, le bois sain renferme des chicots de bois sec autour desquels les fibres s'entrelacent; le rameau se *noue* et périt (Pl. 6).

Chez le *charme*, le *tilleul*, l'*orme*, le *coudrier*, le sommet de la tige et des branches avorte naturellement plus ou moins complètement (cime sympodique hélicoïde), et la branche d'ordre inférieur la plus rapprochée se développe vigoureusement de façon à paraître le prolongement de la branche mère. Cela explique bien pourquoi, dans les bons terrains, l'abroutissement de ces essences n'est pas toujours suivi de buissonnement. En particulier, nous avons trouvé, dans la forêt communale de Noiron-sur-Bèze (Côte-d'Or), à côté de brins de chêne abîmés, des brins de charme continuant à s'élever après avoir été rongés. Cependant la cepée épaissie avait tendance à s'écraser, et, en fendant le rameau, on trouvait à l'intérieur un chicot de bois sec, mais non gangrené, et des fibres contournées. Dans les terrains peu fertiles, l'abroutissement offre les mêmes inconvénients que pour le chêne (Pl. 7 et 8); il y a production d'une nuée de branches adventices, formation d'un balai; la nécrose, puis la gangrène s'étendent avec une rapidité parfois considérable. La cepée ne prend plus d'accroissement, reste naine et finit par disparaître complètement.

Pour l'*érable champêtre*, les désordres sont encore plus considérables. A l'extérieur (Pl. 8 et 9), les verticilles se rapprochent et s'entre-croisent; à l'intérieur, le bois se nécrose, se gangrène autour du canal médullaire, et la moelle passe successivement du brun marron au violet livide. L'accroissement en hauteur de la cepée abroutie se trouve ainsi considérablement diminué.

Le *tremble* rongé devient toruleux et se recourbe en arc de cercle; ses tissus se décomposent rapidement (Pl. 10).

Le *bouleau* est rarement brouté par le bétail; aussi est-ce cette essence qui domine dans les pauvres bois outrageusement pâturés des environs de Bourg (Ain). Le plus souvent, les bêtes à cornes se contentent d'arracher les jeunes pousses flexibles et résistantes; celles-ci, en se déchirant, laissent sur la tige des impressions plus ou moins larges autour desquelles se forment des bourrelets de recouvrement. Les quelques rameaux nettement tronçonnés meurent aussitôt et donnent naissance à un chicot qui s'enfonce plus ou moins dans le bois vif, qui sèche, pourrit et gangrène la branche (Fig. 29 et 30).

Le *hêtre* abrouti se met en boule et se hérisse de bois mort.

Pas plus que les grandes essences, les *morts-bois* n'échappent à la voracité du bétail, et les planches 11 et 12 montrent les déformations que l'abroutissement fait subir au cornouiller, à la viorne et au fusain. Nous ne connaissons pas un seul arbrisseau dont les jeunes pousses ne soient rongées par les vaches au printemps et à l'automne. En traversant, le 9 mars dernier, les *chaumes* du Vernois, dans la forêt communale de Remilly-sur-Tille, nous constations partout, sur l'épine noire, le nerprun purgatif, l'épine-vinette, les stigmates indélébiles du pâturage. Chez tous ces arbrisseaux, l'entre-nœud brouté meurt et laisse au centre de l'exostose un chicot qui permet de saisir l'origine de la blessure ; il y a formation d'un balai plus ou moins fourni, production de bois nécrosé et de gangrène médullaire. La cepée reste naine et finit par sécher.

Quand les taillis sont abroutis à l'arrière-saison, les rejets qui naissent tardivement sur la section de tonte n'ont pas le temps de s'aoûter ; ils sont donc détruits par les premières gelées d'hiver. Dans ce dernier cas, la pourriture se propage avec beaucoup plus de rapidité au cœur du rameau, et le nanisme est encore plus prononcé. Les gardes cherchent souvent à donner le change sur les fâcheux effets du pâturage, et ils attribuent alors à la grêle tous les méfaits du bétail. Il est cependant impossible de se tromper, quand on connait la forme des blessures produites par le choc des grêlons (voir fig. 1 et 8). Nous ne voyons guère que la taille répétée et les gelées printanières qui puissent produire sur les arbres des effets analogues à ceux du pâturage, et l'on peut parfois, en suivant une ligne régulièrement élaguée, confondre le travail de la serpe avec celui de la dent du bétail. Mais à quoi tient qu'il ne faille qu'un coup de dent pour imiter vingt coups de serpe? Tout simplement à la section, qui, au lieu d'être nette, est toujours mâchée, et à la gangrène médullaire, qui en est la conséquence. L'humidité s'introduit facilement dans la plaie, le bois se désorganise sous l'action de ferments et de flux ; ceux-ci réagissent à leur tour sur les tissus sains, les excitent et provoquent ces exostoses qui arrêtent la circulation de la sève. Quand il s'agit de plaider *pro domo suá*, le cultivateur sait très bien dire que la dent du bétail est empoisonnée, mais quand la forêt communale est en jeu, cette même dent, comme la lance d'Achille, guérit toutes les blessures. Puissent les faits relatés, les dessins reproduits dans cette étude détruire enfin cette légende!

Abroutissement des pousses latérales. — Lorsque l'abroutissement porte sur les rameaux latéraux, la trochée est rétrécie et prend les formes très caractéristiques de la pl. 13, que nous avons observées sur des hêtres peuplant la partie supérieure de la forêt communale de Saint-Étienne (Loire), aux cantons de Pré-Biacon, du Furens et de Grivet. A voir ces croquis fidèlement extraits de nos carnets de notes, on se croirait transporté dans un parc, et la dent du bétail a parfaitement imité le ciseau du jardinier. On saisit aisément comment l'abroutissement des pousses latérales peut aider à la formation et à l'extension des vides dans nos taillis. Les trochées, d'abord cohérentes, finissent par ne plus se toucher et par laisser entre elles des clairières que le bétail étend sans cesse.

Dans les forêts pâturées, les premières coupes qui regardent les villages, les hameaux ou les fermes sont criblées de vides, qui diminuent en nombre et en étendue au fur et à mesure que l'on s'avance dans le massif. Cette constatation générale montre une fois de plus combien il importe de ménager les bordures existantes, d'en créer quand elles manquent; elle permet en outre de *saisir sur le vif les résultats du pâturage en forêt*, dont l'effet ultime est toujours le *déboisement*.

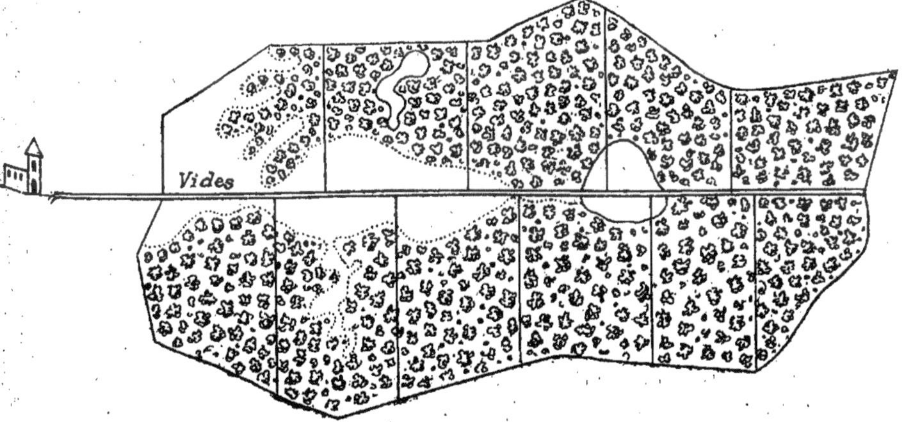

Par contre, dans les bois non pâturés, il n'y a pas de vides; en haut, en bas, la trame est serrée, la vie circule à pleins bords.

Les forêts communales des environs de Morey (Haute-Saône) ne sont plus ouvertes au bétail; elles sont tranquilles et prospèrent à vue.

Résumé. — L'abroutissement des jeunes coupes entraine la perte presque complète du taillis. Il est d'autant plus à redouter, au point de vue du recrû, que les forêts sont en plus mauvais terrains. Il tend à faire disparaître des peuplements les meilleures essences et à ne laisser en place que des arbustes armés d'épines et de piquants, qui finissent eux-mêmes par être détruits à la longue. Dans les sols du calcaire jurassique, l'avenir des jeunes taillis peut être entièrement compromis à la suite d'une seule année de pâturage. Nous citerons comme exemple les coupes n°s 1 et 2 de la forêt communale de Val-Suzon (Côte-d'Or), exploitées en 1889 et 1890, et ouvertes au parcours en 1893. Ces jeunes recrûs ont actuellement une hauteur de $1^{m}50$ à 2 mètres, et, comme disent les gardes, *ils n'amendent plus.* Les taillis de dix ans, similaires, ont en moyenne $4^{m}50$ à 5 mètres de hauteur, et ils s'accroissent de $0^{m}30$ environ par an. Le recépage est évidemment le seul moyen de remédier au mal. Il est vrai de dire que M. le maire du Val-Suzon prétend que le pâturage n'a causé aucun dommage à sa forêt! Passons vite.

Si les dégâts sont considérables dans les forêts saines, on devine sans peine ce qu'ils doivent être dans les forêts traversant une crise. Il en est ainsi de tous les bois compris dans le delta bourguignon de la Norge et de la Tille et situés sur un sol d'alluvions caillouteuses, recouvertes d'une faible épaisseur de limon. Ce delta était autrefois abondamment colmaté par les eaux de ces rivières. Les frênes, les ormes, les pédonculés faisaient alors l'ornement et la richesse des forêts, les terres cultivées étaient d'une prodigieuse fertilité. Survinrent les syndicats, qui, sur les conseils des ingénieurs, voulurent drainer, curer, faucarder, etc. Le niveau de la Tille fut abaissé et l'eau filtra comme dans un crible sur la couche de galets. Le sol, desséché par les moindres chaleurs, se refuse à porter les cultures. C'est la misère noire dans les forêts et dans les champs. Ormes, frênes, chênes pédonculés crèvent à l'envi et offrent maints perchoirs aux ramiers et aux corbeaux. La forêt ne se reconstituera qu'en chêne rouvre, en charme et en hêtre. Actuellement, elle ne porte que des épines, des cornouillers et des nerpruns. La moindre secousse la tue. Ainsi en est-il dans la forêt de Remilly-sur-Tille (Côte-d'Or), où cent bêtes à cornes ont réduit le Vernois à l'état de brosse. Sous l'influence du parcours, la forêt fond. Nous avons eu le plaisir de voir en convenir les habitants eux-mêmes.

Même dans les vieux taillis, l'introduction du bétail est toujours préjudiciable et dommageable à la réserve. Les petits semis, éclos sous le couvert, et qui sont l'espoir de la futaie future, se distinguent à peine des ronces ou du lierre qui courent sur le sol et verdissent le parquet ; ils sont donc nécessairement broutés et détruits par les bêtes à cornes. La disparition des essences précieuses et des *rejets de franc pied* est la conséquence forcée de cet état de choses. Sous une réserve abondante, le sous-bois étiolé se prête aussi très longtemps à l'abroutissement. Enfin les brins de semence ont une croissance beaucoup plus lente que les rejets de souches. S'il faut sept ans à l'un de ces derniers pour atteindre une élévation qui le mette complètement à l'abri de la dent du bétail, il en faudra au moins quinze à un semis pour acquérir une hauteur similaire. En fait, les taillis sous futaie ne sont *jamais* entièrement défensables, et il est impossible de concilier le pâturage avec un bon recrutement de la réserve en brins de franc pied. C'est ce que nous montrent les admirables forêts des alluvions quaternaires de la Saône, qui, malgré leur prodigieuse fertilité, doivent au pâturage la disparition ou la raréfaction du chêne de leurs peuplements et son remplacement par l'orme et le frêne, souvent crûs sur souche. A côté de cela, la Basse de Corneux, située près de Gray et appartenant à M. Broilliard, n'est plus pâturée depuis cinquante à soixante ans ; la végétation y est débordante. Chênes, ormes, frênes pointent et filent à qui mieux mieux.

3. *Dommages causés aux futaies résineuses.* — La ramification monopodique des résineux, l'absence ou la rareté des bourgeons axillaires rendent ces végétaux tout particulièrement sensibles à l'ablation de la pousse terminale.

Le sapin abrouti cesse de s'accroître en hauteur tant qu'une ou plusieurs branches du verticille inférieur ne se sont pas redressées. Cela se fait d'autant plus difficilement et tardivement, que la tige et les branches de cette essence sont construites sur un plan différent. L'élongation étant suspendue et l'accroissement diamétral se poursuivant, le jeune plant abrouti prend une forme massive et trapue (fig. 44), qui le fait immédiatement reconnaître. Incapable de s'élever rapidement, il reste longtemps à la merci de la dent du bétail, et, au bout de quelques attaques, il finit par se couvrir de bois mort et par disparaître. D'autres fois il se redresse, en formant une baïonnette ; mais sa blessure, toujours saignante, s'avive au contact des champignons et des ferments, et il est sans exemple qu'un arbre ainsi meurtri prenne une belle forme et des dimensions élevées.

Lorsque l'abroutissement a porté sur un très jeune semis, ce n'est plus une seule branche du verticille inférieur, mais le verticille tout entier qui se redresse. L'arbre qui en provient est formé par deux, trois ou quatre tiges, disposées comme les rejets d'une cepée feuillue (fig. 46). On trouve souvent dans le plateau central et surtout dans les Alpes des cantons entiers peuplés de semblables trochées résineuses dont le traitement est toujours difficile. Dès, en effet, que l'on enlève une de ces tiges, la pourriture se propage au cœur du groupe et remonte dans les autres (fig. 50). On est ainsi exposé : ou bien à enlever toute la cepée et à provoquer un vide considérable, ou bien à ne couper qu'une tige et à déprécier le bois et la valeur des brins qui subsistent. Dans les forêts des hautes régions, il vaut mieux s'exposer à perdre un peu de matière ligneuse qu'à livrer le sol aux arbustes sociaux de la lande et à compromettre la régénération ou même l'état boisé. Ces forêts de landes et de pâtis étant ordinairement jardinées, leur traitement devra être basé sur l'adoption d'une courte rotation, — huit à quinze ans suivant l'altitude et les pentes, — et sur l'enlèvement progressif des plus mauvaises trochées, dont on réduira d'une unité le nombre des perches à chaque retour des exploitations. Il ne faudrait pas, en effet, s'amuser à couper au hasard et sur toutes les trochées une ou plusieurs branches, car la pourriture venant à gagner comme nous l'avons dit, il suffirait d'un coup de vent pour anéantir le peuplement.

Les sapins en cupule et les troncs renflés en forme de futaille (fig. 45 et 47), si fréquents dans les régions montagneuses, sont aussi des déformations habituellement causées par le pâturage. L'aménagiste alpin s'est arrêté souvent en muette contemplation devant des sapins dantesques au fût bas, colossal et surmonté par un diadème de branches divariquantes couvrant un espace énorme. A l'aide de ces arbres, on peut aisément reconstituer, sans parchemins, l'histoire de la forêt. Celle-ci n'était autrefois qu'un pâtis abandonné aux chèvres et aux moutons et recouvert d'une faible végétation feuillue. Au sein de ces buissons, quelques graines de sapin ont trési, donnant naissance à des sujets épars, qui ont été rongés par les bestiaux. Le temps aidant et le pâturage diminuant, ces résineux ont grossi, donné des semences et fécondé le sol autour d'eux. Ainsi est née la jeune sapinière qui les entoure et qui se montre aussi belle que ses ancêtres sont laids. Gardons-nous donc de transformer nos sapinières en hideux têtards, en ces monstres, de la forêt des Contamines (Haute-Savoie), dont notre fidèle Gaugenot disait avec sa pointe d'accent lorrain : « On ne sait pas qu'é bêtes c'est. » Éloignons-en le bétail, autant du moins qu'il est en notre pouvoir, et nous les verrons égaler les splendides forêts domaniales des environs du lac de Saint-Point, les admirables bois communaux d'Orchamps-Vennes, de Fuans, de Nods, etc.

Bien que l'épicéa soit moins apprécié que le sapin par le bétail, celui-ci en ronge volontiers les jeunes pousses herbacées. Toutefois, grâce à ses nombreux bourgeons axillaires, cette essence, qui supporte bien la taille en haie, répare assez facilement la perte de son feuillage. Le jeune plant brouté se hérisse de branches adventices, terminées par un chicot de bois sec, et prend finalement une forme naine globuleuse. Mais, à la longue, le bois sec augmente, les aiguilles se raccourcissent, les rameaux s'empâtent de mousse et de lichens, les fonctions trophiques se ralentissent, et la gaule meurt. Partout, nous pouvons l'attester, les forêts alpestres livrées au parcours s'évanouissent, disparaissent faute de progéniture. Et nous ne parlons pas ici seulement du parcours de la chèvre et du mouton, mais bien encore de celui des bêtes aumailles. En voici un exemple significatif :

Le pâturage des bêtes à cornes s'exerce sans frein dans la forêt communale du Grand-Bornand (Haute-Savoie), et, sur les 366 hect. 58 ares que renferme cette forêt, 50 hectares au moins sont déjà à l'état de vides gazonnés ou de ruines. Ce n'est pourtant pas que la régénération de l'épicéa soit longue à s'installer sur ces pelouses plus ou moins garnies de myrtilles et sur ces grès de Taveyannaz ; on y trouve, au contraire, des semis à profusion, depuis la plantule jusqu'à la gaule. Mais le déchet occasionné par le sabot coupant du bétail est énorme ; et, de tous ces semis, c'est à peine s'il en survit quelques bouquets défendus par une pierre, un rocher ou un vieux tronc en voie de décomposition. Et même, on ne peut escompter l'avenir de ces sujets. Rongés par le bétail, ils offrent (voir pl. 15), à 65 ans, une hauteur de 1m54 et une circonférence de 0m20 à la patte. A pareil âge, des perchis soustraits au parcours mesurent, en moyenne, 11 mètres d'élévation et 0m20 à 0m25 de diamètre à 1m30 du sol! Voilà ce que produit le pâturage. Ces faits ont été recueillis dans les cantons des Sçais et de Plattuys. On peut encore les y vérifier.

Le pâturage offre, dans les pessières, les mêmes inconvénients que dans les sapinières; il est la source de la plupart des vices et déformations du bois. Les peuplements pâturés renferment en abondance des cepées résineuses présentant jusqu'à huit ou dix brins, des arbres gangrenés, en cupule, en baïonnette. C'est une vraie cour des miracles.

La jeune cepée souffre aussi beaucoup de la talure du pied, occasionnée par le sabot du bétail (fig. 51 et 52), et qui provoque une gangrène rapide et ordinairement mortelle.

Les pessières abrouties dans leur jeunesse n'ont pas de vitalité ni de ressort; elles regorgent de monstres, de bois pourris n'ayant plus aucune valeur marchande. S'il est possible de supprimer entièrement le pâturage dans la forêt, on aura souvent avantage à exploiter à blanc estoc, par bandes minces, de 20 à 25 mètres de largeur, en commençant par le milieu du canton, et en respectant soigneusement tous les arbres de bordure. Dans le cas contraire, on sera nécessairement conduit à jardiner, à traiter en prés-bois. Mais il ne suffit pas de décréter sur le papier un tel régime; il faut encore lui fournir le moyen de se perpétuer. Cela ne peut s'obtenir que par la constitution d'*enclos de régénération* (1).

Dans le jeune âge, le pin sylvestre est très sensible à l'abroutissement. Le rameau coupé meurt immédiatement et l'une des branches inférieures se redresse tant bien que mal pour prendre sa place. Mais la végétation de cette dernière est peu vigoureuse. Cela tient à ce que la maîtresse tige présente, bien au-dessous du point lésé, des extravasions de résine teintant le bois en rouge vineux. Cette résine se concrète plus tard; il se forme un noyau solide, qui entrave la circulation de la sève et entraîne le dépérissement de la branche. Privé de ses poumons, l'arbre ne tarde pas à périr.

Le pin noir est plus résistant. Le traumatisme provoque chez lui le développement de nombreux bourgeons adventices (voir fig. 48). Ces bourgeons attirent la sève, favorisent la formation du tissu cicatriciel et empêchent la gangrène de se propager dans la tige aussi vite que chez le pin sylvestre. Nonobstant, tous les planteurs

(1) Voir au chapitre VII : *Taux de boisement et enclos de régénération.*

ont constaté qu'un plant ainsi abrouti ne part plus et qu'il végète quelque temps seulement avant de disparaître.

Ces faits sont heureusement connus de tous les cultivateurs de la région bourguignonne qui tentent de mettre leurs friches en rapport au moyen de plantations résineuses. Ils savent par expérience que la vache et le mouton sont les pires ennemis de leurs jeunes forêts, et il n'est pas un chasseur qui ne se soit arrêté devant une de ces plaques :

PLANTATIONS
DÉFENSE DE PÂTURER

Le robuste bon sens du paysan français, aiguillonné par son intérêt, a fait justice des sophismes que nous nous attachons à détruire. N'est-ce pas folie d'imaginer que le bétail des Alpes ou des Pyrénées agit autrement que son congénère bourguignon ? N'est-ce pas folie de penser qu'il respecte là-bas ce qu'il détruit ici avec tant de voracité ?

Et si un bon génie venait un jour, à la rosée du matin, planter en regard de nos forêts, sur les versants décharnés de nos Alpes et de nos Pyrénées, cet autre écriteau sauveur :

FORÊT NAISSANTE
DÉFENSE DE PÂTURER

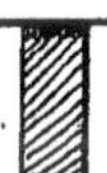

on verrait, comme par enchantement, les bois sortir de terre, la ruche déserte bourdonner à nouveau, l'agriculteur poursuivre en paix ses travaux, sans crainte du torrent qui gronde, du fleuve qui déborde, de la grêle qui dévaste, de la maladie qui décime. Il y aurait plus de jeunes gens vigoureux pour voler à l'appel du clairon et la forêt bienfaisante donnerait le nerf de la guerre : l'argent qui édifie les vaisseaux et qui moule les canons. Les peuples forts sont ceux qui ont conservé leurs forêts ; les autres ne vivent plus que dans l'histoire.

V.

Forêts de protection.

S'il est un fait bien démontré dans tous les pays de montagne, c'est le recul progressif de la végétation forestière sur les hauts versants et la décadence des forêts alpestres. Le contre-coup de cette situation s'est déjà fait sentir en maintes localités et prendra bientôt ailleurs le même caractère alarmant, *en tuant l'agriculture des hautes vallées.*

A partir d'une certaine altitude, variable avec les régions, et comprise en France entre 1,200 et 1,600 mètres, la terre ne peut produire que du bois ou de l'herbe. Mais, de ces deux produits, le bois est le plus important, car l'exploitation économique des pâturages alpestres est liée à la proximité du combustible ligneux. Le voisinage d'une forêt permet au montagnard de récolter sans peine et sans perte de temps, avec le seul concours de sa famille, le bois qui lui est strictement nécessaire pour la réparation des bâtiments, la cuisson des aliments et la transformation des produits de la laiterie. Dans ces froides régions, l'existence de l'homme est entièrement subordonnée à celle du bois ; les chalets, devant se tenir sur les bordures de la forêt, suivent ses migrations, et, dans ce mouvement de descente, les terrains les plus élevés, successivement délaissés, sont abandonnés aux forces de la nature ou à la déprédation des chèvres et des moutons.

Nombreuses sont, dans les pâturages alpins, les masures détruites attestant une ancienne industrie humaine, et plus nombreuses sont encore les granges isolées que guette l'impitoyable ruine. Frappés dans le rendement de leurs montagnes pastorales, appauvries ou grevées de frais considérables d'exploitation, beaucoup de propriétaires alpins tendent les bras vers les pouvoirs publics et implorent d'eux aide et protection.

Trompés par des économistes esclaves de leurs préjugés et de leurs systèmes, les montagnards de toute classe se refusent à voir le mal où il se trouve, et ils agrandissent chaque jour, avec une inconscience aveugle, la plaie qui ulcère et ronge leur pays.

Dans cette étude sommaire des forêts de protection, nous voudrions résumer les observations faites durant un double séjour dans les Alpes vertes (Dauphiné et Savoie), où nous avons vécu en contact permanent avec les populations, sondant leurs aspirations et leurs désirs, écoutant leurs doléances et redressant parfois leurs griefs.

1. *Zones de végétation.* — Quand on s'élève sur le flanc d'une montagne, on voit les cultures se succéder dans un ordre invariable, réglé par la température. En moyenne, celle-ci s'abaisse de 1° pour une élévation de 180 mètres (Ch. Martins).

Sur les versants des chaînes alpestres, la vigne et les mûriers alternent avec des cultures variées jusqu'à 650 mètres en moyenne; mais, grâce à des circonstances particulières de sol et d'exposition, on constate que les pampres mûrissent encore leurs grappes à 900 mètres et même, sur quelques points, à 1,200 mètres. Plus haut que 650 mètres, les noyers sur les terrains calcaires, les châtaigniers sur les terrains siliceux, peuplent des vergers herbeux, pour disparaître à leur tour entre 800 et 900 mètres. Les arbres fruitiers, frappés de chlorose depuis 1,000 mètres, s'évanouissent vers 1,100 ou 1,200 mètres.

Au-dessus de cette zone, de petits champs de céréales (seigle, orge, avoine), de lin et de pommes de terre s'étendent plus ou moins loin sur les flancs des montagnes, et se distribuent de façon irrégulière au milieu des prairies temporaires ou permanentes.

A 1,250 mètres en moyenne, exceptionnellement à 1,500 ou 1,600 mètres, comme en Piémont, en Maurienne et dans l'Oisans, toute culture cesse, et l'on pénètre dans la ceinture forestière régulièrement nouée autour des Alpes et dont les limites altitudinaires supérieures varient entre 1,800 et 2,400 mètres.

A partir de ce niveau, des gazons de plantes vivaces, des fourrés épais d'arbrisseaux variés s'étendent jusqu'aux déserts morainiques (2,700 mètres), qu'embellissent çà et là de rouges saxifrages, de merveilleuses plaques de silènes à courtes tiges et des renoncules glaciaires blanches et roses.

On peut admettre avec Mühry les diverses zones ou régions climatologiques suivantes dans les Alpes moyennes :

I. 0-800. Région des coteaux et des plaines : vignes, noyers, taillis de châtaignier, de charme et de chêne : un à quatre mois d'hiver.

II. 800-1,300. Région de la montagne : taillis de hêtre et d'aune blanc, futaies d'épicéa pleureur (Picea pendula, Christ) et de sapin : cinq mois d'hiver.

III. 1,300-1,800. Région alpine inférieure, ou subalpine : futaies d'épicéa, de pins et de mélèze : sept mois d'hiver.

IV. 1,800-2,300. Région alpine supérieure, ou des *boisés :* forêts clairiérées de mélèze, d'épicéa colonnaire (Picea columnaris, Wahl) et d'arole, taillis d'aune vert : huit à neuf mois d'hiver.

V. 2,300-2,700. Région subnivale, ou des *alpages :* pelouses et saules glaciaires : dix mois et demi d'hiver.

VI. 2,700-3,250. Région des neiges éternelles.

VII. 3,250-3,900. Région du grésil, pas de pluie.

VIII. 3,900 et au-dessus. Région athermique.

Sous le nom de *boisés,* nous entendons l'espace compris entre les pâturages découverts et les forêts proprement dites, espace où l'arbre est toujours sporadique. Commençant, dans le bas, par des bouquets cohérents, ils se prolongent par des arbres épars, au fût court et conique, au port empaqueté, et ils se terminent enfin par des buissons et des taillis d'aune vert.

2. *Recul de la végétation forestière et dégradation du climat local.* — La tradition historique et les vestiges d'un passé plus ou moins lointain : souches, troncs d'arbres, etc., assignent au recul de la végétation forestière dans les Alpes une amplitude d'environ 300 mètres. De nombreux auteurs ont expliqué ce fait en invoquant une dégradation du climat alpin devenu plus froid et plus sec. Bien que dix siècles avant notre ère, les bergers d'Apulie menassent, comme nous l'avons déjà dit, paître leurs troupeaux dans le Samnium, ce n'est guère avant le IXe ou le Xe siècle que les pasteurs prirent possession des hautes vallées de nos Alpes, s'y établirent à chaque retour de la belle saison et s'y construisirent de rudimentaires abris. Auparavant, la chasse était le seul attrait assez puissant pour solliciter l'homme à s'aventurer dans ces régions désertes.

Il est donc probable que la tradition historique ne remonte pas au delà du IXe siècle ; par suite, onze siècles auraient suffi pour amener un abaissement de température de 1°7 dans les hautes régions. Or, si cette dégradation du climat était réelle, générale et se poursuivait, on assisterait au réveil d'une période glaciaire, et, dans vingt siècles environ, les moraines alpines couvriraient à nouveau de leurs blocs erratiques la plaine genevoise.

Mais, à dire vrai, on ne voit pas qu'il y ait une corrélation, pourtant nécessaire, entre ce refroidissement hypothétique et le régime à peu près stationnaire des glaciers actuels, simplement soumis à des phases alternatives de recul et d'avancement. Aussi, pour expliquer cette antinomie, on a dû faire intervenir la sécheresse du climat, manifeste en Provence, et la rareté progressive des précipitations atmosphériques. Ce serait donc à ces deux efforts combinés qu'il faudrait attribuer la disparition des forêts alpestres. En ce faisant, on confond *l'effet*, c'est-à-dire la sécheresse, avec *la cause*, c'est-à-dire la disparition des bois.

De rares botanistes ont eu la bonne fortune de pouvoir herboriser sans interruption depuis plus de quarante ans dans certaines parties des Alpes, et leurs observations jettent un peu de lumière sur cette question, si controversée, d'un refroidissement général.

Dans une très belle étude de la flore chambérienne, M. Songeon et le docteur Chabert rapportent les faits caractéristiques suivants :

« Deux plantes croissaient autrefois tout auprès des dernières « maisons de Chambéry, qui ont maintenant disparu et ne se « retrouvent que dans les montagnes. L'une, le *Draba aizoides*, L., « était abondante sur les rochers du versant nord de Lemenc « (300 m.); on ne peut maintenant la récolter qu'en s'élevant sur les « montagnes voisines, à une altitude d'environ 1,000 mètres. « L'autre, le *Dryas octopetala*, L., existait encore, il y a quarante ans, « dans les rochers au-dessus du quartier de cavalerie et de la cas- « cade de Jacob. Il ne s'en trouve plus aujourd'hui que quelques « rares individus dans les rochers non loin de l'église de Monta- « gnole. Mais les localités où il abonde sont à partir de 1,600 mètres, « à Margeriaz et au Granier.

« La disparition de ces plantes est-elle due, disent les auteurs, à « la sécheresse résultant du réchauffement du climat? ou n'a-t-elle « pas été causée par le froid excessif d'hivers rigoureux contre « lequel elles n'étaient pas protégées, comme dans les montagnes, « par une épaisse couche de neige? »

Pareillement, le bois des Combes, sur Vérel-Pragondran, a perdu ses plantes alpines, à la suite de la dévastation des forêts et de la mise à nu des escarpements ; le Nivolet n'a plus ses rhododendrons ferrugineux et ses Atropa belladona ; et les coteaux de Myans, exposés au Midi, voient s'en aller progressivement le *Cytisus argenteus*, L., chassé par les défrichements.

Toutes ces plantes alpines, qui ont persisté, ici et là, depuis l'époque glaciaire, en dehors de leur station naturelle et normale, occupent des lieux humides et froids, soit à l'intérieur de vastes forêts, soit sur les lèvres de ravins refroidis par des eaux ruisselantes, soit dans des tourbières. C'est ce que l'on constate partout.

Ainsi : le rhododendron, qui, dans la région chambérienne, ne descend pas au-dessous de 1,700 mètres, garnit, dans la forêt de Saint-Baldolph, un banc de rochers enveloppés d'embruns à une altitude de 1,450 mètres seulement ; l'aune vert se maintient dans les forêts de Vimines, Saint-Sulpice et la Motte Servolex, à moins de 700 mètres, sur une moraine échouée sur le versant de l'Épine Mont-du-Chat, au voisinage de sources et de ruisselets ; la busserole officinale se conserve en un point de la forêt communale de Recey (Côte-d'Or), sur des calcaires miliaires à Purpura Glabra ; la Cinéraire de Sibérie, la Swertie vivace, le Daphné camélée, le Sabot de Vénus ont un pied dans les combets froids, humides ou tourbeux de la haute forêt de Châtillon (Côte-d'Or), bien loin par conséquent de leur patrie d'origine. Or, il est certain que la destruction de ces forêts tutélaires suffirait à elle seule pour faire disparaître ces plantes rares et dépaysées, sans qu'il soit nécessaire d'invoquer une altération du climat dans un sens ou dans l'autre.

Par son couvert, ses dépouilles et son humus, la forêt supplée à la présence d'un tapis isolant et protecteur de neige, et tempère le froid excessif des hivers rigoureux. Elle agit également au plus haut degré sur les sources et les ruisseaux, et l'évaporation superficielle de leurs eaux entretient, pendant l'été, une fraîcheur constante, largement mise à profit par les arbres.

Que la disparition des forêts entraîne une dégradation du climat local et modifie de fond en comble les conditions météorologiques d'une région, c'est ce qu'une expérience vingt fois séculaire a démontré jusqu'à l'évidence en Provence, en Algérie et ailleurs ; mais la disparition des *végétaux témoins*, leur recul ou leur avancement, ont, dans tous les cas, précédé et non suivi cette altération.

On est donc en droit de conclure que la dégradation du climat alpin et la migration des plantes alpines *sont deux faits connexes*, qui ont une seule et même origine : LA DESTRUCTION DES FORÊTS.

3. *Action des forêts sur les cultures. Inefficacité de la loi de 1882.* — Il n'est pas un touriste légèrement observateur, qui, en parcourant les montagnes, ne soit frappé de la relation existant entre le développement de la ceinture forestière et l'état des cultures sous-jacentes. *Sous grandes et belles forêts, riches cultures :* tel est le fait capital qui illumine toute l'économie alpestre. La raison en est simple. La forêt altère les lois de décroissance de la température (Ch. Martins) ; elle abrite les cultures contre les chutes de pierres, les avalanches et la violence des vents ; elle épanouit les eaux de

pluie en larges gerbes qu'elle rend en sources bienfaisantes et régulières; elle s'oppose au ravinement des terres; *elle entretient autour d'elle une humidité indispensable à la production énergique de tous les phénomènes de la vie végétale* (Falsan).

En étudiant la carte pluviométrique dressée pour la Suisse par M. le directeur de la station météorologique centrale de Zurich, on voit que les zones qui reçoivent le maximum de précipitations sont situées vers 2,000 mètres (versants nord) et 2,200 (versants sud), c'est-à-dire *coïncident à très peu près avec les limites altitudinaires supérieures des boisés ou des forêts alpestres.*

Au-dessus de ce niveau il pleut moins, mais il grêle et il neige davantage; au-dessous, les courbes d'égales précipitations sont très rapprochées dans toute la zone occupée par la ceinture forestière, elles s'espacent rapidement dans les parties basses soustraites à son influence. Ce sont les fonds des vallées placées à l'abri des vents chargés d'humidité (sud et sud-ouest), qui reçoivent le moins d'eau.

Si l'on songe à la brièveté de l'estivage dans les hautes montagnes, on se rendra compte immédiatement de l'influence désastreuse d'un été sec sur la croissance des gazons, et, par suite, sur la santé du bétail inalpé, partout où les prairies ne sont pas irriguées par l'eau de fusion des glaciers. Et même, si les alpages sont surchargés, une sécheresse persistante devient une calamité pour les montagnards.

Il y a plus : non seulement le recul ou la disparition des forêts entraine une siccité plus grande de l'air, mais il provoque encore un changement dans la nature des précipitations atmosphériques. Aux pluies douces et orageuses succèdent, dans les pâturages déboisés des régions alpines ou subnivales, des chutes terribles de grêle et de grésil qui hachent le gazon, dégradent le sol, enlèvent la terre végétale et refroidissent instantanément la température. Sur les confins supérieurs de la végétation, toute atteinte portée au tapis herbacé formé de plantes vivaces, aux semences rares, est ordinairement irréparable : le vent, les trombes d'eau, les rayons brûlants du soleil mettent obstacle à sa reconstitution. *Toute « ruine, » dans les hauts pâturages, couve la formation d'un torrent.* La loi, qui ne prévoit une intervention des agents de l'État qu'en cas de danger *né et actuel*, est une loi détestable au point de vue de l'avenir des Alpes et ruineuse pour la bourse des contribuables. *Quelques centaines de francs suffiraient pour corder de ronces artifi-*

cielles les ruines qui éraillent les versants; c'est à peine si l'on pourra, plus tard, arrêter *avec des centaines de mille francs* le mal qui s'est étendu comme une lèpre. Sous l'empire de la loi de 1882, l'État ressemble au médecin imprévoyant qui a laissé la gangrène s'introduire dans la plaie, et qui ne voit après d'autre remède que d'amputer le membre malade. En intervenant à temps, il pourrait sûrement et presque sans bourse délier sauver de la ruine des terres ou des pâturages qui représentent un capital porteur d'intérêts; en temporisant, en s'arrêtant à des demi-mesures, il perd d'abord ce capital, puis il est condamné à bâtir sur un sol mouvant, presque toujours frappé de stérilité dans l'avenir.

4. *Le berger destructeur des forêts.* — Quand l'homme vint s'installer à demeure dans les Alpes, vers le VIIIe ou le IXe siècle, *les forêts primitives* couvraient tous les versants jusqu'à 2,000 mètres d'altitude; au-dessus et jusqu'à 2,500 mètres, s'étendait une zone de clairs-bois (mélèze, arole, bouleau et aune vert), entrecoupés de vides gazonnés, et surmontés eux-mêmes par une végétation buissonnante de genévriers et de rhododendrons, faisant place plus haut encore à de gras pâturages.

Les parties herbeuses du sommet étant ordinairement mitraillées par les rochers et ravagées par les avalanches, les premiers pasteurs ne trouvèrent une complète sécurité que dans le voisinage immédiat des forêts pleines, c'est-à-dire vers 2,000 mètres d'altitude. C'est là qu'ils établirent leurs rudimentaires chalets, probablement au milieu d'un essart. Petit à petit, les colons augmentèrent, les granges se rapprochèrent et le bétail devint plus nombreux; il fallut plus d'espace. La torche et la hache agrandirent d'abord le vide, puis les chèvres et les moutons complétèrent l'œuvre de ruine. Les prés-bois, qui servaient d'écran aux habitations des pasteurs, disparurent; l'homme dut fuir et reporter sa demeure vers 1,500 ou 1,600 mètres (XIVe et XVe siècles). Les traces de cette migration forcée se montrent, sous forme de ruines, dans toutes les Alpes. En même temps que l'arbre rétrogradait, les buissons de rhododendrons et de genévriers descendaient, envahissaient les pâturages; et le pasteur déboisait au-dessous de lui, cherchant à reconquérir sur la forêt ce que la lande lui avait fait perdre. Le bois n'ayant aucune valeur, il en mésusait follement.

Après cette première migration, l'homme des Alpes, par crainte des météores ou par nécessité pastorale, paraît avoir eu un certain attachement pour les arbres, et il peupla les abords de sa demeure estivale d'érables et de sorbiers. C'étaient là évidemment des arbres d'émonde, destinés à nourrir le bétail inalpé en temps de crise fourragère. Ces érables et ces sorbiers centenaires furent autrefois très communs autour des chalets, des granges, des greniers à fourrages, des sources et des fontaines. Leur rôle de protection était énorme. Maintenant, le montagnard a tout détruit, tout, jusqu'à l'arbre qui était sa sauvegarde contre l'avalanche, les rochers et la tourmente. Partout où le bois n'a pas de valeur marchande, il le pourchasse, l'abat, le gaspille avec une prodigalité voisine de la folie. Pour construire un bassin, pour faire un seau, de la vaisselle, il jette bas un arbre; pour confectionner un drain ou une clôture, il coupe des perches d'avenir; pour réparer un chalet ou un ponceau, il détruit un canton.

Le bétail n'a plus d'abri contre les intempéries, plus de refuge lors des grandes chaleurs; les sources tarissent pendant les grandes sécheresses, la terre se ravine pendant les grandes pluies; rien ne brise la violence des vents sur les sommités, rien n'y tempère l'ardeur du soleil. Par suite de la disparition des forêts et des boisés, les alpages se dégradent à vue d'œil; la possibilité et le revenu diminuent en même temps que la fertilité : un siècle de l'homme pèse plus sur la terre que dix siècles de la nature. Enfin, dans les pâturages situés au-dessus de la zone forestière, les bergers consacrent un temps et des efforts inouïs pour se procurer, en le montant à dos, le bois qui leur est strictement indispensable. On peut donc dire que, dans les altitudes élevées, la forêt doit remplir surtout un rôle de protection, et les agronomes ou les économistes qui n'ont en vue que son rendement pécuniaire et immédiat méconnaissent une loi économique fondamentale, trahissent les intérêts et les besoins de la société, et ménagent à leur pays le plus sombre avenir.

5. *Forêts de protection.* — Nous comprenons, sous la dénomination générale de forêts protectrices, les massifs boisés et les arbres isolés dont le maintien intéresse : le climat local, la conservation des cultures sous-jacentes, le maintien des terres sur les versants en pente rapide, la défense contre les avalanches, les chutes de pierres et de grêle et les vents desséchants ou dangereux.

Elles comprennent :

1° Tous les boisés de la zone supérieure, plantée d'arbres isolés ou en massif, sur une hauteur absolue de 300 mètres ;

2° Les bois situés en pente rapide, d'un tiers ou plus;

3° Les bois croissant sur des terrains de transport accolés aux versants.

L'importance des forêts de protection peut être mise facilement en évidence par l'énoncé des très simples aphorismes suivants :

I. *Les forêts et les boisés des régions élevées sont dans une dépendance étroite et mutuelle.*

II. *Tout arbre en montagne joue un rôle de protection vis-à-vis de l'arbre qui lui est immédiatement inférieur.*

III. *Chaque massif forestier se protège naturellement, aux altitudes supérieures, par une zone de peuplements clairs dans laquelle entrent ou sont entrées originellement une ou plusieurs essences feuillues.*

IV. *La disparition des feuillus des hautes forêts de protection atteste sûrement une intervention de l'homme et de ses troupeaux, un recul de la végétation forestière et une dégradation du climat local.*

V. *Une forêt compacte et pleine devient en tout ou partie forêt de protection, quand l'abri qui la gardait vient à cesser brusquement, ou que des circonstances défavorables, pâturage, exploitations inconsidérées, avalanches, chute de rochers, entravent son évolution naturelle.*

VI. *Si une forêt se protège elle-même par un rideau de clairs-bois, et si ce rideau vient à disparaître, ou se trouve réduit, il se reforme, dans les peuplements compacts inférieurs, une nouvelle zone de protection, dont la profondeur varie en raison inverse de la déclivité du versant.*

VII. *Dans les forêts montagneuses, les lignes de crêtes, les arêtes des versants dirigées suivant les lignes de plus grande pente sont des cordons naturels de protection.*

Nous allons essayer de justifier brièvement, par des faits, ces énoncés que nous croyons en partie nouveaux, et qui dominent de très haut l'économie alpestre, forestière et pastorale.

I.

On pourrait croire, à la lecture des traités, que la distribution des forêts montagneuses est exclusivement réglée par la température, et que, suivant la formule chère aux botanistes, la végétation ligneuse allant en se déprimant insensiblement, finit, sur les hauts versants, par des formes naines et buissonnantes. Ces formes naines, nous ne les avons jamais rencontrées dans nos courses si nombreuses à travers les Alpes françaises.

Il ne s'agit ici, bien entendu, que des grandes essences ligneuses et non des arbustes, comme les genévriers et les alisiers nains, qui sont plutôt des formes saxatiles, ni à plus forte raison des saules glaciaires, qui ne descendent que très rarement au niveau des forêts et qui délimitent assez nettement la zone d'habitat des marmottes.

Tantôt, en effet, la forêt s'éteint brusquement vers 1,600 mètres et se dresse comme un mur à la limite des pâturages, attestant ainsi de façon indubitable l'action destructive de l'homme et de ses troupeaux ; tantôt elle monte jusqu'à 1,700 ou 1,800 mètres et se trouve alors protégée par une zone de peuplements clairs, dont les derniers représentants sont dépouillés par les vents ou arrasés par l'avalanche; tantôt enfin elle atteint une altitude de 2,300 à 2,400 mètres, mais, dans ce cas, elle est toujours surmontée par des taillis vigoureux d'aune vert, qui préviennent le glissement des neiges et donnent asile à des graines, parfois assez nombreuses, d'épicéa, de mélèze ou d'arole. Comment reconnaîtra-t-on, dès lors, si l'on se trouve bien aux confins physiologiques de la végétation forestière ? Tout simplement à la présence ou à l'absence de graines. Au-dessus des peuplements primitifs fertiles, devaient nécessairement se trouver, autrefois, des arbres isolés, ne donnant jamais de semences, et dont la dissémination avait été effectuée par les oiseaux, les marmottes, les campagnoles des neiges, etc. Il faut, en effet, une somme de chaleur notoirement moindre pour fabriquer du bois et des feuilles, que pour faire épanouir des fleurs et pour mûrir des graines. Nous attestons que, dans les lieux mêmes où le déclin des forêts est le plus notoire, nous avons toujours trouvé des arbres fertiles, toujours rencontré sur le sol de vieux cônes normalement constitués. Si donc M. David Martin a vu en 1890, près de Guillestre, au débouché du vallon de Pont-Sancte, des forêts mourantes, l'extinction de ces massifs boisés ne peut s'expliquer que par le pâturage, qui a supprimé toute régénération sur le parterre même du sol, ou par la disparition de boisés supérieurs, dont on retrouverait certainement les souches encore en place. Ces vieilles souches, découvertes par les alpinistes jusqu'à 2,700 ou 2,800 mètres, sont bien déconcertantes. Est-ce à dire que le niveau primitif des forêts s'est élevé jusque-là ? Nous ne le pensons pas ; et ce n'étaient, sans doute, que des sentinelles perdues, des arbres stériles, mais dont le rôle de protection devait être considérable pour les forêts sous-jacentes, qui montaient sûrement alors à 2,500 mètres en moyenne. Or, de nos jours, le niveau supérieur des massifs forestiers ne dépasse guère 1,600 mètres lorsque l'abri manque ; il s'élève à 1,750 mètres quand il se trouve au-dessus une petite bande de boisés, et à 2,000 ou 2,200 mètres quand ces boisés sont eux-mêmes protégés par une ceinture de taillis d'aune vert ou par des bouquets isolés de bouleaux pubescents.

II.

Rien n'est curieux comme la végétation de fin des forêts alpestres, et on s'explique aisément, en l'étudiant sur place, la légende des formes buissonnantes, moins naturelles que provoquées. Normalement, la plante montagnarde se distingue à première vue par ses rameaux gros et courts, ses entre-nœuds rapprochés, le rétrécissement des spires foliaires, la tendance des feuilles à se disposer en rosette, et l'abondance, dans le squelette, des tissus de réaction. Le végétal tout entier est comme replié sur lui même pour résister au poids de la neige et à l'effort du vent. S'il vient à être abrité accidentellement par un rocher ou par un mur, il modifie aussitôt sa forme et prend brusquement son élan ; mais il reste, par contre, indéfiniment buissonnant, quand il a été abrouti par le bétail ou brisé par la neige. C'est à l'action mécanique de cette dernière qu'il faut principalement attribuer la faible expansion de proche en proche de la forêt dans les sommités non pâturées. Les croquis de la planche 18, pris entre 1,837 et 1,855 mètres, dans la forêt des Contamines (Haute-Savoie), montrent clairement comment les faits se passent. Sur ces plans fortement inclinés, la neige glisse insensiblement dès qu'elle a dépassé le niveau des rochers qui moutonnent la surface du terrain, et tantôt elle décapite l'épicéa ou l'arole, tantôt elle en lime et en use les rameaux, ne laissant que des buissons épars, sans valeur, mais non sans utilité. Dédaignant ces humbles buissons, le forestier pourrait quelquefois passer indifférent et les abandonner au troupeau. Quel tort !

Ce sont là, en effet, les tuiles faîtières de l'édifice forestier. Supprimez-les, vous aurez des gouttières. Du haut en bas, la forêt ne forme qu'un bloc, qu'un toit sur lequel coule la neige. La moindre fissure provoque des trouées, des chablis, des amoncellements neigeux, qui prolongent l'hiver et le désert. Quelque solide que paraisse le mur formé par la forêt à ces altitudes de 1,800 à 1,850 mètres, il ne résistera pas à une poussée constante ; enlevez le moindre moellon, il se lézardera et croulera. Forcément, inéluctablement, ces formes décapitées, que vous aurez négligées, feront irruption dans les boisés ou les perchis détruits. Les abandonnera-t-on encore, toujours, jusqu'à ce qu'on ait abaissé de quelques centaines de mètres le niveau supérieur de la végétation forestière ? A quoi bon ? ne faut-il pas les subir ? Cette action féconde de l'arbre sur l'arbre est certainement un des traits les plus saillants de l'économie forestière alpestre. Nous pourrions citer une foule d'exemples d'arbres protégeant tout un *coin* de forêt perdu dans des pâturages alpestres, de rochers ou de bouquets de vieux épicéas préservant de la ruine des cantons entiers.

III et IV.

Nous tenons pour erreur le fait d'envisager les futaies résineuses comme ayant couronné originairement le sommet de nos hautes montagnes. Ce n'est pas le pin qui s'avance le plus au nord dans les steppes de la Laponie, mais le bouleau ; ce n'est pas l'épicéa qui termine les chaumes vosgiennes et les plateaux jurassiques, mais le hêtre ; ce n'est pas le sapin qui surmonte les croupes du plateau central, mais le hêtre et le sorbier.

Les Alpes peuvent-elles donc faire exception à cette règle générale ? Non assurément, car la nature aurait ainsi manqué de prévoyance. Ni le vent, ni les avalanches, ni les chutes terribles et prolongées de pierres n'auraient permis aux résineux de remonter sans aide les versants alpestres après leur glaciation. Ces végétaux n'étaient ni assez souples pour résister aux vents, ni assez flexibles pour se redresser après le passage de l'avalanche. Le véhicule qui les a portés sur les hauteurs qu'ils occupent actuellement, *c'est le feuillu*. Le fait paraîtra évident à ceux qui sont un peu familiarisés avec la végétation des Alpes vertes, dont la ceinture forestière n'a pas été trop rétrécie, et où les taillis d'aune vert contribuent si fort à la propagation et au maintien des futaies résineuses. Mais, dans les Alpes sèches et calcaires, l'extraordinaire appauvrissement des forêts en masque complètement les origines. Quelle que soit la prédilection actuelle de l'aune vert pour les sols siliceux et argileux, il serait téméraire d'en conclure que cette essence montagnarde, si rustique, n'a pas joué autrefois un rôle prééminent dans toute la chaîne alpine. L'influence chimique du terrain sur la distribution des végétaux forestiers a perdu beaucoup de son poids, grâce aux progrès de la paléontologie; elle s'affaiblit, en outre, considérablement avec l'altitude. Même en se bornant à l'examen de faits actuels, on est en droit de l'éliminer. « Ainsi le rosage ferrugineux et le rosage hirsute se rencontrent tous deux dans les Alpes orientales; la seconde espèce manque dans les Alpes occidentales. Or, là où le rosage ferrugineux existe seul, on peut le rencontrer indifféremment sur les terrains calcaires et sur les terrains sans calcaire. Mais, si l'on s'avance vers l'est, à mesure qu'il se trouve en concurrence avec le rosage hirsute, qui préfère les sols calcaires, il est à peu près limité aux sols siliceux » (Van Tieghem). C'est aussi ce qui se passe pour l'aune vert et pour l'aune blanc.

Indépendamment de son intérêt théorique, cette question de la présence originelle des feuillus aux altitudes supérieures a une importance pratique énorme, en ce qui concerne le relèvement de la végétation forestière. Nous entendions naguère un très aimable inspecteur des forêts narrer les péripéties d'un reboisement tenté depuis dix ans par l'administration sur un sommet chauve de l'Embrunais, au-dessus de la limite actuelle des forêts. Les agents s'étaient adressés en vain aux essences résineuses les plus variées, qui, toutes, avaient naturellement succombé. On s'arrêta, estimant qu'il n'y avait pas lieu de planter au-dessus de la zone forestière. Le tort n'était pas, croyons-nous, de vouloir relever le niveau de la végétation ligneuse, mais bien de n'avoir pas songé à créer un double abri artificiel et naturel. Sans doute, les essais tentés en Suisse pour relever le niveau actuel des forêts n'ont pas toujours été couronnés de succès, et l'hiver de 1879-1880 a détruit la plus grande partie des plantations d'épicéa effectuées sur les sommités. Mais nous estimons que la tactique employée était défectueuse. Pour de semblables reboisements, il convient d'abord d'utiliser les abris naturels, comme les rochers, et de planter au-dessous d'eux des essences feuillues rustiques : aune, bouleau ou sorbier des oiseleurs. Si ces abris naturels viennent à manquer, on élèvera de loin en loin un mur en pierres sèches ou une banquette en terre, et on disposera les plants en coin, comme l'indique la figure ci-dessous.

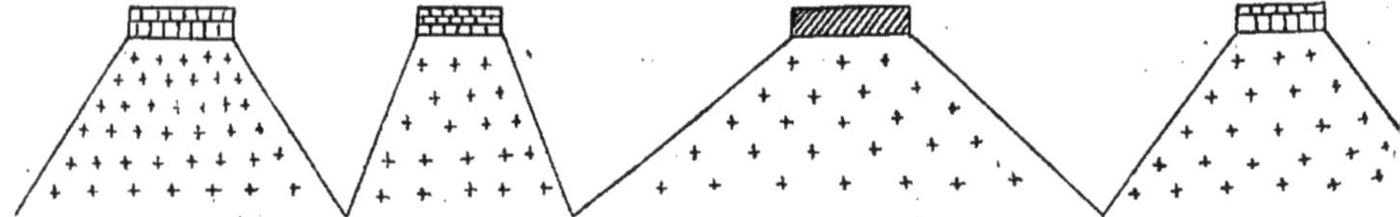

Cela fait, on se contentera de surveiller et de compléter la plantation, jusqu'à ce qu'elle ait dépassé le niveau de l'abri, ce qui demandera dix ou quinze ans, puis on pourra la continuer en mélangeant prudemment quelques résineux aux feuillus, dont le nombre ira en diminuant progressivement. En procédant ainsi, on suit pas à pas la nature et on évite de dépenser en pure perte des sommes considérables, qui pourraient être plus utilement employées ailleurs. Rien ne sert de vouloir aller vite, il faut aller sûrement. L'espace nous manque pour développer complètement ce sujet, mais nous espérons qu'en raison de son importance majeure, des essais seront entrepris dans cette voie, et que la pratique viendra confirmer des vues théoriques, basées sur une étude attentive des phénomènes naturels. Entre la zone des saules glaciaires aux feuilles caduques et la zone des forêts résineuses aux feuilles persistantes, existe en ce moment un hiatus énorme. Il ne peut s'expliquer que par la disparition, causée par l'homme, des primitives essences feuillues, qui retenaient les neiges, se riaient des vents et renaissaient incessamment de leurs cendres, après chaque cataclysme.

V et VI.

Partout où nous voyons la végétation forestière s'avancer très haut sur les versants alpestres, nous trouvons les bois-limites formés par des peuplements d'abord pleins, puis égrenés. Des arbres solitaires, noyés au milieu de clairs taillis feuillus, surmontent l'édifice. C'est l'image d'une armée en marche : le gros ne s'avançant que sous la protection d'une avant-garde, couverte elle-même par une nuée d'éclaireurs.

Pour qu'une forêt se constitue rapidement, évolue et se perpétue, chacun sait qu'il lui faut une certaine quantité de terre végétale et d'humus. Cet humus, si utile à la végétation dans les régions tempérées, l'est plus encore dans les régions alpestres, où il joue un rôle très efficace de protection contre la sécheresse et le froid. En particulier, le jeune plant exposé aux radiations les plus vives et les plus meurtrières ne saurait s'en passer pour vivre. Or, la terre végétale, déchirée par les chutes de grêle et lavée par les trombes d'eau, est naturellement peu abondante dans les peuplements de fin de nos forêts alpestres; par suite de la rudesse du climat et de la siccité de l'air, la combustion des matières organiques y est longue et difficile, et par suite aussi, la formation d'humus s'y opère avec une extrême lenteur. Toute atteinte portée à la couverture morte ou vivante aura donc une répercusion énergique sur la végétation; la terre épuisée, cessant de produire des arbres, n'enfantera plus que des buissons. On comprend ainsi que la forêt n'a pu primitivement s'installer que sur des points *naturellement* isolés et protégés; elle a donc progressé *par bonds*. D'où son état supérieur clairiéré. Mais c'est aussi *par bonds* que s'effectue son recul.

La forêt alpestre, et principalement les boisés, sont exposés à des vents violents qui limitent beaucoup la croissance des arbres et spécialement celle des résineux. Le vent agit de trois façons différentes : il aiguise le froid, dessèche l'air et dégrade de plus en plus le climat local ; il active l'évaporation des tissus et expose la plante à mourir de soif sur un sol glacé; enfin, il brise, use et défeuille la cime des arbres, mettant ainsi obstacle à la production des semences et à la régénération des forêts.

Bien que ces faits soient connus de longue date, il est cependant impossible de saisir nettement l'utilité primordiale de l'abri et des boisés, si l'on ignore la marche du vent sur les sommités. Au lieu de suivre une direction rectiligne, les vents épousent fidèlement les ondulations de terrain des régions *déboisées* sur lesquelles ils soufflent.

Considérons, en effet, deux sommets voisins A et B, séparés par une vallée, et suivons la marche d'un courant O E. Ce dernier, loin

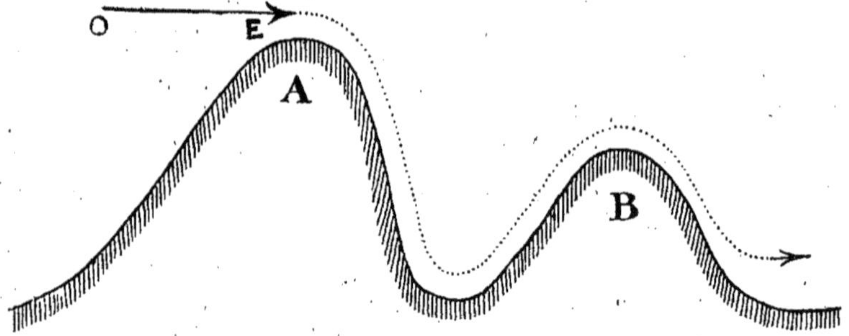

de passer par dessus le col et la montagne B, va descendre dans la vallée, suivre les aspérités du terrain et remonter en quelque sorte la pente qui lui fait face. Cette marche singulière est due au déplacement successif et de proche en proche, par frottement et par aspiration, des différentes couches d'air. Le vent qui se fait sentir dans la vallée est dû à des *courants secondaires* d'intensité décroissante, mais on retrouve le *courant principal* avec toute sa force sur le sommet B.

Si la montagne A est boisée, les faits sont autres. Non seulement la violence du vent est amortie par l'obstacle et la suppression des courants secondaires, *mais sa direction est encore redressée*, comme l'indique la figure ci-dessous. Le phénomène offre par là

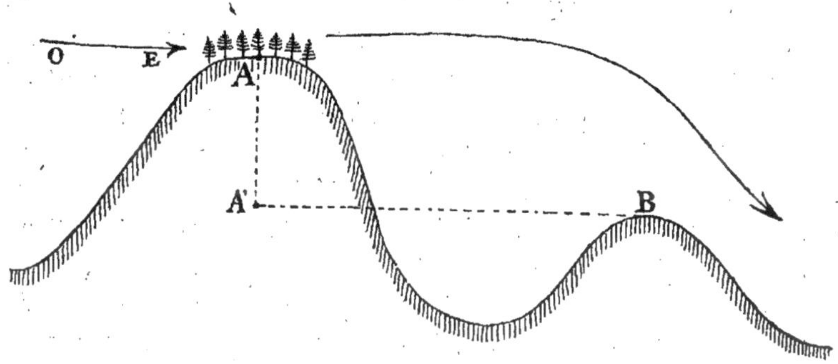

un très grand intérêt. Si, en effet, A'B $<$ 5 AA', le sommet B se trouve complètement protégé et mis à l'abri du courant principal. La protection cesse entièrement lorsque A'B est inférieur à environ 12 fois la hauteur AA'.

Il est facile de démontrer expérimentalement ces lois, et un séjour de dix ans en montagne nous a permis de les vérifier jour par jour (1).

Depuis longtemps on savait que le déboisement d'un sommet dominant avait une répercussion sur la végétation d'un sommet dominé. Nous croyons toutefois être le premier à donner simplement et rationnellement la clef du phénomène.

(1) On nous a demandé comment on pouvait reproduire expérimentalement ces faits. Voici :

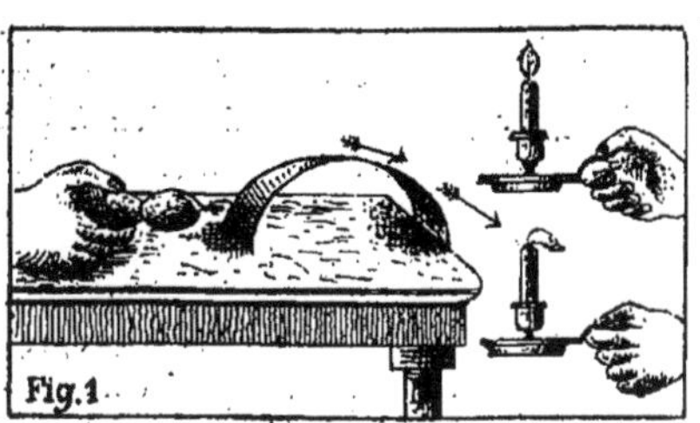

La source de vent est représentée par un soufflet de forge ou plus simplement encore par une double boule en caoutchouc, et la montagne dénudée par une feuille de carton courbée à l'aide d'un fil. En promenant une bougie allumée en arrière de cet obstacle, on reçoit le courant d'air comme l'indique la fig. 1, et la flamme se trouve soufflée en contrebas de la table.

L'action mécanique du vent sur les végétaux est identique à celle de l'eau courante sur le rocher ; elle polit et elle use. Sur les rives de l'océan, dans les vallées exposées à des courants locaux, sur les montagnes, les arbres prennent une forme tourmentée, et leurs branches fuient sous le souffle de la tempête. Une moitié du sujet *préserve* l'autre. Du côté où s'acharne le vent, les rameaux usés, dépouillés et réduits ne portent ni fleurs ni fruits : toute la vie physiologique est concentrée du côté opposé. C'est en petit l'image de la forêt protectrice et de la forêt protégée.

Sur les sommités et les hauts versants, les sautes de vent et surtout les *remous* provoqués par le changement de vitesse des couches d'air déplacées usent circulairement la cime des arbres résineux, leur donnent une forme caractéristique *en queue de rat*, et finissent par entraîner le dépérissement et la mort des deux tiers supérieurs de la couronne.

Toutes les fois donc que les troupeaux, le berger ou le propriétaire imprudent auront détruit les forêts de protection, brusquement ou à la longue, le vent évidera les massifs sous-jacents, dispersera la couverture morte, rongera la cime des arbres, tarira la régénération et donnera naissance à une nouvelle zone de protection, sur le tapis de laquelle on ne trouvera pas de semis. C'est alors que des observateurs peu perspicaces pourront agiter le spectre de la forêt mourante et accuser la nature d'un deuil qui n'est dû qu'à l'homme et à son imprévoyance.

Ainsi, sur le col du mont Genèvre, le bois *Suffin*, découvert à l'est par la destruction d'un massif contigu en 1814, disparaissait peu à peu, *sans semis*, en 1854. Le vent emportait, entre les pins de montagne desserrés, le sol, la terre même, avec les plaques de gazon. Ainsi encore, en 1856, dans les Hautes-Alpes, un can-

Une brosse fortement recourbée ou un panier, sur le dos duquel on aura planté des branches de genêt, donnera l'image de la montagne boisée. On voit alors immédiatement que le courant d'air, au lieu de se propager tangentiellement à la surface, se relève pour prendre une direction à peu près perpendiculaire à la normale. C'est ce qu'indique la fig. 2.

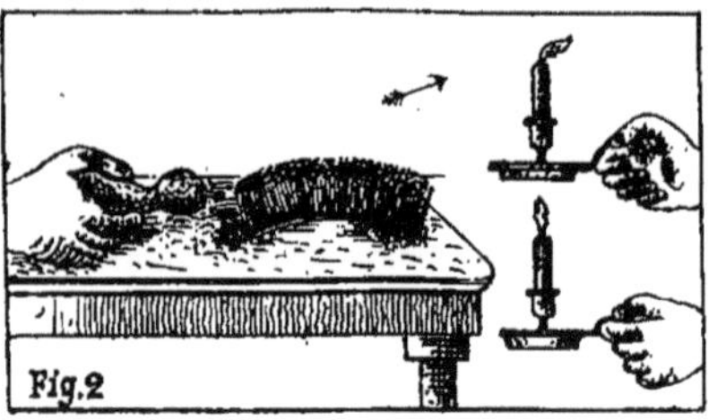
Fig.2

Il ne reste plus, dès lors, qu'à suivre l'incidence de la flamme avec la bougie que l'on déplace progressivement, pour avoir l'étendue de la zone protégée.

ton isolé de forêt *était mort tout entier*. C'était le canton des Acles, peuplé de mélèzes et situé dans la haute vallée d'Acles, sur Plampinet, hameau de Névâches. Il se trouvait sur une pente douce, presque au fond de cette belle vallée, abritée, mais estivant 2,000 troupeaux transhumants qui avaient tué la forêt, leur servant probablement de campement aux premiers froids. Les gardes avaient surnommé ce canton : *La forêt des Cosaques*. (M. Broilliard.)

Ces préliminaires posés, on peut se demander quelle doit être la profondeur de la zone de peuplements clairs nécessaire pour procurer une protection complète aux peuplements sous-jacents. Cela dépend de l'orientation de la chaine, de la violence des courants et de la déclivité du sol. Dans les hautes montagnes on trouve généralement que la zone de protection a une hauteur absolue de 300 mètres. Suivant donc la forme de la montagne considérée, on pourra calculer aisément l'épaisseur à donner à cette zone. C'est ce que montre la figure ci-dessous.

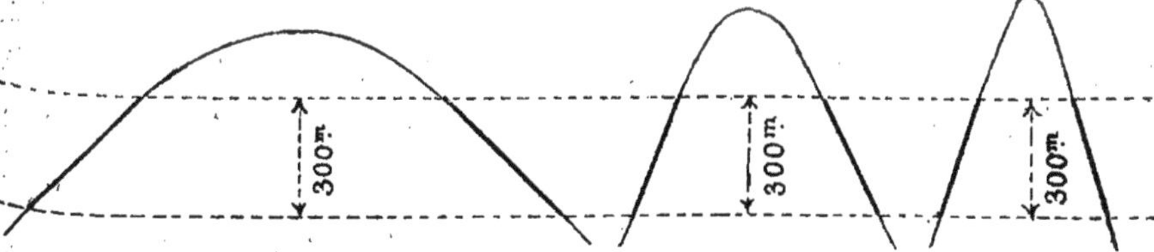

Il appert de là :

1° Que plus le relief s'accentue et moins est profonde la zone de protection ;

2° Que les forêts qui couvrent les plateaux et les sommets arrondis, à la limite de la végétation, doivent être toujours envisagées comme des forêts protectrices et soumises à un mode de traitement essentiellement ménager ;

3° Que les aménagistes doivent s'efforcer de constituer, dans les Alpes, une série supérieure de protection englobant tous les arbres épars, de façon à préserver de la ruine les peuplements des séries inférieures.

VII.

La nécessité du boisement complet des crêtes et des arêtes, e pays de montagne, se justifie de la même manière, et il est aisé de comprendre, après ce que nous avons dit, le rôle de protection, vis-à-vis d'un courant, O E, de l'éperon A B pour toute la partie du versant située à droite de la figure.

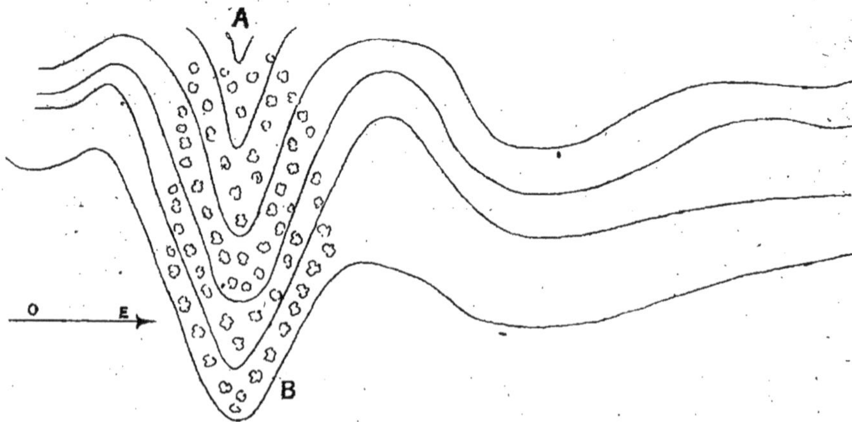

Le lecteur qui a bien voulu nous suivre jusque-là aura, nous l'espérons, une idée nette de l'importance capitale des boisés dans les régions montagneuses. *L'existence des forêts actuelles en dépend.* Ce n'est donc pas sans surprise que nous avons trouvé dans une publication officielle les lignes stupéfiantes ci-dessous :

« Quant à la protection des bois sur les limites de la végétation, « variables suivant les essences, si elle n'a pas les mêmes incon- « vénients, *elle n'a pas d'utilité au point de vue forestier*. Elle cons- « titue, d'ailleurs, une gêne pour le pastorat et est une occasion « permanente de *délits, qui ne font pas de mal*. Il conviendrait donc « que la mise en défens des bois ne dépassât jamais, même pour « les essences résineuses, l'altitude où ils peuvent avoir une végé- « tation rémunératrice, ce qui ne veut pas dire que les peuple- « ments naturels au-dessus de cette altitude ne doivent pas être « protégés pendant leur formation, là où ils ont leur utilité pour le « maintien du sol. »

Dans les Alpes comme dans les Pyrénées, la lutte du pasteur pour la possession et la destruction des boisés se poursuit sans cesse. Or, si nos consuls ne veillent, elle aura pour conséquence fatale le recul indéfini de la végétation forestière, la dépopulation des campagnes et l'appauvrissement général de l'agriculture. C'est ce qu'indique le faisceau de preuves réunies dans cette étude.

6. *Déboisement et reboisement des vallées.* — Rien ne montre plus clairement l'influence tutélaire des forêts sur les cultures agricoles

que ce qui se passe dans les vallées imprudemment déboisées. M. Puenzieux, chef du service forestier vaudois, a résumé ces inconvénients de façon magistrale dans une fort belle notice consacrée au reboisement de la plaine du Rhône, entre Sierre et le lac Léman. Il fait toucher du doigt les effets du vent local diurne, qui, en se déchainant dans la vallée du Rhône, « empèche le développement normal des arbres fruitiers, ralentit leur croissance et diminue leur produit en qualité et en quantité. »

Il met en lumière « l'action féconde de la forêt qui affaiblit et détourne parfois les orages, attire les décharges électriques et remplit le rôle de bon conducteur, facilite l'équilibre entre l'air et la terre, empêche ainsi une trop forte accumulation de l'électricité et rend moins fréquentes les chutes de grêles. » Il rapporte que « les divers essais tentés en vue de cultiver la vigne sur les parcelles les plus relevées de la plaine durent être abandonnés à cause des gelées printanières qui, trop souvent, compromettaient la récolte de ces jeunes vignobles et étendaient leurs funestes effets à tous ceux qui avoisinent les prés et les champs. »

Quant à la cause de tous ces fléaux, « plusieurs vieillards prétendent qu'autrefois la plaine du Rhône était mieux boisée et qu'il fallait attribuer aux défrichements la recrudescence constatée des brouillards et des gelées. »

Ces faits ont paru convaincants aux dix communes de la plaine du Rhône, qui ont immédiatement constitué un comité d'initiative en vue de procéder à l'établissement de rideaux boisés et protecteurs. L'entreprise ayant été reconnue d'utilité publique, l'État s'est réservé la faculté d'exproprier les terrains à reboiser et a accordé aux intéressés une subvention de 25 %. Ces forêts nouvelles sont considérées comme forêts protectrices. Les travaux, estimés à 61,886 fr. pour la partie forestière, doivent être terminés dans un délai de neuf ans. Quatre rideaux d'abri, quatre barrages vivants ont déjà été créés sur le territoire des communes de Villeneuve, d'Aigle et de Rennaz; quatre autres sont encore projetés.

Voilà comme on agit dans ce beau pays de Suisse, où est en train de s'accomplir une sorte de Renaissance forestière. Estimant que la question des forêts est une question vitale pour l'avenir de leur patrie, les autorités suisses ont multiplié leurs efforts pour faire triompher la cause des bois devant l'opinion publique. Ils y ont réussi et ils commencent déjà à recueillir les fruits qu'ils ont semés.

7. *Conclusions : mesures à prendre pour conjurer la ruine de nos montagnes.* — 1) La première et la plus urgente de toutes les mesures à prendre pour conjurer la ruine irréparable de nos montagnes, c'est de *soumettre au régime forestier les boisés communaux de la région alpestre*, qui constitueront des séries de prés-bois ; c'est, en outre, d'astreindre à une surveillance spéciale les boisés particuliers, compris dans une zone protectrice à délimiter.

A cette fin, l'article 90 du Code forestier pourrait être amendé et complété comme suit :

Seront soumis au régime forestier :

1° *Les bois et forêts qui font partie du domaine de l'État ;*

2° *Les bois et forêts des communes, des sections de commune et des établissements publics ;*

3° *Les boisés des propriétés communales, sectionnales et d'établissements publics connues sous le nom de pâturage, d'estivage ou d'alpage de montagnes;*

4° *Les bois et forêts dans lesquels l'État, les communes ou les établissements publics ont des droits de propriété indivis avec des particuliers ;*

5° *Il ne pourra être fait, dans les prés-bois ou pâturages boisés situés en montagne, compris dans une zone protectrice et restant en dehors du régime forestier, aucune coupe ou exploitation d'arbres sans une décision de l'autorité préfectorale prise sur l'avis de l'administration forestière. Les contrevenants seront passibles des peines portées par le Code forestier.*

Nous ne nous dissimulerons pas que ce dernier alinéa, comportant une restriction légère du droit de propriété, serait fortement combattu. Il ne s'agit pourtant que de créer une servitude légale, imposée dans un intérêt général. Le Code nous en fournit déjà de nombreux exemples. Rappelons : les lois et règlements de voirie ; les prohibitions concernant le défrichement des forêts, l'exploitation des mines; les restrictions apportées à l'exercice du droit de propriété en vue de l'intérêt des fonds voisins, etc.

La question n'est pas de savoir si le propriétaire d'un tènement en montagne a le droit de couper les arbres qui sont sur lui, mais encore de décider s'il pourra compromettre la sécurité, la richesse et l'existence des propriétés sous-jacentes. Nul n'a licence de mettre le feu à sa maison pour incendier celle du voisin.

Ces mesures, une fois décrétées, pourront être exécutées sans grands frais en domanialisant le service forestier dans les régions montagneuses.

2) La disparition des boisés tendant à devenir une calamité publique et une cause d'avilissement pour le revenu des montagnes pastorales, la société doit s'efforcer de restreindre l'emploi du bois dans la construction et la réparation des chalets, dans la confection des abreuvoirs, dans l'établissement des drains et des conduites d'eau, dans la création des clôtures. A défaut de mesures restrictives, édictées cependant dans un grand nombre de cantons suisses, les pouvoirs publics pourraient y arriver en subventionnant, dans la zone protectrice, les particuliers qui couvriraient leurs chalets en tuiles, ardoises, qui emploieraient des tubes de plomb, fer-blanc, pour l'adduction des eaux, qui construiraient des abreuvoirs en pierre, ciment, fonte, etc.

Il y a là un sujet d'études que nous ne faisons qu'effleurer.

3) L'achat de gré à gré par l'État des forêts improductives situées dans les zones de protection nous apparait aussi comme un corollaire nécessaire. Entre la construction d'un barrage et l'achat d'une forêt, le choix ne saurait être douteux. Le barrage, œuvre éphémère de l'homme qui aime à confier son nom à la pierre, ne préserve que par sa masse et dans un rayon fort limité. Il ne modifie ni le climat ni la contrée : c'est une œuvre morte ajoutée à tant de choses qui se meurent. La forêt, au contraire, répand la vie bien loin autour d'elle ; sa résistance est indéfinie, et sa présence constitue un gage de sécurité et de richesse pour les cultures environnantes. Si, chaque année, l'État consacrait, sur les crédits affectés par le Parlement au reboisement, 4 à 500,000 fr. à l'achat de forêts ou de boisés, il ne tarderait pas à arrêter la déforestation des Alpes, il se créerait un trésor pour l'avenir et cesserait d'épuiser ses ressources dans une œuvre stérile. Pour un torrent que l'on dompte à grands renforts de millions, il y en a dix qui se reforment à côté ; pour quelques hectares de terrain ne valant rien et que l'on a fixés, il y en a des centaines qui sont encore fertiles, mais que la ruine guette et dont la destruction est certaine à brève échéance. Ce sont là des faits criants [1].

Chaque année voit se consommer, dans les Alpes, la ruine d'im-

(1) Une somme de 200,000 fr. est portée au budget de l'exercice 1900, chap. LI, art. 2, pour « acquisition de terrains nus ou boisés et de forêts en montagne. » Ce n'est là qu'une pierre d'attente. Il n'est peut-être pas inutile de faire remarquer, à ce propos, que le domaine forestier prussien étant considérable et principalement concentré entre les mains de l'État, celui-ci a consacré néanmoins, en 1899, *deux millions quatre cent cinquante mille marks* à des acquisitions nouvelles.

menses forêts de protection. En 1896, nous suivions du haut du Parmélan le progrès des coupes à blanc estoc qui ont fait de la montagne de *Sous-Dine* un désert de pierres. Et, pourtant, nous y avions vu, l'année précédente, des forêts de pins de montagne lilliputiens, mais deux ou trois fois séculaires, qui couvraient à peu près ce plateau urgonien, battu sans relâche par les vents déchaînés. Le propriétaire, n'en pouvant rien tirer, les avait vendus en bloc, à vil prix, à un Italien, dont les câbles firent la fortune. Veut-on savoir les conséquences de ce déboisement? Le docteur Hollande, juge impartial, va nous les faire connaître :

« Ce facies coralligène de l'urgonien des Alpes calcaires est « constant et constitue un des meilleurs points de repère pour le « statigraphe, aussi bien en Savoie qu'en Suisse. Lorsqu'il forme « le plateau des montagnes, ce qui est assez fréquent, on constate « que la surface est toute crevassée. Ces calcaires urgoniens sont « alors sous forme de gros blocs à arêtes saillantes ; ce sont les « *Lapiaz*. On a ainsi un sol très perméable, à la base duquel sont la « plupart des sources dans les Alpes calcaires. Les eaux de pluie « ou de la fusion des neiges, pénétrant facilement dans ces cal- « caires, s'arrêtent, en effet, sur les assises marneuses de l'haute- « rivien. Ces eaux de pluie, chargées d'acide carbonique, dissolvent « les calcaires urgoniens et agrandissent les crevasses dans « lesquelles lentement se sont accumulés les débris du sol fores- « tier. Cette terre végétale est en petite quantité, et si l'on a l'im- « prudence de déboiser les plateaux et les pentes des calcaires « urgoniens, les pluies l'entraînent rapidement. Dès lors, la surface « des calcaires urgoniens reste nue et est condamnée à une stéri- « lité perpétuelle. Aucun obstacle n'arrêtant plus ces eaux, au lieu « de s'imbiber lentement pour alimenter les sources, elles ravinent « profondément les pentes et peuvent ainsi pénétrer jusque sur « les parties cultivées. Tout est perte dans ces déboisements non « méthodiques : rochers nus, diminution dans le débit des sources, « ravinement du sol, formation de couloirs et entraînement de « pierres sur les terres cultivées ou les prairies. »

Ces conclusions si nettes confirment pleinement l'importance et le rôle que nous avons assignés aux forêts de protection ; elles justifient encore les moyens préconisés pour remédier à leur disparition. Celle-ci se fera sûrement, si les particuliers conservent ces propriétés à peu près improductives, ou si l'État ne se résout à proscrire d'une façon absolue, dans les régions montagneuses, les coupes blanches, qui ne sont qu'un défrichement déguisé. Aux mesures de police, susceptibles d'être tournées, nous préférons cependant l'achat de gré à gré par les pouvoirs publics, achat remettant aux mains d'un être impérissable des biens qui doivent demeurer intangibles.

VI.

Exercice et restrictions.

1. *Nécessité de réglementer le pâturage en forêt.* — L'action destructive du pâturage non réglementé sur la forêt et l'appauvrissement qui en résulte pour le pays déboisé ne sont pas seulement une vérité scientifique, mais encore un fait historique, le plus général de tous, peut-être, et certainement le plus sûr. Ainsi en témoigne, parmi tant d'autres exemples déjà cités, cette peinture des Castilles, due au crayon d'Élisée Reclus : « A voir l'effrayante nudité de la « plupart de ces plaines, on ne croirait pas que, depuis le milieu « du siècle dernier, il existe une ordonnance du Conseil de Castille « enjoignant à chaque habitant des campagnes de planter au moins « cinq arbres. L'œuvre du déboisement a été menée avec plus de « zèle que le travail de repeuplement. Les paysans ont un préjugé « contre les arbres : ils disent que le feuillage leur rend le mauvais « service de protéger les petits oiseaux contre les rapaces et livre « ainsi les moissons en proie aux volatiles granivores ; aussi, non « contents d'exterminer tous les oisillons, à l'exception des hiron- « delles, s'acharnent-ils à la destruction des bois ; en maints « endroits, il ne reste plus d'arbres que dans les solitudes éloignées « de toute demeure de l'homme ; on marcherait des journées « entières sans en apercevoir un seul. La campagne est réduite à « un tel état de nudité que, suivant le proverbe, « l'alouette traver- « sant les Castilles doit emporter son grain. »

Si l'oiseau gaulois, comme l'a si justement baptisé Michelet, peut encore traverser la France sans emporter son grain, ce n'est pas la faute du pasteur alpin ou pyrénéen, qui ne cesse de protester contre les entraves apportées au parcours. Ces entraves ne sont pourtant pas d'hier. On en retrouve les traces jusque dans les plus anciennes coutumes provinciales. Les premières réglementations se bornèrent à interdire au bétail les jeunes taillis âgés d'un à cinq ans. C'était la mise à ban. On reconnut bien vite que ces restrictions étaient insuffisantes et que la déforestation, loin de s'arrêter, progressait toujours, sous l'empire d'un pâturage effréné. L'ordonnance réglementaire de 1669 d'abord, le Code forestier de 1827 ensuite, remplacèrent les coutumes provinciales, inappliquées et vieillies. Et, grâce aux officiers des maîtrises, une notion nouvelle, fondamentale, fut introduite dans la loi : nous désignons ainsi le principe de *défensabilité*, enfin appliqué à la forêt.

2. *Cantons défensables.* — *Quels que soient l'âge et l'essence des bois*, dit le Code, *les usagers ne peuvent exercer leur droit de pâturage que dans les cantons qui ont été déclarés défensables.*

Or, ajoute Puton, *sont défensables les cantons jugés capables de supporter, sans graves inconvénients, l'introduction du bétail.*

Quels sont les éléments pratiques permettant de reconnaître les cantons défensables et de régler la défensabilité? L'ancien directeur de l'École forestière en reconnait trois, qui sont : l'étendue; la durée du pâturage; le nombre de bétail admis. Il manque évidemment un terme à cette énumération, savoir : l'âge du peuplement forestier; et l'étendue nous paraît constituer une quantité surérogatoire. Par suite, amendant les conclusions du savant légiste forestier, nous ramènerons l'étude de la défensabilité à la connaissance des trois facteurs suivants :

1° *L'âge de défensabilité ;*

2° *La durée du pâturage ;*

3° *Le nombre de têtes de bétail à admettre sur l'unité de surface.*

1° Age de défensabilité.

Pour qu'un peuplement forestier soit défensable, il faut en premier lieu que le bétail ne puisse atteindre les pousses terminales, car nous avons montré que l'ablation de ces jeunes rameaux équivaut à la destruction du taillis. Il est donc nécessaire de fixer tout d'abord la hauteur minima du recrû ou des semis forestiers défensables. C'est environ deux mètres.

Il faut en second lieu que les vides naturels créés par les exploitations (souches endommagées, arbres enlevés, etc.) aient le temps de se combler en arbrisseaux ou en bonnes espèces, et que les uns et les autres aient acquis également une élévation qui les mette à l'abri de la dent du bétail, sans quoi c'est le vide qui succède au roncier.

Il faut en troisième lieu que la régénération de la forêt soit assurée ; qu'en particulier la production des brins de semence se fasse régulièrement, méthodiquement, et que chacun des semis ainsi produits puisse dépasser la hauteur dangereuse d'abroutissement. A cette condition est lié l'avenir des taillis sous futaie.

Cela posé, voyons comment les faits s'ordonnent dans les différents régimes et dans les différents modes d'exploitation adoptés pour nos forêts françaises.

1. *Taillis simples.* — Lorsqu'on examine un taillis simple âgé de 5, 15 ou 20 ans, on voit que la voûte foliacée qui le limite présente une surface gauche, dont la section est ci-dessous. Suivant l'âge, le sol et la composition des peuplements, le plan tangent AB laissera

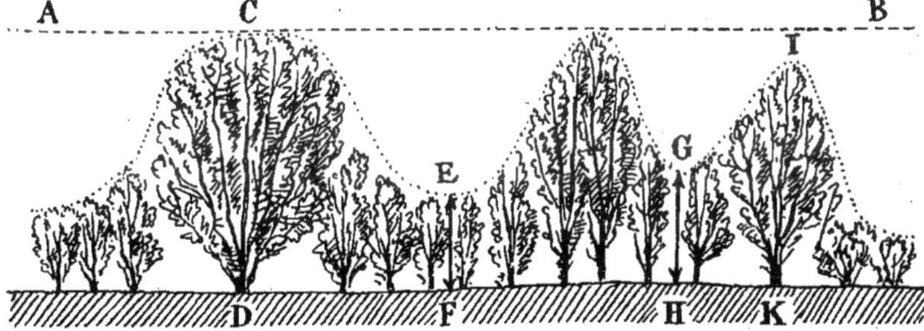

au-dessous de lui des vides variant du 1/5 au 1/3 de l'espace compris jusqu'au sol. Quand il s'agira d'apprécier la défensabilité d'un canton, ce ne seront donc pas seulement les hauteurs CD, IK qu'il faudra envisager, mais bien encore la moyenne des hauteurs EF, GH, *qui devra toujours être supérieure à deux mètres.* Ces basses plages des taillis sont encombrées tantôt de ronces et tantôt de morts-bois ; elles recèlent les semis qui vont régénérer la forêt. On comprend par suite le grand intérêt attaché par le propriétaire foncier à la conservation de ces jeunes semis, dont l'existence n'est assurée que par la ronce. *Cette phase du roncier* marque nettement l'époque pendant laquelle le taillis a besoin d'être protégé, le temps pendant lequel le bétail doit être éloigné de la forêt. La ronce est un attribut de la jeunesse de nos bois qu'il faudrait inventer, s'il n'existait déjà ; elle n'est gênante que pour le braconnier, le délinquant et le berger.

Combinant cette indication du roncier avec la hauteur minima de deux mètres que doivent offrir les basses plages de la végétation ligneuse, on trouve pour âge minimum de défensabilité :

Terrains de plaine.	Sols très fertiles.	Alluvions modernes, diluvium, etc.	12 ans.
	Sols fertiles.	Sables argileux, marnes, etc.	13 ans.
	Sols médiocres.	Argiles, calcaires marneux.	14 ans.
	Sols mauvais.	Roches massives.	15 ans.
Terrains de basses montagnes.	Sols fertiles.	Taillis de chêne.	13 ans.
		Taillis de hêtre.	15 ans.
	Sols ingrats.	Taillis de chêne.	15 ans.
		Taillis de hêtre.	16 ans.
Terrains de hautes montagnes.	Taillis de bois blancs.		13 ans.
	Taillis de hêtre.		16 à 20 ans.

Les taillis simples se reproduisant surtout par rejets de souches, il faut absolument éviter l'introduction prématurée du bétail devant créer, dans les jeunes coupes, des vides qui ne pourront plus se combler naturellement. Par contre, il est moins utile de se préoccuper des vieux bois, et il suffit généralement d'interdire au parcours la coupe à exploiter pour l'exercice en cours.

2. *Taillis sous futaie.* — Nous avons montré précédemment que les taillis sous futaie n'étaient en réalité jamais entièrement défensables à cause des deux éléments antagonistes qu'ils renferment : taillis et réserve.

Pour le taillis, il y a lieu de considérer *un âge minimum d'ouverture ;* pour la réserve, il y a lieu d'envisager *un âge minimum de fermeture.* On satisfait généralement à la première de ces conditions, mais on néglige toujours la seconde, d'où une lente dégradation de la forêt se trahissant par une diminution sensible des brins de semence, par la disparition du chêne de la réserve et par un appauvrissement de cette dernière. Ce ne sont pas, en effet, nous le répétons, les semis produits dans les jeunes coupes qui sont destinés à renforcer le peuplement et le balivage, mais bien ceux qui, nés dans les dernières années de la vie du taillis, se sont enracinés à l'ombre des vieux bois.

L'âge minimum d'ouverture est sensiblement égal à celui donné pour les taillis simples dans le paragraphe précédent ; on peut cependant, sans trop d'inconvénients, abaisser d'une unité les chiffres indiqués. Quant à l'âge minimum de fermeture, il dépend de l'importance comparée du taillis et de la réserve. Dans les sols où la futaie prime de beaucoup le sous-bois, on devra réserver les cinq dernières coupes ; ailleurs, ce pourra n'être que les 4, 3 ou 2 dernières enceintes. Voici, à titre d'exemple, comment peut être traitée la question de défensabilité dans les taillis sous futaie du bassin de la Saône :

GROUPES DE FERTILITÉ	RÉVOLUTION	AGE D'OUVERTURE	AGE de FERMETURE	OBSERVATIONS
Alluvions modernes . .	25 ans.	11-12 ans.	21 ans.	
Sables argileux . . . . Marnes	30 ans.	12-13 ans.	27 ans.	
Argiles. . . . . Calcaires marneux . . .	35 ans.	13-14 ans.	33 ans.	
Roches solides	40 ans.	14-15 ans.	38 ans.	

3. *Futaies pleines.* — L'abroutissement des semis dans les futaies pleines, feuillues ou résineuses, constituant une perte irréparable pour le sylviculteur, le parcours ne peut s'exercer que très tard dans de telles forêts, pas avant quarante ou cinquante ans : il doit cesser aussitôt que commence la régénération.

4. *Futaies jardinées.* — Dans les Alpes, l'âge minimum de défensabilité adopté pour les futaies jardinées est de cinq ans ; c'est-à-dire que l'on autorise l'introduction du bétail cinq ans seulement après le passage de la hache dans chaque enceinte. Mais les années de semence se succédant à six, sept ou huit années de distance, le semis ne se trouve pas avoir le temps de se produire, ou, s'il se produit, il est exposé à être détruit par le sabot et par la dent des troupeaux. L'enlèvement de chaque arbre donne ainsi naissance à un vide ; la forêt se creuse indéfiniment et finit bientôt par disparaître, faute de postérité. Il est donc impossible de concilier jardinage et pâturage, surtout depuis l'introduction générale des méthodes d'aménagement par volume.

Considérons une série jardinée, divisée en cinq parcelles A, B, C, D, E, dans laquelle la rotation est de quinze ans et la possibilité de **80 m. c.**

Le matériel des vieux bois supposé réalisable au cours de la rotation dans chaque parcelle étant de :

250 m. c. dans A
190 m. c. dans B
160 m. c. dans C
100 m. c. dans D
500 m. c. dans E

on voit que : A fournira 3 annuités + 10 m. c.
B — 2 — + 30 m. c.
C — 2 —
D — 1 — + 20 m. c.
E — 6 — + 20 m. c.

Les coupes annuelles n'étant pas renfermées dans une enceinte déterminée et leur assiette en montagne affectant les formes les plus bizarres, le bétail sera forcément introduit dans des parcelles que le marteau n'aura pas encore quittées. La restriction imposée en faveur des jeunes coupes, déjà illusoire par elle-même, restera lettre morte ; le berger sera maître de la forêt, et, s'il lui arrive quelque accident, il pourra plaider sa bonne foi, non sans apparence de raison. Le désordre et les dommages seront d'autant plus grands, que la série sera plus étendue et les parcelles moins nombreuses. Pour des raisons économiques et culturales, la surface des parcelles en montagne devrait toujours être comprise entre 5 hect. et 12 hect. Mais ce qui est un desideratum dans les forêts de tout repos devient une nécessité dans les forêts pâturées. Or, les aménagements par contenance, — avec ou sans limitation d'arbres, — en forçant les aménagistes à étudier leurs massifs en détail, à les couper et à les recouper, conduisent à ce résultat. Ils permettent, en outre, de résoudre à peu près rationnellement la question du pâturage. Voici comment :

Revenons à la forêt de tout à l'heure, mais divisée en douze parcelles à peu près équiproductives et portant les numéros de 1 à 12. La rotation étant de 12 ans, chaque coupe annuelle sera renfermée dans une parcelle ; donc point de confusion : on verra toujours clair.

Cela fait, la série sera partagée en quatre groupes de trois coupes. Le premier groupe sera mis en défens pendant toute la durée de la première rotation, soit pendant douze ans ; il aura ainsi le temps de se regarnir. Quant aux autres groupes, ils seront successivement abandonnés au parcours, ainsi que l'indique le diagramme ci-après.

Coupon — Année				
1 — 1899	Mise en défens pendant 12 ans.			
2 — 1900				
3 — 1901				
4 — 1902	Parcours de 1899 à 1901.		Parcours de 1905 à 1907.	Parcours de 1908 à 1910.
5 — 1903				
6 — 1904				
7 — 1905		Parcours de 1902 à 1904.		
8 — 1906				
9 — 1907				
10 — 1908			Parcours de 1905 à 1907.	
11 — 1909				
12 — 1910				

Pendant la deuxième rotation, on mettra en défens les coupons 4, 5 et 6 et l'on rendra au parcours 1, 2 et 3, etc.

Tel est le procédé qui nous paraît le mieux, sinon supprimer, du moins atténuer les inconvénients fâcheux du pâturage dans les futaies jardinées, tout en laissant au parcours moitié de la forêt, ce qui doit être suffisant.

5. *Plantations.* — Les plantations feuillues ne doivent jamais être pâturées avant leur première coupe ; c'est, en effet, pendant cette phase qu'elles se fortifient, se créent un sous-bois fertilisateur et se complètent en essences spontanées.

On pourra, plus tard, les traiter comme un taillis simple, sans cependant oublier que de tels peuplements sont loin d'offrir la résistance des anciennes forêts et qu'il suffit de peu de chose pour les briser, les ouvrir et les détruire.

Quant aux plantations résineuses, elles ne sont guère défensables avant trente ou quarante ans.

2° Durée du pâturage.

Régions de plaines. — Dans les bois soumis au régime forestier, le pâturage s'exerce du 1er mars au 31 décembre, du lever au coucher du soleil. Cependant, ce n'est pas avant le 1er avril que l'on observe une repousse sensible de l'herbe, en dehors des espèces vernales et vénéneuses. Le bétail introduit prématurément dans les coupes est donc naturellement conduit à se nourrir de bois ou de bourgeons; il risque ainsi de contracter de dangereuses hématuries et souffre toujours de la faim en rentrant au bercail. Dans l'intérêt de l'agriculture et de la sylviculture, mai doit ouvrir l'enforestation, octobre doit la clore. A ce moment, en effet, le gazon flétri par les premières gelées printanières a perdu toute sa valeur nutritive; les feuilles, en tombant, couvrent le brin d'herbe, *et les semences des arbres forestiers, se détachant de leur support, viennent en contact avec le sol et germent à l'envi.* Le pasteur a usé pendant six mois de la forêt; celle-ci a besoin d'un repos d'égale durée, pour que les animaux fouisseurs et les annélides ameublissent et aèrent à nouveau le sol, pour que les glands et les faînes puissent germer en paix dans les halliers encore debout; enfin, pour que le gibier à plume et à poil, chassé de la plaine par la suppression des récoltes et de l'abri, puisse trouver une paisible retraite dans les fourrés obscurs ou dans les vides parsemés de lierre.

Régions de basses montagnes. — Pour des motifs identiques, l'enforestation doit être comprise entre mai et septembre. C'est une période de pâturage nécessaire et suffisante de cinq mois.

Régions de hautes montagnes. — Cette période s'abaisse à quatre mois dans les hautes montagnes, de juin à septembre.

3° Nombre de têtes de bétail à admettre sur l'unité de surface.

La détermination du nombre de têtes de bétail à admettre sur l'unité de surface repose sur ce que les auteurs forestiers ont appelé *la possibilité en herbe de la forêt;* mais la question, épuisée en ce qui concerne *le droit*, reste entière en ce qui concerne *le fait*. Aussi, en l'absence de tout renseignement, les agents forestiers se bornent-ils à limiter à deux bêtes par hectare l'introduction du bétail en forêt, quelles que soient les ressources herbagères offertes par cette dernière. Sur quoi repose ce chiffre fatidique? Nous l'avons vainement cherché. Il constitue une grave erreur. En effet, dans les plus grasses embouches liasiques du Charolais, les éleveurs ne mettent guère plus d'une bête et demie par hectare; dans les prairies colmatées de la Saône, donnant en vert près de 9,000 kilos, les bouchers gardent une seule bête par hectare, du 1er mars à la mi-novembre. La durée de l'engraissement étant de 270 jours en moyenne, on voit que la ration quotidienne du bétail en vert est de $\frac{9{,}000 \text{ k.}}{270}$ = 33 kilos, chiffre très voisin de ceux que nous avons indiqués dans la troisième partie de notre étude. C'est encore une possibilité d'une bête par hectare qui est adoptée par les cultivateurs instruits de la vallée de la Saône, pour l'utilisation de la seconde herbe des prairies. Le bétail est mis au pré vers le 1er juillet; il en est retiré dans le courant de novembre, et l'on estime en moyenne à 15 fr. la valeur brute du pâturage pendant ces 135 jours. En présence de ces faits absolument certains, à qui fera-t-on croire, désormais, que nos futaies et nos taillis sont susceptibles de fournir des ressources plus étendues en herbes que les meilleures prairies naturelles? Et quand l'administration forestière se trouve appelée, de par la loi, à trancher les différends qui s'élèvent entre usagers et propriétaires de bois, ces derniers n'auraient-ils pas le droit de se plaindre d'une appréciation vraiment par trop illogique des faits?

Pour fixer d'une façon rationnelle *la possibilité en herbe* d'une forêt et, par suite, la quantité maxima de bétail à admettre au parcours, il n'y a pas d'autre méthode à suivre que celle indiquée dans la quatrième partie de cette étude, et il suffit de s'y reporter pour arriver à des conclusions fermes et pratiques.

Nous avons montré notamment que, pour nourrir *une* vache de taille moyenne dans les conditions les plus ordinaires d'enforestation, il faut :

Dans les taillis	des régions calcaires .	3 h.	40	*de vides*
	— argileuses.	2	25	
	— siliceuses .	1	73	
Dans les futaies	du Jura.	2	50	
	des Alpes	2	72	
	des Cévennes. . . .	3	75	

Ce sont là des nombres absolument limitatifs, que l'on ne saurait dépasser sans violer ouvertement les règles du bon sens, car la forêt fût-elle tout entière à l'état de friches, ce serait encore insuffisant.

En réalité, une possibilité basée sur ce taux est DIX FOIS trop forte, et, pour qu'une tête de bétail puisse vivre convenablement en forêt *sans causer de dommages*, il faut qu'elle dispose normalement d'une étendue de cantons défensables comprise entre 18 et 34 hectares. Si on ne satisfait à cette condition, on met le bétail enforesté dans l'obligation ou de brouter le bois, ou de souffrir la faim. Mais, comme on ne rompt pas d'emblée avec des errements presque séculaires, nous émettons le vœu qu'on réduise dans une juste limite le nombre des bêtes admises au parcours dans nos forêts, en tolérant, par exemple, transitoirement :

Dans les taillis, une bête pour 5 hectares ;

Dans les futaies, une bête pour 7 hectares.

3. *Procès-verbaux de cantons défensables.* — Les procès-verbaux de cantons défensables, adoptés par l'administration forestière, sont longs à établir, et le luxe des écritures ne sert guère qu'à masquer l'inanité des prescriptions qu'ils renferment. La brève énumération des coupes abandonnées au parcours, de l'étendue totale de ces coupes, l'indication des périodes d'ouverture et de fermeture et du nombre-limite des bestiaux à introduire sont des éléments nécessaires, mais insuffisants, d'information pour les maires et les agents chargés d'en assurer la surveillance.

Nous avons fait remarquer que le nombre-limite de deux bêtes par hectare, ordinairement admis pour nos forêts françaises, est beaucoup trop élevé. Or, ce ne sont pas deux bêtes que porte l'hectare dans les jeunes coupes, mais dix ou vingt. En effet, les vieux taillis ne renfermant pas d'herbe, pas de ressources herbagères en dehors des lignes et des vides préexistants, le bétail n'y séjourne pas ; il se masse dans les jeunes coupes, qu'il évide et qu'il détruit. Les vides se forment, s'étendent, s'anastomosent, et le sol, battu comme une aire de grange, ne peut recevoir aucun semis d'abres ou d'arbustes.

Le mal peut être considérable dans les petites forêts : Chaignay, Vantoux, aux portes de Dijon. A cela, un remède, et un seul : limiter le nombre du bétail admis au parcours, conformément aux indications précédentes.

4. *Rapport d'équivalence.* — Un cheval, un bœuf, une vache, trois veaux d'un an, un veau et demi de deux ans, six brebis, doivent être considérés comme quantités équivalentes.

5. *Pâturage dans les forêts domaniales.* — Le pâturage dans les forêts de l'État ne s'exerce qu'au profit d'usagers et en vertu de titres anciens. En aucun lieu, l'exercice de ce pâturage n'est plus d'absolue nécessité pour les habitants des communes riveraines, et le nombre des ayants droit qui profitent de cette faculté diminue fort heureusement de jour en jour.

Tous les dégâts supportés par la forêt sont donc le fait de quelques propriétaires aisés, parfois très riches, qui pourraient fort bien se passer de faire manger le bien du pauvre. L'administration forestière ne se refuse jamais à venir en aide aux populations nécessiteuses, mais elle a le devoir de conserver la fortune publique dont les bois sont un fleuron. En parlant aux cultivateurs le langage de la raison, elle sera sûrement entendue. Or, le pâturage en forêt n'est qu'un palliatif susceptible d'accroître la misère des populations rurales, en diminuant leur esprit de prévoyance. Surcharger les bois de bétail, c'est vouer ce dernier à la famine, c'est provoquer la formation de races rachitiques, qui coûtent gros à nourrir et à soigner, mais qui ne rapportent rien. Ramener le pâturage à des limites rationnelles, c'est, en somme, agir dans l'intérêt de l'agriculture française. Nous croyons l'avoir suffisamment démontré.

6. *Pâturage dans les forêts communales.* — Les communes peuvent affermer le droit de pâturage dans leurs bois, ou le réserver au profit des habitants. Chaque année, les agents forestiers constatent par des procès-verbaux, d'après la nature, l'âge et la situation des bois, l'état des cantons qui peuvent être ouverts au parcours ; ils indiquent le nombre des animaux qui peuvent y être admis et les époques où l'exercice de ces droits d'usage peut commencer et doit finir.

De même que dans les forêts domaniales, ce sont en général les fermiers ayant le moins de besoins qui profitent de l'herbe communale. Il y aurait encore lieu de réglementer ce droit en commune, par exemple *en affouageant* l'herbe, de même qu'on affouage le bois (1). Chaque ménage aurait le droit de conduire gratuitement en forêt une, deux ou trois têtes de bétail, et ce, jusqu'à concurrence du nombre fixé par l'administration forestière. Ce nombre ne pourrait, dans aucun cas, dépasser une tête pour cinq ou sept hectares de cantons défensables. Le droit au parcours ne pourrait être cédé, et tout individu qui voudrait introduire en forêt plus de bétail que n'en comporte l'affouage paierait une taxe de 2 ou 3 fr. par tête de bétail supplémentaire ; cette taxe pourrait être employée à la création d'œuvres d'assistance communale. Les pauvres et les manœuvres, qui n'ont pas de bétail, recevraient ainsi une légère compensation pour le tort que les riches leur ont causé. Il y a là une réforme sérieuse à effectuer, une œuvre de justice sociale à accomplir.

(1) L'idée d'affouager l'herbe des communaux a été émise pour la première fois devant la commission des améliorations agricoles et forestières par M. Phal, conservateur des eaux et forêts à Chambéry. Elle a, depuis, fait brillamment son chemin.

7. *Pâturage dans les forêts particulières.* — Les propriétaires particuliers ont toute faculté d'introduire du bétail dans leurs bois. Leur droit n'est limité que par l'interdiction de détruire l'état boisé, ou par la défense de concéder à autrui le pacage des moutons et des chèvres. Malgré ces prohibitions, la destruction des forêts particulières se poursuit dans la haute montagne avec une rapidité inquiétante, sous l'influence combinée des coupes blanches et du pâturage. En droit, un propriétaire s'expose à des poursuites judiciaires quand il fait pâturer plusieurs années de suite des cantons qui ne sont pas défensables ; en fait, il brave ouvertement la loi. Il la brave parce que, dans ces hautes régions, les forêts pleines font naturellement place à des prés-bois, qui peuvent être impunément défrichés, à moins qu'ils ne soient susceptibles d'aménagement régulier. Or, en l'état, cette preuve est difficile à administrer. La création d'une zone légale de protection, emportant la défense complète du défrichement des prés-bois de la région montagneuse, se fait donc impérieusement sentir. « *Ce n'est pas*, comme l'a dit Blanqui, *un revenu que le montagnard consomme en déboisant la montagne, c'est un capital, le plus précieux de tous, celui qui donne la vie à tous les autres.* » Et le rôle de l'État n'est-il pas de conserver et d'accroître la matière imposable ?

Quant aux usages dans les bois des particuliers, ils sont réglés par l'article 19 du Code forestier :

« Les droits de pâturage, parcours, panage et glandée dans les « bois des particuliers, ne pourront être exercés que dans les par- « ties de bois déclarées défensables par l'administration forestière, « et suivant l'état et la possibilité des forêts, reconnus et cons- « tatés par la même administration. »

Sur la marche à suivre, l'ordonnance réglementaire du 1er août 1827 spécifie :

« Lorsque le propriétaire ou les usagers seront dans le cas de « requérir l'intervention d'un agent forestier pour visiter les bois « des particuliers, à l'effet d'en constater l'état et la possibilité ou « de déclarer s'ils sont défensables, ils en adresseront la demande « au Conservateur des forêts, qui désignera un agent forestier « pour procéder à cette visite. »

Cette demande doit être libellée sur une feuille de papier timbrée de 0 fr. 60.

L'agent forestier ainsi désigné dresse procès-verbal de ses opérations en énonçant les circonstances sur lesquelles sa déclaration est fondée. Il dépose ensuite cet acte à la sous-préfecture, où les parties peuvent en réclamer des expéditions. L'arbitrage de l'agent forestier *est un acte de commandement*, et les tribunaux, saisis de la question par les parties en cause, ne peuvent réformer cet arrêt, à moins cependant que l'agent ne soit sorti des limites de sa mission et n'ait tranché une question de droit ou de propriété.

Ce sont donc les agents forestiers qui ont mission de reconnaître et pouvoir de fixer la possibilité herbagère de la forêt, de désigner, en d'autres termes, les cantons défensables et d'assigner le nombre des bestiaux à admettre au parcours. Cette mission est gratuite; elle ne s'exerce qu'à la demande des parties. Celles-ci n'ont à supporter que les frais d'enregistrement du procès-verbal de reconnaissance ; c'est un droit fixe de 3 fr. 75.

Bien entendu, le propriétaire est toujours libre de régler lui-même le parcours dans ses propres bois, et il peut, de son propre chef, réduire l'exercice de l'usage à la *possibilité de la forêt*, quels que soient d'ailleurs les titres et les besoins des usagers. Seulement, en cas de contestation, le litige est porté devant les tribunaux civils, et l'infortuné propriétaire se trouve bientôt perdu dans le maquis de la procédure. En confiant ses intérêts à l'administration forestière, il échappe à tous les ennuis, à tous les recours, et sauve sa forêt de la ruine. On ne saurait donc assez lui recommander d'user des avantages que lui confère la loi.

8. *Coup d'œil sur la réglementation du pâturage en Suisse.* — En dehors de la haute surveillance de la Confédération sur la police forestière s'exerçant, en vertu de l'article 24, revisé, de la loi du 24 mars 1876, sur tout le territoire de la Suisse, chaque canton possède une loi forestière distincte. Voici les principales dispositions concernant le pâturage et renfermées dans ces lois (1).

Argovie. — Loi du 29 février 1860, art. 50 : Le pâturage en forêt est interdit; si c'est une servitude, on peut le racheter.

Bâle-campagne. — Loi du 18 décembre 1871 : Le pâturage est interdit dans toutes les forêts communales; les servitudes encore existantes doivent être éteintes dans un laps de dix ans.

Berne. — Loi du 22 novembre 1882 : Le pâturage, le résinage, la récolte de la faine, seront cantonnés, suspendus ou supprimés. Le parcours est interdit dans les cantons non défensables; dans

(1) Renseignements extraits d'une étude inédite de M. Duplaquet, inspecteur adjoint des Eaux et forêts à Chantilly.

les forêts jardinées, 1/5 à 1/3 de la contenance est mis en défens.

Fribourg. — Loi du 25 mai 1850 : Le pâturage et le panage sont interdits, sauf dans certaines forêts alpestres, après autorisation du conseil d'État, et dans le cas où le parcours peut être regardé comme une opération culturale (??) en vue de préparer le sol, d'affermir le semis et de détruire les plantes nuisibles.

Glaris. — Loi du 29 septembre 1872 : Après une coupe à blanc estoc, la mise en défens durera quinze ans pour les forêts basses, vingt ans pour les forêts hautes, avec exclusion absolue du bétail et prohibition complète de la faux. Le jardinage concentré, qui procède par clairières et nécessite l'usage des plantations, est assimilé à la coupe blanche. Les tribunaux de police décideront, en cas de contestation, s'il s'agit de forêts basses ou de forêts hautes, si le jardinage est concentré ou ne l'est pas. Durant les dix premières années de mise en défens, les usagers au parcours n'ont droit à aucune indemnité ; ils y ont droit pour les cinq ou dix années suivantes.

Lucerne. — L'introduction du bétail en forêt est interdit. Les jeunes coupes doivent être entourées de clôtures, construites aux frais des propriétaires de bestiaux, toutes les fois qu'elles se trouvent au voisinage des pâtures.

Neuchâtel. — Loi du 15 juin 1883 : Le parcours est interdit en forêt ; il n'est autorisé, dans les parcours boisés, que là où il ne cause aucun dommage au bois.

Saint-Gall. — Loi du 10 juin 1873 : Le parcours est interdit dans les forêts communales ou de corporations; il ne pourra s'exercer exceptionnellement que sur permis délivré par l'inspecteur forestier cantonal.

Il devra être construit, sur les alpages communaux ou appartenant à des corporations, dans un délai de six ans, des chalets assez vastes pour recevoir tout le gros bétail. On devra, en outre, assurer une alimentation suffisante en eau, prendre les mesures convenables pour la garde du bétail, pour éviter qu'il ne devienne trop nombreux, pour empêcher la destruction ou la dégradation des herbages, pour remplacer les haies mortes par des haies vives, des fossés et des murs, pour assurer la conservation des bois surtout à la limite supérieure des forêts.

Soleure. — Loi du 28 mai 1857 : Le pâturage est réduit au point de n'être plus nuisible.

Tessin. — Loi du 4 mai 1870 : Les coupes rases sont interdites. Le pâturage en forêt est défendu en dehors des cantons défensables. Les fonds communaux en friche, qui ne sont pas indispensables au parcours, seront reboisés aux frais des communes. Les chèvres ne pourront pâturer les champs cultivés et les châtaigneraies.

Unterwald-Niddemwald. — Lois des 27 juin 1836 et 15 août 1865 : Après toute exploitation, les forêts sont mises en défens pendant vingt ans.

Valais. — Loi du 27 mai 1873 : Les chèvres et moutons seront toujours gardés; chaque ménage ne peut posséder plus de deux chèvres; les chèvres et les moutons sont exclus des taillis et jeunes repeuplements, de même que des alpages réservés au gros bétail.

Vaud. — Le pâturage n'est autorisé que sur les trois quarts au plus de l'étendue des massifs; l'autre quart est mis en défens, ainsi que toutes les parties où les bois ont moins *de quinze pieds d'élévation.* Le parcours s'exerce :

Du 15 mai au 31 octobre, en plaine.

Du 25 mai au 9 octobre, en montagne.

Zurich. — Loi du 27 décembre 1860 : Le pâturage ne peut s'exercer que dans les cantons reconnus défensables; il est interdit aux moutons, chèvres et chevaux. La récolte de la feuille, des aiguilles mortes, de la mousse est interdite sur les versants sud et ouest, si le sol est maigre et escarpé, de même que dans les futaies feuillues avant quarante ans, dans les futaies résineuses avant trente ans, dans les taillis sous futaie avant douze ans. Cette récolte doit cesser trois ans avant la coupe, et ne peut avoir lieu que tous les trois ans au plus avec râteaux en bois et balais.

Le parcours est autorisé du 1er mai au 30 septembre; l'usage à la feuille et à la litière s'exerce du 31 août à la chute des feuilles.

VII.

Prés-bois.

L'étude des prés-bois est le complément nécessaire de l'histoire du pâturage en forêt. Et si nous repoussons absolument, comme inutile au point de vue agricole et dangereuse au point de vue sylvicole, l'introduction du bétail dans les vieux massifs, nous croyons, en revanche, que le pays en général, et ses habitants en particulier, ont un intérêt considérable à étendre la culture pastorale et forestière. C'est le seul moyen pratique de tirer parti de mauvaises terres, dont la culture agricole s'est emparée à tort aux heures de grande prospérité, et qu'elle a dû abandonner dans la suite. Le déboisement outré de la France a provoqué un trouble profond dans les conditions météorologiques : les gelées, les grêles et les cyclones, les pluies diluviennes et les sécheresses prolongées font tour à tour sentir leurs effets dans les provinces les plus éloignées et accablent le cultivateur. L'équilibre des cultures, nécessaire à la production intense de la vie végétale et animale, a été rompu : l'oiseau n'a plus de retraite et émigre; l'insecte en a trop et pullule. Il appert d'un examen attentif des conditions climatériques, agricoles et économiques, que les pays où les fluctuations de la richesse publique ont été les moins grandes sont justement ceux qui ont conservé un taux de boisement d'environ 33 °/₀. C'est là ce que nous appellerons *le taux normal de boisement*. État, département, commune, ont intérêt à le voir rétablir : la fortune publique en est le prix. Toutes les fois que l'on a passé outre et enfreint cette grande loi d'équilibre, de circulus vital, on a dû, ou bien abandonner la région, là dévastée par les sauterelles, ailleurs ruinée par les météores, ou bien revenir en arrière. En voici un exemple caractéristique. Non loin de Dijon, se trouvent, dans le delta Norges et Tille, de grandes étendues d'anciennes forêts domaniales, aliénées par la Restauration, et défrichées. Personne ne veut plus cultiver ces terres privées d'humus. Les propriétaires actuels, au nombre desquels nous pouvons citer M. le sénateur Magnin, en sont réduits, cruel retour des choses d'ici-bas! à les reboiser.

Mais l'initiative privée d'un seul ne peut que remédier faiblement à la situation fort mauvaise qui est faite à l'agriculture. L'action tutélaire des forêts à créer ne peut avoir toute son efficacité que s'il y a établissement d'une étude complète et préalable, union entre les propriétaires et formation de syndicats de défense commune. Et l'on ne voit pas pourquoi l'État n'encouragerait pas des efforts tentés dans cette voie, pourquoi il n'étendrait pas les bienfaits de la loi sur la restauration des forêts en montagne à la restauration des forêts en coteau et en plaine. En tout cas, il paraît contraire à l'intérêt général et particulier de laisser les communes libres de conserver à l'état de friches improductives d'immenses étendues de terrains, — un million d'hectares au moins, avons-nous dit, — qui servent de retraite à tous les ennemis des fruits de la terre et qui, reboisées partiellement ou en totalité, limiteraient les invasions néfastes. S'il ne s'agissait que d'une dépense improductive, on pourrait hésiter, mais nous allons montrer les avantages immédiats de cette transformation.

1° Évaluation du revenu herbager et ligneux en passant de la lande à la forêt.

M. Amédée Boitel, dans son magnifique ouvrage : *Herbages et Prairies naturelles*, fait le sombre tableau suivant des prairies communales du bassin de la Saône :

« Il en est de ces prairies comme de tous les terrains communaux ;
« tout le monde en abuse, et personne ne songe à les ménager et
« encore moins à les améliorer. On y met trois fois plus d'animaux
« que la prairie ne pourrait en nourrir. Sur un communal d'une
« trentaine d'hectares, on lâche 200 à 300 bêtes à cornes avec 40
« ou 50 chevaux. Cette troupe affamée y est conduite constam-
« ment, qu'il y ait de l'herbe ou qu'il n'y en ait pas, et quel que
« soit l'état du sol et de la température. Par les temps pluvieux,
« les bêtes défoncent le pré et y détruisent les meilleures espèces
« de graminées et de légumineuses. Si quelques endroits souffrent
« d'un excès d'humidité, personne ne se soucie de les assainir et
« de les niveler. Pendant la saison des pâturages, l'herbe est si
« rare et si tondue qu'il semblerait que les animaux dussent y
« mourir de faim. C'est ce qui arriverait, si le bétail communal ne
« trouvait pas, à sa rentrée à l'étable, une pitance supplémentaire,
« la maigre pâture du communal étant loin de suffire à son ali-
« mentation journalière. En somme, chaque habitant de la com-
« mune tire un bien mince profit d'une prairie si négligée et livrée

« ainsi au bétail communal, sans aucune mesure préservatrice.
« Ces mêmes terrains deviendraient au contraire des prairies
« d'une grande valeur, s'ils étaient loués ou vendus à des particu-
« liers qui les exploiteraient au mieux de leurs intérêts. »

A coup sûr, les communes ne consentiraient ni à louer ni à vendre ces terrains, mais elles parviendraient certainement à les améliorer, à les enrichir, *en affouageant* l'herbe communale.

Si les prairies de Saône sont en mauvais état, que dire des pâquers du Charolais? C'étaient autrefois des bois, devenus pâturages par la destruction successive des arbres et par le broutage des bestiaux qui a empêché la repousse du bois. Que dire des landes communales, calcaires ou granitiques? Elles sont tellement maigres et stériles, tellement lavées par les pluies et brûlées par le soleil, qu'elles ne portent, au premier printemps et à l'automne, qu'une herbe courte et grêle. Ce ne sont que des pâturages à moutons, ordinairement loués à vil prix par les communes aux pasteurs de la localité.

Que rapportent ces pauvres terres? En Bourgogne, et probablement aussi en Comté, le prix d'amodiation oscille entre 0 fr. 60 et 2 fr. 50 l'hectare. Si l'on déduit les impôts, variant de 0 fr. 37 à 1 fr. 20 pour la même contenance, on trouve un revenu dérisoire de 0 fr. 25 à 1 fr. 30 par hectare. C'est pour ce ridicule résultat qu'on laisse les vignes pâtir de tous les fléaux, les blés et les autres produits du sol se coucher sous les vents violents ou disparaître sous des trombes de grêle! N'avions-nous pas raison d'affirmer, dès le début, que de telles terres sont de nulle ressource pour l'élevage? Reboisées, elles fourniraient un revenu net de 12 à 15 fr. par hectare et par an, et elles changeraient les conditions économiques et météorologiques de la région. Le bénéfice direct de cette opération serait un supplément annuel de ressources de 6 à 7 millions pour les communes, et un accroissement de salaires de 18 à 20 millions; les bénéfices indirects en seraient incalculables. C'est pourquoi nous appelons de tous nos vœux *la loi sur la mise en valeur des terrains communaux*. Or, la mise en valeur de ces landes ne peut se faire que par l'arbre, soit qu'on veuille y édifier pour toujours la forêt, soit qu'on veuille se contenter d'y créer des prés-bois. Ce qui fait la pauvreté de ces terrains, c'est, d'une part, la faible épaisseur de la terre végétale; c'est, d'autre part, la faible teneur de cette terre en humus et en azote. La forêt remédie à ces deux inconvénients. En effet, le liquide acide qui humecte la surface des jeunes racines est, comme chacun sait, doué d'une action énergique sur les matières solides et insolubles du sol où elles se développent. Qui ne connait l'exemple de ces racines de haricots ou de maïs laissant leurs empreintes sur une plaque de marbre polie? Par les racines des plantes de la forêt, les roches les plus dures sont attaquées et décomposées; le granit, le gneiss sont transformés peu à peu en kaolin, le calcaire fait place à l'argile. Voilà pour le sol. Quant à sa fertilité, chacun a pu, s'asseyant sur un mur qui sépare la friche de la forêt, voir d'un côté le gazon court et grêle, de l'autre, l'herbe haute et épaisse succédant à la coupe du bois. C'est l'humus de la forêt qui, très simplement, a opéré ce miracle. Si donc on fait succéder alternativement, et à intervalles déterminés, le gazon au bois, on réalisera ainsi une exploitation mixte et plus fructueuse que celle de la lande rase, car elle permet de substituer la vache à la brebis. Mais on pourra aussi, créant la forêt par bouquets, fabriquer, sur place et avec ses dépouilles, l'humus ou l'engrais qui régénérera la pelouse voisine.

Qu'on ne se hâte pas de taxer ces idées de chimériques. Quelques cultivateurs les ont déjà mises en pratique. Nous citerons notamment, comme exemple, ce fait observé, le 16 décembre dernier, entre Bourberain et Dampierre (Côte-d'Or). Sur des calcaires kimméridgiens, secs et pauvres, se trouve la ferme de Bessey, renfermant des champs abandonnés par la culture depuis vingt-cinq ou trente ans. Le bois s'en est emparé naturellement. Aujourd'hui, à la place du froment et des plantes sarclées, verdoie une brosse de cornouiller, troène, viorne, épines noire et blanche, érable, charme et chêne. Au lieu de la détruire sottement, le fermier s'est évertué à en tirer parti. Il y a réussi. Chaque année, il coupe, ou mieux il nettoie une partie de la brosse, en réservant soigneusement les cepées de bois dur. L'herbe envahit alors le parquet, jaillit abondante et serrée. De la sorte, un troupeau de 25 à 30 bêtes à cornes peut vivre alternativement : sur la brosse, renfermant 15 à 20 hectares, pendant les périodes de sécheresse ; sur la jachère, pendant les périodes d'humidité. Le fonds se trouve toujours ainsi en bon état. Notons encore l'existence, à côté de la ferme, d'un magnifique taillis sous futaie, qui n'a, certes, pas d'autre origine que la lente évolution de la brosse. Fermier et propriétaire se trouvent, en fin de compte, avoir bénéficié de cette utilisation intelligente et raisonnée du sol. Que faut-il pour que cet exemple soit imité ? Simplement qu'on le divulgue.

2° Création de prés-bois.

OPÉRATIONS COMMUNES A TOUS LES PROJETS

1. *Reconnaissance et levé du terrain.* — La première chose à faire, c'est de reconnaître et de lever le terrain, afin de séparer les parties fertiles à laisser en pâture, des parties stériles à reboiser. On en déduit aisément l'étendue à consacrer à chaque culture. De deux choses l'une, ou la pâture est à l'état de lande rase, et l'on appréciera la fertilité par l'aspect superficiel du sol, par la composition et la densité du tapis végétal ; ou bien elle est à l'état, soit de lande de buis, soit de brosse, et, alors, il n'y a qu'à utiliser pour le reboisement les îlots de forêts préexistants.

2. *Composition herbagère de la pâture ; évaluation de son rendement.* — On déterminera ensuite la composition herbagère de la pâture. Ce sera difficile dans les parties énergiquement broutées, surtout quand l'agent chargé de cette mission ne sera pas doublé d'un botaniste. Pour y arriver d'une façon plus sûre et plus satisfaisante, on devra faire réserver soigneusement, de ci de là, quelques places d'essai, de quatre ares par exemple, où on laissera les herbes fleurir et mûrir leurs graines. Le catalogue des plantes dressé, on fera faucher et peser la récolte d'abord en vert, puis en sec. Par ce moyen, on pourra déterminer la possibilité de la pâture, c'est-à-dire le nombre de bétail à admettre sur l'unité de surface. Quant au fourrage sec provenant des meilleures parties, il sera mis de côté et servira à ensemencer les parties les plus défectueuses.

3. *Réensemencement de la pâture.* — On a conseillé de faire récolter la graine des espèces fourragères montagnardes pour améliorer la composition des herbages ; on a même donné des formules d'ensemencement où se trouvent, c'est le cas de le dire, toutes les herbes de la Saint-Jean, les plus rares comme les plus communes, les plus sporadiques comme les plus envahissantes. C'est là une utopie : les plantes de la lande devant s'opposer énergiquement à l'évolution des végétaux étrangers. On ne peut changer radicalement la nature d'un herbage qu'en le *défrichant* et en l'ensemençant après coup, en l'*irriguant* ou en le *fumant*. Mais, si l'on ne peut procéder ainsi, si l'on veut agir économiquement et simplement, il n'y a qu'un moyen, et un seul, d'améliorer *par places* la composition des herbages ruinés : *c'est de noter l'emplacement des*

meilleures parties, de laisser mûrir le fourrage, puis de le répandre, une fois sec, sur les points que l'on veut régénérer. De cette façon, on est sûr d'avoir des végétaux bien adaptés au sol et à la station, donc résistants et durables.

Il se peut cependant qu'on ait intérêt parfois à changer l'herbe de la pâture, à rénover son tapis végétal par l'introduction d'espèces étrangères à la localité même. On peut alors défricher quelques ares, que l'on ensemence par le procédé qui vient d'être décrit; on récolte chaque année le fourrage mûr et sec, que l'on répand çà et là sur l'herbage ou sur l'alpage. En opérant ainsi, on limite considérablement la dépense, et on suit pour ainsi dire jour par jour le développement du gazon et la façon dont chaque plante étrangère se comporte vis-à-vis des plantes indigènes. Les espèces les moins robustes seront forcément évincées dans la pépinière elle-même, et l'on ne propagera que les espèces les plus résistantes. Reste à voir si ce sont les meilleures.

4. *Clôture des parties à reboiser.* — Les parties à reboiser doivent être closes ; sans cela rien à faire. Il n'est pas nécessaire que cette clôture soit dispendieuse. En sol profond, ce sera un fossé avec banquette ; en sol calcaire, un simple mur en pierres sèches ; partout enfin, un cordon *de ronces artificielles.* La ronce artificielle est, comme la ronce naturelle, la providence de la jeune forêt, et nous n'avons cessé d'en recommander l'usage dans les Alpes. On peut encore utiliser les haies mortes et les haies vives. Nous donnons ci-dessous quelques types des premières.

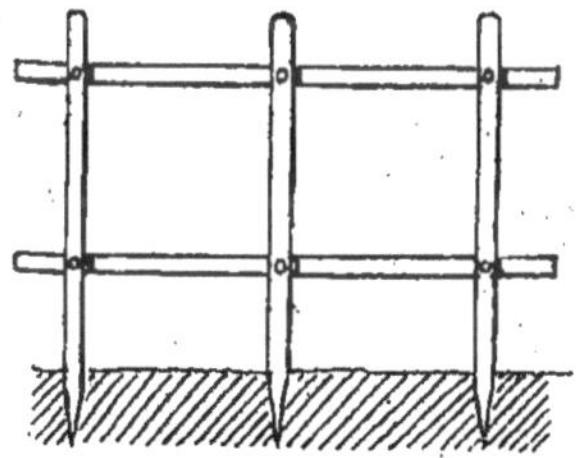
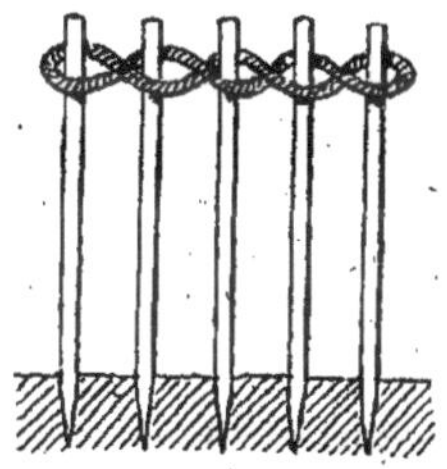
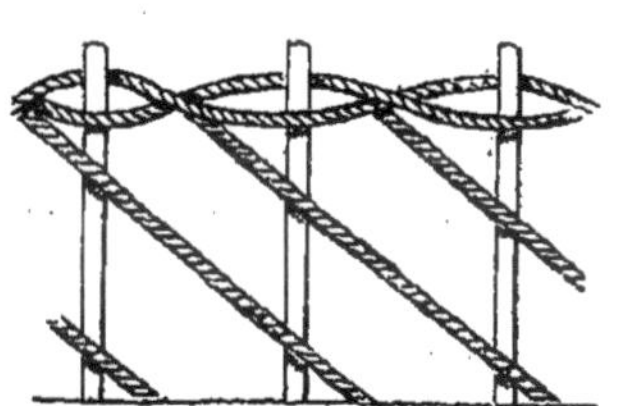

Quant aux haies vives, les seules à recommander dans la montagne, elles devront être plantées d'aubépines, ou d'épines noires, de houx, de genévriers ou d'hippophaés. Il faut éviter l'emploi des essences dont les troupeaux aiment à brouter le feuillage, parce qu'à force d'écourter les pousses, ils finiraient par détruire entièrement la haie. Enfin, lorsque la végétation ligneuse s'est déjà emparée du terrain, on édifie la clôture avec les brins mêmes de la forêt, qu'on couche et qu'on entrelace, après les avoir légèrement entaillés à 1 mètre du sol.

5. *Soins d'entretien.* — La destruction des mousses, des mauvaises herbes et des arbustes nuisibles, l'épierrement, l'étaupinage, l'affermissement du sol, sont des pratiques qui peuvent être recommandées dans les prairies de faible étendue; elles ne seront jamais, dans les prés-bois, qu'un luxe superflu, qu'une source de dépenses considérables et vaines. On y userait sa bourse et sa vie. C'est même pour cela qu'on ne touche pas aux vastes prairies colmatées de la Saône. La bonne tenue d'un pré-bois, et peut-être aussi d'une pâture, se résume pour nous dans :

1° L'utilisation intelligente et complète des eaux; la protection des sources et la multiplication des abreuvoirs;

2° La fumure périodique de la prairie par l'engrais liquide des chalets, ou par des composts solides, fabriqués avec les dépouilles de la forêt;

3° L'adoption d'une possibilité modérée.

L'utilisation des eaux se fait de bien des manières; les plus simples sont les meilleures. Si la pâture, et c'est le cas général dans les Alpes, est sillonnée de ruisseaux encaissés, où il serait difficile de pratiquer des saignées, on devra barrer le lit à chaque coude avec des murs en maçonnerie ou en pierres sèches rendus étanches par de la terre ou des plaques de gazon, puis on amorcera des canaux AB, CD, EF, destinés à épanouir les eaux. Ces prises d'eaux seront fermées au bétail.

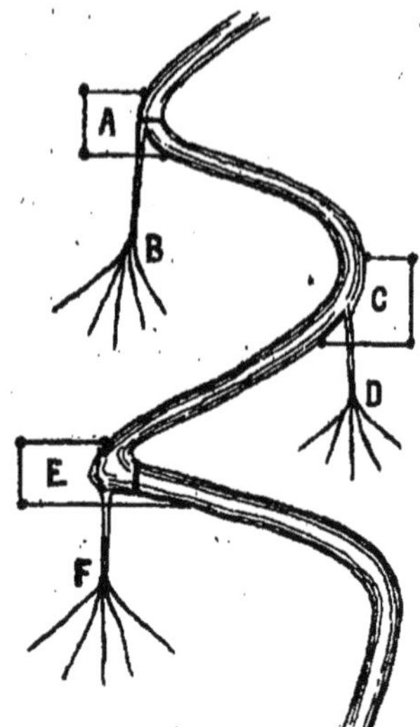

Les abords des sources et les sources elles-mêmes doivent être l'objet de soins particuliers. Le captage des eaux doit être fait convenablemen ;

leur écoulement doit être surveillé; enfin, la source doit être entourée d'un taillis d'aune ou d'un rideau de grands arbres.

LES REBOISEMENTS

La création de prés-bois est chose délicate, surtout par le choix des essences ; nous étudierons donc successivement cette création dans les différentes régions naturelles embrassées dans ce travail :

1° *Région des coteaux calcaires. — Bourgogne et Franche-Comté.* — Une ou plusieurs rides de coteaux et de montagnes brisées par des cluses ; ces cluses reliées elles-mêmes par des combes ; sur les plateaux, des chaumes et des forêts feuillues; sur les versants des landes incultes ; en bas, la vigne, puis les cultures les plus variées ; un taux de boisement atteignant à peine 17 à 18 °/₀, restant, par conséquent, inférieur de moitié au taux normal. Voilà en abrégé la physionomie du pays.

Il faudrait, pour modifier heureusement la situation :

1° Arboriser les chaumes, bassins d'emmagasinement des eaux, lieux où se forment et se suspendent les nuages ;

2° Reboiser les combes stériles et graveleuses, les cirques bastionnés de rochers où se font jour les sources ;

3° Couper de loin en loin les cluses et les vallées par des rideaux boisés, destinés à briser les vents, à protéger les vignes et les vergers contre les vents, la grêle et les gelées printanières.

Tel est le problème économique à résoudre.

Boisement d'une chaume. — Il y a deux cas à considérer, suivant que la partie boisée doit avoir une assiette fixe ou mobile.

Dans le premier cas, l'emplacement du bois doit être réglé par la nature du sol et par l'abri. Tous les murgers, toutes les places rocheuses devront être convertis en bois. Il en sera de même des crêtes et des bordures exposées aux vents dominants. Si la chaume est très étendue, les plantations devront la découper en vastes damiers. Par ce moyen, chaque carreau du damier sera protégé contre les vents brûlants ou glacés; le bétail, parqué dans un enclos déterminé, parcourra moins d'espace et gâtera une moins grande quantité d'herbes pour chercher celles qu'il appète le plus; en faisant passer le troupeau d'un carreau du damier dans un autre, on permettra à l'herbe de mieux repousser dans l'enclos abandonné.

Dans le second cas, on fertilisera la pâture à l'aide *d'une culture forestière volante.* La chaume sera partagée en bandes alternativement découvertes et boisées, et dirigées, par exemple, de l'est à

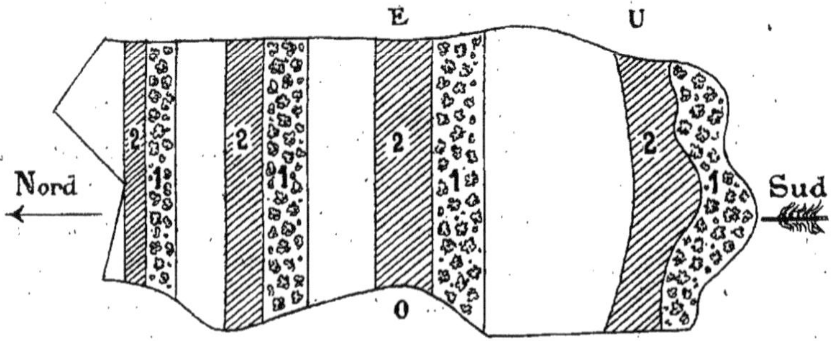

l'ouest. Si le parcours n'est pas abusif, la forêt progressera, grâce à ses accrues, dans la direction du nord. Au bout de trente, quarante ou cinquante ans, on pourra exploiter les bandes boisées, et entourer les accrues d'un cordon de ronces artificielles. La partie découverte, enrichie par l'humus de la forêt, se couvrira d'une abondante végétation herbacée, et, si l'on prend soin de réserver les plus belles cepées de bois dur, on aura transformé la pâture rase en une pâture boisée, aussi riche en arbres qu'en herbes.

En laissant aux intervalles le double de la largeur des bandes, et en donnant à celles-ci de 80 à 100 mètres, on se placera dans d'excellentes conditions. Dans l'exemple ci-dessus, qui suppose une chaume de 1,200 mètres de développement, il y aurait quatre bandes boisées, que l'on pourra exploiter successivement ou en bloc.

Reboisement des combes. — Les combes des coteaux jurassiques, bourguignons et comtois, sont formées d'éboulis rocheux et de clapiers absolument stériles. Le bétail n'y accède qu'avec peine. Ces combes sont ordinairement garnies d'une végétation arbustive assez drue de buis et d'autres morts-bois, et la simple mise en défens ferait promptement surgir la forêt de rapport, constituée en chêne, charme, frêne et tilleul. Cette transformation offre un grand intérêt au point de vue hydrologique. Nous regrettons de ne pouvoir, faute d'espace, développer cette idée. Mais on n'aura qu'à comparer, dans la même chaîne et sur une tranche géologique identique, la distribution et le débit des eaux dans deux combes voisines, dont l'une sera boisée et l'autre déboisée, pour constater immédiatement la relation de cause à effet qui existe entre les forêts et les sources.

Mise en valeur des bas coteaux attenants aux vignobles. — Les bas coteaux attenants aux vignobles sont généralement dans un effrayant état de nudité. Et l'on s'explique que les hannetons soient parfois obligés de dévorer les feuilles de la vigne, faute de trouver d'autres aliments.

Le reboisement, envisagé comme remède aux souffrances sans nombre de l'agriculteur et du vigneron, deviendrait bien vite populaire. Il suffirait du concours dévoué de nos instituteurs, de quelques conférences et de démonstrations sur les lieux faites par des agents forestiers. Les esprits cultivés sont en majorité ralliés à cette idée. Voici même, à titre d'exemple, l'extrait d'une lettre que nous adressait dernièrement M. le docteur Guyenot, de Césancey (Jura).

« Je viens aujourd'hui demander quelle serait la meilleure « marche à suivre pour reboiser une partie de nos communaux. « Nous avons environ 400 hectares de landes, et il me semble qu'en « en réservant la moitié comme pâturage, cela suffirait grande- « ment. Nous pourrions donc disposer d'environ 200 hectares, ce « qui en vaut bien la peine. Je me suis laissé dire qu'actuellement « l'administration des eaux et forêts faisait des efforts pour encou- « rager les communes au reboisement. On m'a dit qu'elle se char- « geait de la plantation, des frais de culture et de la garde, ne « demandant qu'un tant pour cent raisonnable une fois les bois en « rapport. Quelle serait donc la meilleure combinaison à adopter ?

« Ce serait, en aboutissant, rendre un réel service à la commune, « non seulement en raison du revenu créé, mais à cause du régime « des eaux et au point de vue de la défense de nos vignobles. « C'est le seul moyen, en effet, véritablement pratique, de provo- « quer le retour des oiseaux destructeurs des insectes malfaisants, « et d'atténuer les ravages des hannetons, qui, au lieu de dévorer « nos vignes, préféreraient s'en tenir au bois. »

Le reboisement des flancs rocheux de ces bas coteaux, souvent à l'état de lande armée ou de lande de buis, et la transformation en prés-bois de leurs dos d'âne, généralement peu fertiles, seraient donc des opérations aussi simples que désirables et lucratives.

Choix des essences. — *Les chênes rouvres, les charmes, les alisiers, les tilleuls et les érables* doivent être les essences constitutives des prés-bois en coteaux calcaires bourguignons et franc-comtois. On leur adjoindra seulement quelques résineux, *épicéa* et *pin noir* ou *laricio*. L'introduction de ces derniers aura pour but d'accroître la population des oiseaux insectivores, et spécialement des mésanges à longue queue. C'est ce qui ressort, en effet, clairement des admirables observations de Darwin, qui constate que l'introduction d'une seule espèce d'arbres, dans le Staffordshire, a provoqué l'apparition de cinq espèces nouvelles d'oiseaux insectivores. Devra-t-on semer ou planter ? Cela dépendra évidemment des ressources financières de la commune ou du propriétaire. La plantation de chênes et de résineux réussira bien en plein découvert, si elle est faite de bonne heure et à l'automne. Mais, le plus souvent, on devra se borner à imiter les procédés de la nature, décrits tout au long dans la première partie de cet ouvrage. La clôture et la mise en défens des parties à reboiser seront suivies d'un semis de graines ou de baies d'arbustes primordiaux, qui édifieront la brosse au sein de laquelle les végétaux longévifs ne tarderont pas à faire irruption. Il sera d'ailleurs bien rare que la pâture n'offre pas déjà, çà et là, l'espoir d'une forêt, sous forme de buissons et d'arbres épars ; on n'aura plus, dès lors, qu'à receper les brins broutés et à corder les bouquets feuillus de ronces artificielles.

Les plantations résineuses devront surtout être réservées pour la création des lisières et des bordures.

Dans le cas de pâtures rases on peut économiquement semer à la volée 5 kilos de graines de pin sylvestre et pin noir mélangées avec la plus grande quantité possible de graines de genêt poilu ; on enterre les graines, après coup, en traînant sur le sol un fagot d'épines chargé d'une grosse pierre. On complète ce semis, qui peut revenir à 40 fr. l'hectare, en faisant récolter quelques doubles de glands, d'alises, de graines de charme, de baies d'arbustes spontanés dans le pays. Un ouvrier, armé d'un bâton ferré, parcourt la lande, et ouvre de petits trous, dans lesquels il glisse quelques-unes des baies récoltées. L'effet est prompt et certain.

Si la lande est à l'état de lande de buis, le mieux est souvent de la laisser évoluer naturellement ; si l'on veut planter, il faut agir avec circonspection et prudence On plante à l'automne, dans les endroits les plus fertiles, chênes rouvres, pins noirs et épicéas ; mais on a soin de verser dans les potets et de distribuer parmi la mousse des glands, des alises, des baies d'épine noire, de mahaleb, de nerprun des Alpes, d'amélanchier, de cotoneaster, des noisettes, des cupules de charme, des capsules de buis, etc. Rien de tout cela n'est inutile, la brosse étant toujours l'état larvaire de la forêt.

Celle-ci étant enfin constituée par plages, par bouquets, l'humidite etant rendue au sol, la pâture, rénovée, peut rendre 1,500 à 2,000 kilos de fourrage vert à l'hectare. C'est un rendement brut de 30 à 40 fr. Ce n'est pas le Pérou, assurément ; mais cela vaut mieux que rien. Sans être abondants, les produits ligneux auront bien aussi leur prix, et les vignerons, en particulier, pourront s'approvisionner facilement en échalas, en cercles, en piquets, en bonshommes, etc., tirés de ces jeunes forêts.

En ce qui concerne les rideaux d'abri à établir dans les vallées, on devra choisir exclusivement les résineux, en raison de leur rôle particulièrement efficace de *paragrêle ;* les essences à recommander sont l'*épicéa* et le *mélèze.*

2. *Région montagneuse jurassique.* — Le haut Jura, avec son taux de boisement voisin du taux normal, forme une région particulièrement riche et fertile. C'est la terre classique des prés-bois. L'*épicéa* et le *hêtre* constituent les principales essences forestières ; l'*épine blanche* et le *coudrier* en sont les plus précieux adjuvants.

Par la création des prés-bois, on parvient aisément à doubler le revenu des pâturages inégalement fertiles, où les parties rocheuses et accidentées alternent avec les parties profondes et mollement tourmentées. On donne aussi une assise plus solide à sa fortune. Le proverbe dit qu'il faut toujours avoir deux cordes à son arc. Rien de plus vrai. Le bois a pris de la valeur jusque sur les points les plus élevés de la chaîne jurassique, et la culture forestière remédiera facilement aux éclipses partielles de l'industrie fromagère. Celle-ci, d'ailleurs, ne peut se développer sans combustible.

La constitution des prés-bois ne demande qu'une faible avance de capitaux, à peine 90 fr. par hectare boisé, en supposant l'emploi de ronces artificielles. Le montagnard supprime généralement cette dépense et se contente de préserver le jeune plant de la dent du bétail en enfonçant à son pied une ou deux épines blanches.

Le choix de la variété d'épicéa à employer n'est pas à dédaigner. Pour les stations inférieures à 800 mètres, nous conseillons l'épicéa pleureur (Picea pendula, Christ) ; pour les stations supérieures, on s'adressera aux autres variétés ; la forme colonnaire (Picea columnaris, Wahl) convient tout spécialement aux plateaux découverts et ventés.

En général, on devra s'efforcer de donner aux bouquets résineux une étendue de 25 ares au moins, et la place du hêtre se trouve sur les bordures. Cette dernière essence est toujours très utile dans les boisés montagneux, d'abord pour donner du bois de feu, ensuite pour fabriquer un terreau doux, celui fourni par les aiguilles de la pesse étant plutôt acide.

3. *Région cévenole.* — Il faut distinguer avec soin, dans la région cévenole, les terres volcaniques des terres granitiques. Les premières conviennent spécialement à l'herbage, les autres au bois. Dans son ensemble, le plateau central n'a guère qu'un taux de boisement de 10 à 12 %; cela mesure sa pauvreté. Reboisé et couvert de forêts et de prés-bois, il deviendrait promptement un magnifique pays d'élevage.

Création de prés-bois en terrains volcaniques. — Sur ces terrains éminemment fertiles, un herbage bien tenu peut rendre jusqu'à 8,000 kilos de fourrage vert à l'hectare. Les légumineuses y sont abondantes et représentées par le trèfle blanc, le trèfle des prés, la gesse des prés et le lotier corniculé. La prairie a toutefois tendance à se salir de chrysanthèmes, mauvaise plante fourragère, qui décèle ordinairement par sa fréquence l'appauvrissement du terrain.

Ce qui manque le plus aux terres de ces régions volcaniques, c'est la fraîcheur. Le sol, naturellement très coloré, absorbe facilement toutes les radiations calorifiques; il se dessèche à la surface et ne fournit plus aux fonctions d'évaporation des plantes; le gazon brûle, et la composition de l'herbage va en déclinant sans cesse. On comprend ainsi facilement de quelle importance peut être, pour les prairies, la présence d'arbres et de forêts qui entretiennent autour d'eux une humidité constante. Par le fait seul de la chlorovaporisation, un chêne isolé, portant environ 700,000 feuilles, a vaporisé de juin à octobre, c'est-à-dire en cinq mois, la quantité presque fabuleuse de 111,225 kilogrammes d'eau (Van-Tieghem) (1). Or, cette eau, ne provenant que des parties profondes du sol, est rendue à l'atmosphère, surtout pendant les périodes de sécheresse, sous forme de bienfaisante rosée.

Le boisement des mauvais herbages s'impose donc comme un moyen simple et pratique de les améliorer. Deux essences devront

(1) En rapportant cette expérience de M. Van Tieghem, nous n'avons d'autre but que de montrer l'importance de la chlorovaporisation. Mais les faits doivent être différents dans la nature et dans le laboratoire. L'intensité du phénomène est néanmoins fort grande. On en a le très vif sentiment quand on pédale par une soirée d'été : trempé de sueur dans la plaine, on sent, au voisinage de la forêt, comme une douche d'eau glacée tomber sur ses épaules.

être surtout employées dans la création de ces prés-bois; ce sont le *mélèze* et l'*épicéa*. Le premier, pivotant, à terreau doux, peut être disséminé dans la pâture à raison de mille à quinze cents plants à l'hectare, le second, traçant, à terreau acide, sera planté en bordure ou constituera des bouquets sur les plages rocheuses. Le hêtre, introduit plus tard sous le massif, donnera de l'assiette à la jeune forêt, et assurera sa pérennité. De tels prés-bois sont susceptibles de rapporter à l'hectare 5,000 kilos de fourrage vert, valant brut 100 fr., et environ 60 fr. en produits ligneux, à réaliser par une vente de 3,600 fr. tous les soixante ans. Les frais de fourniture et de plantation de 5.000 plants peuvent s'élever à 80 fr.

Création de prés-bois en terrains granitiques. — Nous avons établi, chiffres en mains, dans la première partie, la possibilité de décupler le revenu de la lande granitique, en substituant la culture forestière à la culture pastorale agonisante. Cette culture forestière, temporaire ou permanente, permet aussi de régénérer l'herbage et de rendre au sol sa fécondité perdue.

Le pin sylvestre, var. d'Auvergne, constitue rapidement des futaies, qui, convenablement éclaircies, offrent, dès leur 25e année, des ressources appréciables au pâturage.

Si la lande est à l'état de lande rase, on sème le pin sylvestre à la volée, à raison de cinq kilos par hectare. On mélange un kilo de graines de genêts à balais, dans le but de créer un abri au jeune plant. On herse avec un fagot d'épines. Coût total : 35 à 40 fr. l'hectare.

Si la lande est couverte d'un manteau peu élevé de callunes ou d'airelles, on sème encore à la volée, à raison de six kilos de graines pures. On fait ensuite passer un troupeau de moutons pour secouer la bruyère et enfoncer la graine. Coût total : 40 à 45 fr. l'hectare.

Ces semis se font au printemps.

Mais, si la bruyère et les airelles sont très hautes et très fournies, on substitue le semis par potets au semis à la volée. On défriche, pendant l'été qui précède le semis, environ 5,000 carrés de 0m30 à 0m40 de côté à l'hectare; on cultive à 0m25 de profondeur et on rejette au fond du potet la terre acide de la surface. Au printemps suivant, on sème une douzaine de graines dans chaque carré, on donne un léger coup de râteau et on recouvre avec quelques tiges de bruyère verte. Il faut de 4 à 5 kilos de graine à l'hectare, et la dépense se monte à 80 fr. environ.

Les plantations sont en général plus onéreuses que les semis. Effectuées au printemps, aussitôt après la fonte des neiges, à raison de 5,000 plants à l'hectare, elles reviennent à 80 fr. (plantation au coup de pioche) ou à 120 fr. (plantation par potets).

Les semis ou les plantations ayant convenablement réussi, la bruyère disparaît entre quinze et vingt ans. A ce moment, les éclaircies commencent à devenir rémunératrices, et l'on peut disposer petit à petit le peuplement en un massif clair, apte à produire des herbes spontanées. On aura soin toutefois d'envelopper la pâture d'un cordon continu et plein, large de 15 à 20 mètres, dont la densité sera augmentée par des plantations de sapin effectuées en sous-étage. Même précaution sera prise le long des chemins ouverts à travers la pineraie. Le pré-bois est ainsi divisé en un certain nombre d'enclos naturels (quatre dans la figure ci-contre),

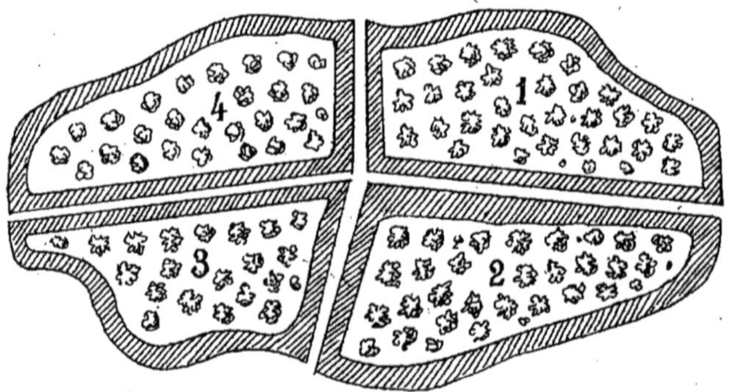

qui facilitent singulièrement la garde du troupeau, la repousse de l'herbe et la régénération des boisés. Il faut cependant éviter de donner une trop faible étendue à ces parcelles, car on a constaté que le bétail aime les grandes espaces et ne profite bien que là.

De tels prés-bois peuvent rendre à l'hectare, entre vingt-cinq et cinquante ans, 2,500 kilos de fourrage vert, valant brut 50 fr., et 2 m. c. d'étais à 18 fr. l'un, ci 36 fr. Mais la fertilité du sol diminuant de plus en plus, la lande de bruyère tend à reconquérir l'herbage après vingt-cinq ans. C'est pourquoi, à cette culture extensive du bois, nous préférons la culture forestière volante. La pineraie, une fois créée, est parcourue jusqu'à quarante ans en coupes périodiques d'éclaircie, puis elle est divisée en un certain nombre de lots, dix par exemple, que l'on exploite successivement à blanc estoc. Sur le sol dénudé, mais enrichi par un humus abondant, la végétation herbacée se développe avec vigueur et peut donner facilement, pendant quinze ans, 5,000 kilos de fourrage vert à l'hectare. Une montagne ainsi traitée est susceptible de rapporter un revenu net de 100 fr. par hectare et par an, et le fonds, loin de s'appauvrir, va en s'améliorant sans cesse.

Il existe dans la région granitique du plateau central d'assez grands espaces tourbeux et qui ne sont peuplés que par de rares pins sylvestres rachitiques, autour desquels croît un mauvais gazon de laiches, d'ériophorums, de parnassies des marais et d'airelles. Les hypnes et les sphaignes occupent les parties les plus humides. Pour mettre en valeur de semblables terrains, absolument improductifs, il suffit de répandre à la surface du sol des remanants provenant d'exploitations forestières, et de planter sur mottes des *épicéas* dans les endroits affermis. L'épicéa et le saule à oreillettes sont les végétaux les mieux adaptés à ces stations tourbeuses.

4. *Région alpestre.* — Pour plus de simplicité, nous diviserons les Alpes en trois zones, savoir :

1° La zone calcaire des Préalpes extérieures; taux de boisement : 12 à 18 %;

2° La zone subalpine inférieure; taux de boisement : Alpes vertes : 23 à 25 %; Alpes sèches : 10 à 12 %.

3° La zone subalpine supérieure; taux de boisement : 5 à 10 %.

1. *Zone des Préalpes supérieures.* — Cette zone, naturellement sèche, a été imprudemment déboisée et manque d'eau. La culture de la vigne occupe le fond et les premiers contreforts des vallées; au-dessus s'étendent de vastes landes de buis, à peu près improductives, et ne nourrissant qu'une petite quantité de chèvres et de brebis. Leur reboisement intégral ou partiel modifierait de fond en comble l'aspect de ces régions. Les prés-bois peuvent être constitués soit avec des essences feuillues, — et il suffit d'utiliser les forces gratuites de la nature et d'enclore le terrain à reboiser, — soit avec des essences résineuses : pin noir dans les sols les plus stériles, épicéa pleureur dans les fonds un peu meilleurs.

Tout ce qui a été dit pour les basses vallées jurassiques s'applique aux Préalpes calcaires; nous n'y reviendrons donc pas.

2. *Zone subalpine inférieure.* — C'est, à proprement parler, la zone des forêts. Riche et fertile dans les Alpes vertes, qui ont conservé leurs bois, elle devient stérile et désolée par les torrents dans les

Alpes sèches, qui les ont perdus. Elle n'offre guère d'intérêt, au point de vue sylvo-pastoral, que dans les vallées, où sont de nombreux prés-bois. Ceux-ci sont peuplés tantôt d'aune blanc ou d'aune pubescent (Chamonix, Les Contamines), tantôt d'aune blanc et d'épicéa pleureur (Bonneville, environs d'Annecy, etc.), tantôt d'arbres d'émonde, chêne principalement (Ugines, Sallanches). Ces prairies sont fauchées dans les basses vallées, — régions du chêne; — elles peuvent alors rendre deux ou trois mille kilos de foin sec à l'hectare dans les années humides; elles sont pâturées dans les hautes vallées, — régions de l'aune, — et leur production est à peu près de 2.500 à 2.700 kilos de fourrage vert à l'hectare. Un hectare suffit donc pour nourrir une petite vache de la vallée de Chamonix pendant quatre ou cinq mois.

Des irrigations tripleraient le rendement de ces prairies et de ces herbages, généralement mal tenus et composés surtout de graminées médiocres et de laiches. L'aune blanc est ici l'essence fondamentale du pré-bois; sa feuille, recouverte d'un enduit cireux, est dédaignée du bétail et constitue un bon engrais; mais si sa croissance est très rapide dans le jeune âge, son bois est, en revanche, peu recherché. En lui associant l'épicéa pleureur, sur les bordures, à raison de 300 à 400 pieds par hectare, on pourrait réaliser, après cinquante-cinq ou soixante ans, pour 5,000 à 6,000 fr. de produits ligneux, sans nuire beaucoup au gazon. Une pâture bien aménagée renferme environ 2,000 plants d'aune à l'hectare. L'hippophaé rhamnoïdes constitue, dans ces régions, d'excellentes bouchures (haies nature, non soumises à la taille), et ses épines protègent merveilleusement l'épicéa contre la dent du bétail.

Quelle est l'action de l'arbre dans ces hautes vallées? Elle est énorme. En l'absence de vignes, le montagnard tire sa boisson des pommes et des poires. Toutes les maisons sont entourées de vergers herbeux, envahis par la berce (*Heracleum spondylium*), et plantés de nombreux arbres fruitiers. Or, ces vallées sont parcourues par des vents alisés, diurnes et nocturnes, qui nuisent aux arbres par leur continuité, qui aiguisent le froid et rendent particulièrement fréquentes et funestes les gelées de mai et de juin. Il est d'observation banale que les vergers les plus productifs sont les mieux abrités. Cet abri est fourni gratuitement et en grand par les arbres des prés bois, dont le rôle de protection ne saurait être méconnu.

3. *Zone subalpine supérieure. — La ruine du dessus entraîne infaillible-*

ment dans les Alpes la ruine du dessous. Or, la ruine du dessus commence par le déboisement des alpages et la dégradation corrélative de leur gazon ; de même que dans les friches calcaires, le mouton est seul en état d'utiliser les hauts pâturages de la région alpestre, appauvris et garnis d'une herbe épaisse, mais trop courte pour la vache ou la génisse. Il suffit de l'arbre pour donner naissance à un gramen plus abondant et plus élevé. Les pâturages déboisés de cette région fournissent 500 à 600 kilos d'herbes vertes, équivalant à une possibilité de 3 à 3.5 moutons par hectare. Or, pour mesurer l'action fertilisante de l'arbre, il suffit d'évaluer la production herbagère des prés-bois dans la zone qui nous occupe. Ceux-ci sont divers, comme les stations et comme le sol; nous distinguerons donc :

1° *Mélèzeins des terrains calcaires.* — Le mélèze constitue dans la haute montagne, et particulièrement dans les Alpes sèches, l'arbre par excellence des prés-bois. On le trouve abondant surtout dans les stations fraîches et abritées. Les températures basses ne lui sont pas contraires, et ses jeunes feuilles décomposent déjà l'acide carbonique entre 0°5 et 2°5, alors que les herbes des prairies ne le font guère qu'entre 1°5 et 3°5. Ses dépouilles se décomposent rapidement en donnant naissance à un terreau doux, non acide, qui favorise beaucoup la végétation herbacée. Il est moins sensible que les autres essences résineuses à l'abroutissement, et si les attaques ne sont pas trop fréquentes, il parvient à se reconstituer assez rapidement une flèche. Son bois est estimé à l'égal du chêne dans la plaine, et il n'est pas rare de trouver des chalets construits avec cette essence et remontant à plusieurs siècles. Il vit bien solitaire, mais mieux encore quand il est mélangé avec l'aune blanc ou avec l'épicéa. Ce dernier a cependant tendance à envahir dans les forêts de la haute Maurienne que nous avons visitées. A Albane (Savoie), la forêt communale est constituée par des cantons épars, isolés au milieu de parcours boisés, non soumis au régime forestier. Les parcours ne renferment que des mélèzes; les cantons forestiers contiennent une proportion notable d'épicéa, deux ou trois dixièmes. En septembre 1892, le bétail n'avait pas accès dans la forêt communale, et la production herbacée pouvait se monter à environ 3,000 kilos d'herbes vertes par hectare; elle était manifestement moins serrée, moins riche, dans les parcours non soumis, où elle pouvait atteindre 1,800 à 2,000 kilos sur la même contenance. C'était, néanmoins, trois fois plus que ne donnait l'alpage découvert. Et, tandis que la forêt fabriquait environ 2 m. c. de produits ligneux par hectare et par an, le parcours n'en donnait guère que 0^{mc}500. Moins d'herbe et moins de bois, telle est là conséquence d'un pâturage ininterrompu. De là découlent : 1° l'utilité du boisement des alpages; 2° la nécessité d'établir une rotation dans les cantons ouverts au parcours.

L'arbre agit sur la pâture par sa dépouille, source d'humus, et par l'eau qu'il enlève aux parties profondes du sol pour la rendre aux parties superficielles sous forme de rosée. Un mélèze de 150 à 200 ans doit certainement dégager, aux heures chaudes de l'été, plus d'un mètre cube d'eau par vingt-quatre heures. C'est donc une véritable pluie, douce et bienfaisante, qui est versée par l'arbre sur le sol toujours altéré des Alpes méridionales.

Cette action fertilisante et rafraichissante sera d'autant plus énergique que le peuplement sera plus dense, et c'est ce qui explique la richesse du tapis végétal sous les forêts bien pleines et sa pauvreté croissante sous les massifs qui se délabrent.

Cette notion de couvert atteint dans le pré-bois une grande importance, et, pour utiliser complètement le sol et l'espace, créer la forêt et le massif complet, il faut au moins 300 ou 400 pieds d'arbres par hectare.

La possibilité herbagère des *mélèzeins* dépend surtout du taux de boisement. Si une forêt pleine et reposée peut nourrir une vache de montagne pendant cent soixante-six jours, un clair pré-bois, ne renfermant qu'une centaine d'arbres à l'hectare, n'assurera plus cette subsistance que pendant quatre-vingt-dix ou cent jours. M. Broilliard, au témoignage duquel il faut toujours recourir, a constaté qu'en été le troupeau de Puy-Saint-Pierre (Hautes-Alpes) n'a pas d'autre nourriture que l'herbe de la forêt communale; or, celle-ci nourrit une petite vache à l'hectare pendant quatre mois. C'est là le terme moyen.

Quant à la possibilité en produits ligneux, elle variera beaucoup suivant la population forestière. Faisant abstraction des mélèzeins situés sur les récentes moraines glaciaires, à de basses altitudes (1,000 à 1,300 mètres), et dont la production est très élevée, nous ne croyons pas que les autres rapportent plus de 2 m. c. par hectare et par an, donnant ainsi un revenu de 20 à 50 fr.

Quant au pré-bois, sa production, pour ainsi dire insaisissable, peut être fixée approximativement, aux lieux où nous l'avons étudié et dans de vieux peuplements, à

2 m. c. pour une population de 300 à 400 arbres par hectare.
1 m. c. — 150 à 200 — —
0mc5 — 75 à 100 — —

Ce n'est là, bien entendu, qu'un simple aperçu.

La régénération du mélèze se fait bien sur un sol cultivé, gratté ou mis à nu. Par suite, l'extension de la forêt ou du pré-bois s'opérerait facilement et de proche en proche, par pieds isolés ou par bouquets, si n'étaient la chèvre et le mouton. De grandes étendues de terrains pourraient être ainsi reboisées sans frais, par le simple établissement d'une clôture.

Mais, si la création de prés-bois, par semis naturels ou par plantations, est chose facile et peu onéreuse dans les endroits abrités, il n'en est pas de même dans les lieux découverts et ventés, sur les sommets en pente où la neige coule et froisse le jeune plant. Là, il faut procéder comme nous l'avons indiqué dans la cinquième partie, et la constitution d'un large rideau d'abri en feuillus paraît nécessaire. On peut utiliser l'aune blanc, le sorbier et l'*alisier faux néflier*. Ce dernier offre au tétras bon gîte et bon souper.

2° *Mélèzeins des terrains siliceux.* — Le décor est bien différent quand on passe des Alpes calcaires aux Alpes siliceuses. Là, plus d'herbes sous le mélèze, mais une lande stérile et monotone de rhododendrons, qui progresse avec une rapidité foudroyante, émigrant des pâturages ruinés du sommet dans la forêt éventrée du dessous. Cette lande est un fléau; elle s'oppose à la régénération naturelle, enserre et étouffe le jeune semis, édifie avec ses déchets une tourbe acide, véritable terrain mort. La forêt qui surplombe est misérable; les arbres sont rares, jaunes, envahis par la Peziza Wilkommii, et si frustes d'aspect, qu'un de nos jeunes camarades, faisant ses premières armes dans les Alpes, ne pouvait se résoudre à conserver ces fantômes, si drôles avec leur barbe pendante d'Usnées. Dans toute la chaîne du Mont-Blanc, la forêt de mélèze disparaît sous la triple influence du pâturage, de la lande acide et des avalanches. De pâturage, il n'y en a pas, en dehors de quelques cuvettes, de quelques crases abritées et défendues par l'aune vert; de forêt, il n'y en a guère plus. En 1895, nous fûmes appelé, par accident, à marteler les coupes de Chamonix, et nous garderons longtemps le souvenir de celle assise dans la parcelle I du canton de Chosalet. Au-dessus d'alluvions torrentielles et glaciaires, peuplées d'admirables prés-bois, se présentaient des cargneules tuffacées et des schistes noirs du lias; là, la forêt était assez pleine et la lande peu vigoureuse. Mais, dès que l'on abordait les gneiss granulitiques, les fourrés de rhododendrons, çà et là tressés d'aune vert, s'épais-

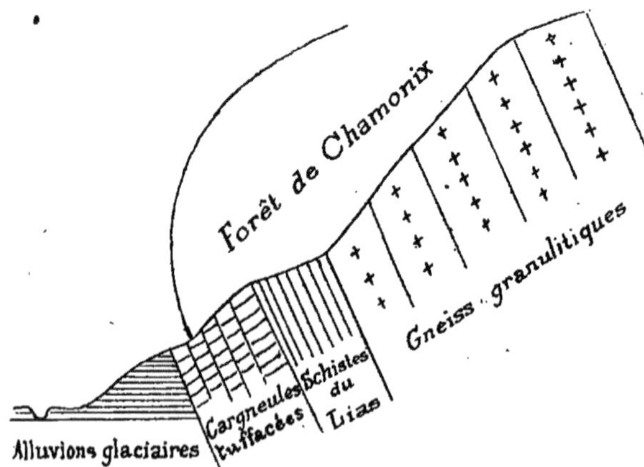

sissaient et l'on se hissait plus qu'on ne marchait. A perte de vue s'égrenaient des mélèzes de 3 à 4 mètres de tour, distants de 25 à 40 mètres, avec quelques épicéas mal venants en mélange. Il fallait prendre là dedans une centaine de mètres cubes. Grave question ! l'avalanche fondant de partout et les semis faisant absolument défaut, *en dehors des places où l'on avait arraché les souches.* Le marteau brûlait la main, mais il était pénible de coucher pareils colosses. Le garde nous ayant dit que sur le plateau « nous aurions beau faire, » nous montâmes. Le plateau étant à peu près désert, il fallut redescendre. Constatons que le volume a masqué complètement, dans ce canton, l'indigence de la forêt; celle-ci court à sa perte, c'est sûr. C'est là un exemple de la dégradation provoquée par la lande.

Entre le glacier des Bossons et celui des Pèlerins, tout en haut, se trouve un coin énorme de mélèzeins emporté par l'ouragan. C'était superbe. La forêt faisait mur contre le pâturage. N'étant plus protégée par les feuillus, elle s'est écroulée; c'était inévitable.

Enfin, au-dessus du hameau du Praz, la forêt résineuse est crevée; un large ruban d'aune vert court à travers, c'est le passage obstrué d'une avalanche détachée de l'Aiguille du Midi. Notons bien ces faits de cantons de forêts détruits, faute de feuillus; d'autres reconstitués par ce même feuillu.

A Pormenaz, sur les Ouches, au Prarion, sur Saint-Gervais-les-Bains, en sol de Bésimaudites, le deuil est le même. La lande de rhododendrons envahit tout : pâturages et mélèzeins. Il y avait pourtant là, autrefois, des taillis d'aune vert, au-dessous desquels poussait un court gazon de nard raide. Le montagnard a détruit l'aune pour faire monter le gazon; au lieu de cela, il l'a tué.

Ayant passé une partie de notre carrière en contact avec la lande alpine siliceuse, nous avons depuis longtemps cherché le moyen économique de la combattre.

La première idée qui vient à l'esprit de l'agriculteur, c'est de défricher. Or, le défrichement est possible dans les propriétés particulières de faible étendue; mais, dans des pâturages communaux, renfermant jusqu'à cinq cents hectares et parfois plus, il est absolument impraticable. Autant vaudrait tisser la toile de Pénélope. En voici la preuve. Les locataires du chalet Poor, commune de Saint-Gervais-les-Bains, sont tenus de verser chaque année à la caisse municipale une somme de 24 fr. pour le défrichement de la lande du Prarion. L'ouvrier qui a cette entreprise, tout en choisissant soigneusement les places les moins touffues, ne peut nettoyer plus de 15 à 20 ares de terrain. En pleine lande, il ne défricherait que 8 à 10 ares, d'où une dépense de 240 fr. par hectare, de 24,000 fr. pour 100 hectares. C'est trop. Et cela d'autant mieux que, si le sol n'est pas fumé copieusement après l'arrachage, la lande se reforme derrière l'opérateur.

On a ensuite conseillé le feu : c'est un auxiliaire toujours dangereux. On peut bien, d'ailleurs, brûler la bruyère et le genévrier, mais le rhododendron est plus difficile à atteindre. En admettant que l'on y réussisse, on n'aura rénové que pour quatre ou cinq ans le tapis végétal, car, sur ce sol déjà trop pauvre et epuisé par l'incendie, l'airelle et les bruyères feront bientôt, comme nous l'avons déjà dit, un retour offensif et victorieux.

Reste l'irrigation. L'irrigation donne d'excellents résultats quand on peut jeter sur la lande acide *des eaux calcaires;* mais si ce sont des eaux siliceuses, l'effet est nul. Nous connaissons maints endroits où le rhododendron croît le pied dans l'eau.

Aucun des moyens préconisés ne peut donc conduire économiquement à des résultats durables. Pour arriver à une solution satisfaisante, il suffit de remarquer que :

1° L'aune vert est la seule essence forestière qui ait promptement raison de la lande de rhododendrons;

2° Les genévriers nains épars au milieu des rhododendrons donnent naissance à un terreau neutre, qui permet aux graines d'épicéa, toujours, et à celles de mélèze, quelquefois, de trésir et de grandir;

3° Les landes renferment constamment des teppes gazonnées, disséminées de loin en loin et reliées entre elles par des sentiers herbeux, frayés par le bétail.

S'il s'agit d'entreprendre la mise en valeur d'une lande étendue renfermant des vides enherbés A, B, C, D, E, on commencera par

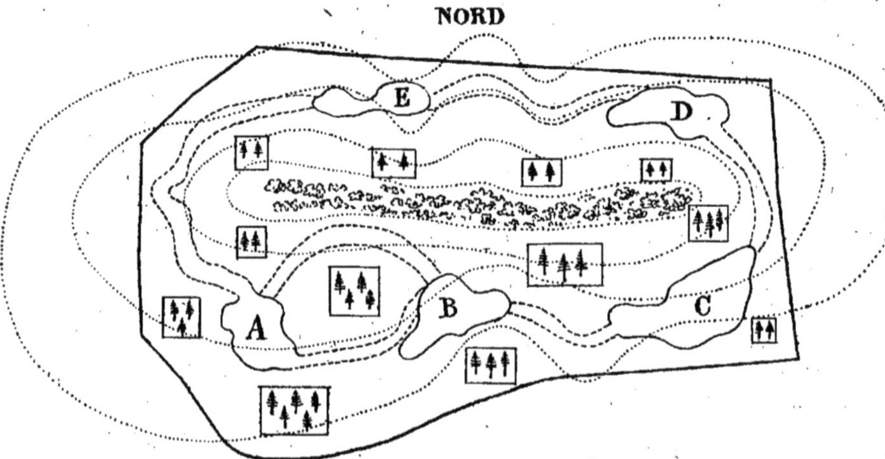

relier les vides au moyen de chemins de 10 mètres de largeur, en s'attachant à suivre les veines de bon terrain. L'emplacement de ces chemins sera soigneusement défriché : c'est le canevas de la prairie. En passant et repassant, le bétail use et lime les touffes de rhododendrons, éclate les buissons et étend la tache d'herbe.

Parallèlement à ces travaux de défrichement, on cherchera à étouffer la lande en créant de loin en loin, dans les parties les plus touffues et les mieux protégées contre les incursions du bétail, des bouquets boisés se protégeant mutuellement. Dans les buissons de genévriers, on jettera des cônes d'épicéa ; sur les hauteurs, on plantera de l'aune vert par potets, ou mieux, on sèmera de la graine de cette essence, après avoir arraché à la main quelques touffes de rhododendrons. L'aune vert, plié par les neiges, se marcotte avec une merveilleuse facilité et constitue une forêt *qui marche*. Il suffira ensuite d'éclaircir légèrement les taillis pour voir le mélèze surgir spontanément et le gazon apparaître comme par enchantement. Une commune possédant 500 hectares de landes, votant chaque année 250 fr., et recevant une subvention d'égale somme de l'État, peut, en vingt-cinq ans, reconquérir 50 hectares de pâturages et garnir 100 hectares de taillis d'aune vert et de bouquets d'épicéa. La lande, une fois brisée et émiettée, disparaîtra en cinquante ans. Les ressources de la nature sont infinies.

3° *Pessières des schistes du lias.* — Les sommets liasiques des Alpes vertes sont peuplés d'ombres de prés-bois jetés au milieu de pâturages plus ou moins écorchés et ravinés, plus ou moins éventrés par les eaux indisciplinées et sauvages, qui, au lieu d'engendrer la fertilité, ne sèment que la désolation. L'épicéa, — et le plus souvent l'épicéa colonnaire, — est l'essence fondamentale de ces prés-bois. A peine y trouve-t-on encore quelques pieds très précieux de sorbier des oiseleurs entre 1,700 et 2,000 mètres, quelques taches d'aune vert le long des ravins et quelques hêtres, au port tourmenté, entre 1,250 et 1,660 mètres.

Tous ces débris de forêts plus opulentes ne se régénèrent plus et s'en vont. Le pâturage en est seul cause. Pour fuir les grosses chaleurs, le bétail se réfugie à l'ombre des arbre. Il broute, mâchonne et fait disparaître les rares semis qui ont pu se produire sur un sol matelassé d'airelles, labouré d'ornières ou pétri comme du ciment. De son côté, le berger entaille la forêt, s'attaquant toujours aux gros arbres, aux citadelles qui sont la sauvegarde du massif. Il est de toute nécessité, si l'on veut sauver ces prés-bois, qui ne rapportent plus rien en fait de produits ligneux, tous les arbres étant tarés, blessés ou pourris, de réglementer sévèrement le pâturage et d'établir un roulement de parcours. Et ce n'est plus cinq ans qu'il faut pour assurer la régénération en ces lieux élevés, mais vingt ou vingt-cinq ans. Comme il serait peut-être difficile de mettre en défens pour un laps de temps aussi grand moitié de la forêt, on peut arriver à reconstituer progressivement le massif par bouquets en créant des enclos de régénération, entre lesquels le bétail peut circuler à son aise. Plus les bouquets seront étendus, moins seront élevés les frais de clôture.

La première chose à faire dans un pré-bois schisteux, c'est de reconnaître les sources et les ravines; de capter grossièrement les premières et de corder les secondes de ronces artificielles. C'est ensuite *de rendre le berger responsable des dégâts commis en forêt et de supprimer radicalement le parcours pour cinq ou six ans dans les parcelles où des délits auront été constatés.*

En ce qui concerne plus particulièrement le reboisement, il n'y a pas à s'inquiéter. On peut, si l'on veut, jeter sur le sol effrité quelques kilos de graines d'épicéa, d'aune vert et de genévrier nain (1); mais, s'il y a un arbre fertile dans le voisinage, il suffira à lui seul pour régénérer le vide, pourvu toutefois que l'on ne se trouve pas au-dessus du niveau des forêts, c'est-à-dire à plus de 1,800 ou 2,000 mètres.

Le pré-bois d'épicéa, constitué par bouquets denses, est d'un bon rapport, même aux altitudes élevées, pourvu que l'on donne moitié du sol au bois et moitié au gazon. Cela étant, il peut rendre :

$0^{mc}5$ à 1 m. c. de produits ligneux, valant 2 fr. 50 à 5 fr. par hectare;

1,000 à 1,200 kilos d'herbes vertes, valant 4 fr. 40 à 5 fr. 20 par hectare.

Le revenu de l'herbe balance donc à peu près celui du bois.

Si la forêt n'occupe pas la moitié du terrain, on risque de voir les myrtilles et les genévriers envahir le sol et détruire ces beaux et riches gazons de phléole des Alpes que nous avons tant de fois admirés.

AMÉNAGEMENT DES PRÉS-BOIS

Il ne nous reste plus, avant de terminer cette étude, qu'à faire une application sommaire des principes énoncés plus haut et à esquisser l'aménagement des prés-bois.

I. — Aménagement et reboisement des friches de la commune de X.

La commune de X., ayant décidé d'aménager et de reboiser partiellement ses friches, en vue de se créer des ressources dans l'avenir, de protéger ses vignes et les cultures sises sur son territoire et de se procurer l'eau nécessaire aux besoins du village, une commission municipale a été nommée, et l'avant-projet suivant a été dressé par le service forestier.

(1) Pour obtenir économiquement des graines de genévrier, on coupe des rameaux chargés de baies un peu avant maturité complète, et on jette ces rameaux sur le sol à reboiser.

PREMIÈRE PARTIE

1. *Contenance.* — 275 h. 30 a.

2. *Configuration du terrain et hydrographie.* — Versant à l'ouest coupé par une combe profonde et faisant partie des premiers contreforts du Jura. Altitudes extrêmes : 160-615 m.; altitude moyenne : 400 m. Pente générale : 20 0/0.

Une source sur le revers nord de la combe. Le conseil municipal avait essayé de la capter. Il a dû renoncer à ce projet, le débit étant trop irrégulier. Les vieux habitants du village assurent que cette source ne tarissait jamais avant le déboisement de la combe, opéré il y a moins d'un siècle.

3. *Sol.* — Bathonien supérieur et moyen; îlots oxfordiens.

4. *Climat.* — Torride en été quand soufflent les vents du sud et du sud-ouest qui brûlent le gazon; très froid et brumeux en hiver, par les vents du nord et du nord-est. Grêle fréquente apportée par les courants de l'ouest et du sud-ouest; elle était inconnue dans le pays avant le déboisement des montagnes. Gelées printanières très fortes, anéantissant tous les 2 ou 3 ans la récolte des vignes. Cette fréquence est anormale et la statistique prouve qu'il n'en était pas de même, il y a 25 ou 30 ans.

5. *Tapis végétal.* — La partie inférieure de la combe (Bathonien moyen) est hérissée de rochers et couverte de pierres roulantes. La terre végétale fait à peu près complètement défaut. La lande de buis et de genévriers garnit le revers sud; le revers nord présente une brosse de chêne, de charme et morts-bois. Les ressources herbagères y sont pour ainsi dire nulles.

La partie supérieure du coteau (Bathonien supérieur) est constituée par des calcaires marneux avec taches d'argiles oxfordiennes. La terre végétale a une épaisseur moyenne de 10 à 20 centimètres. Le gazon est court et peu fourni sur la roche, plus abondant et plus élevé sur les parties marneuses. Sa composition est la suivante :

Légumineuses, 4/10. .	Coronilla varia, C. C. C.
	Trifolium repens, A. C.
	Trifolium pratense, A. C.
	Lotus corniculatus, C.
	Medicago lupulina, A. R.
	Anthyllis vulneraria, C. C. C.
	Vicia cracca, A. C.

Légumineuses, 4/10.	Genista tinctoria, R. Melilotus officinalis, R. Teucrium montanum, C.
Plantes diverses, 2/10.	Rhinanthus major, C. C. Galium erectum, C. Ranunculus repens, A. R. Silene inflata, R. Salvia pratensis, C. Scabiosa columbaria, C. Senecio jacobæa, C. Euphorbia cyparissias, C. C. C. Brunella vulgaris, C. Potentilla verna, C.
Graminées, 4/10 . . .	Bromus erectus, C. Bromus mollis, C. Dactylis glomerata, A. C. Briza media, R. Anthoxanthum odoratum, C. C. C. Sesleria cærulea, A. C. Molinia cærulea, C., sur les argiles oxfordiennes. Carex præcox, C. C. C.

C'est en somme un bon pâturage, mais qui ne peut fournir plus de 2,000 kilos d'herbes vertes à l'hectare, d'après le rendement des places d'expériences.

Exploitation antérieure. — Produits. — Chaque habitant a la faculté de conduire son bétail sur la friche; il n'y a pas de limite de nombre. En 1898, la pâture a reçu :

Vaches et génisses, 50.

Chèvres, 12.

Moutons, 8 à 10.

La friche est de nul rapport pour la commune. Les ayants droit estiment la valeur du pâturage à 8 fr. par tête de bétail rouge et à 3 fr. par tête de chèvre et de brebis. C'est donc un total de 466 fr., soit 1 fr. 59 par hectare. Si l'on défalque les frais d'impôts, qui sont de 0 fr. 65, il reste un revenu net de 1 fr. 04 par hectare et par an.

DEUXIÈME PARTIE

BASES DE L'AMÉNAGEMENT PROPOSÉ

Après une reconnaissance approfondie des lieux, la commission municipale, approuvant le travail du service forestier, a décidé de laisser la combe se reboiser naturellement. Le périmètre a été immédiatement fixé et les angles ont été marqués à l'aide de numéros au minium placés sur de gros rochers. Une clôture en ronces artificielles sera construite ultérieurement. Il a été décidé, en outre :

1° Qu'un rideau d'abri de 65 m. de largeur en moyenne serait établi sur le périmètre sud;

2° Que la crête du coteau serait garnie d'une zone boisée de protection ayant en moyenne 170 m.;

3° Que le périmètre nord serait enveloppé d'un cordon protecteur de 100 m. de profondeur.

Le surplus de la friche découpé en trois carreaux, ainsi que l'indique le plan ci-annexé (fig. 19), sera réservé à la pâture.

Le but que l'on s'était proposé paraît rempli. La source sera environnée d'un massif boisé qui assurera à son débit une régularité suffisante. Les vignes et les cultures placées à l'ouest de la feuille seront protégées par un double rideau de bois. Les carreaux du damier pastoral seront de même préservés des atteintes des vents froids ou desséchants et profiteront largement de l'humidité due au voisinage des bois.

Le tableau suivant résume ces dispositions :

SÉRIES	CANTONS	PARCELLES	CONTENANCES par PARCELLE	CONTENANCE TOTALE	OBSERVATIONS
1° Série forestière de Combe-brûlée.	Combe-brûlée.		104h90	139h70	
	La Chaume.	a	5 60		
		b	22 50		
		c	6 70		
2° Série pastorale de la Chaume.	La Chaume.	1	56 20	135 60	
		3	42 60		
		3	36 80		

TROISIÈME PARTIE

ÉTUDES SPÉCIALES A CHACUNE DES SÉRIES

1° Série forestière de Combe-brûlée

Parcellaire. — Description des parcelles.

DÉSIGNATION des PARCELLES	CONTENANCE des PARCELLES	SITUATION EXPOSITION, ALTITUDE	SOL	ÉTAT SUPERCIEL DU SOL CONSTITUTION DU PEUPLEMENT FORESTIER	OBSERVATION
1	12h20	Versant au sud. Altitudes : 160 à 400 m.	Bathonien moyen, sol superficiel, rocheux et stérile.	Lande de buis; buissons d'épines noires et blanches; cepées éparses et rongées, de coudrier, de mahaleb et de chêne.	
2	24 10	Id. Alt. : 170 à 400 m.	Id.	Id.	
3	16 10	Id. Alt. : 230 à 400 m.	Id.	Id.	
4	16	Versant au sud-ouest. Alt. : 315 à 500 m.	Id.	Sur 12 h., lande de buis; sur 4 h., gazon clairsemé.	
5	18	Versant à l'ouest. Alt. : 315 à 500 m.	Id.	Sur 5 h., lande de buis; sur 8 h., brosse de chêne, charme et morts-bois; sur 5 h., gazon clairsemé.	
6	18 50	Versant au nord. Alt. : 160 à 300 m.	Id.	Brosse vigoureuse et complète de chêne, charme et morts bois; pouvant rendre 800 fagots à l'hectare, valant sur pied 120 francs.	
a	5 60	Versant à l'ouest. Alt. : 400 à 500 m.	Bathonien supérieur, sol argilo-calcaire, assez fertile.	Gazon de plantes variées.	
b	22 50	Crête avec revers à l'ouest et à l'est. Alt. : 500 à 615 m.	Id.	A l'ouest, gazon de plantes variées; à l'est, nombreux buissons d'épines et de genévriers.	
c	6 70	Versant au sud-ouest. Alt. : 400 à 505 m.	Id.	Gazon de plantes variées.	

Devis des travaux à exécuter.

Clôture des terrains à reboiser. — En principe, les terrains à reboiser seront entourés d'une haie de ronces artificielles. Deux fils de ronces seront tendus sur des piquets de chêne espacés de 3 m. et ayant 1m50 de longueur totale. Ces piquets seront enfoncés à 0m50 de profondeur et leur pointe sera au préalable passée au feu. La dépense par 100 m. s'établit comme suit :

Fourniture de 200 m. de ronces artificielles, à 3 fr. 50 les 100 m., ci	7 fr. »
Fourniture de 34 piquets de 1m50 de hauteur, à 0 fr. 25 l'un, ci	8 50
Fourniture de 78 crochets, à 0 fr. 01 pièce, ci . . .	0 78
Main-d'œuvre, 2 journées, à 3 fr. l'une, ci.	6 »
Total. . . .	22 fr. 28

Le développement du périmètre est :

Pour Combe-brûlée, de	2,085 m.
Pour A, de	900
Pour B, de	2,410
Pour C, de	1,090
Total. . . .	6,485 m.

Coût de la clôture : 6,485 m. × 0,22 = 1,426 fr. 70.

Plantations. — Les rideaux d'abri seront plantés en résineux, à raison de 2,000 plants par hectare, ce qui correspond à un espacement suffisant de 2m40. On mélangera épicéa, pin sylvestre et pin noir. La plantation du mille de plants revient en moyenne à 16 fr. Le devis est donc le suivant :

Parcelle A. — 11,200 plants à	16 fr.	le mille,	ci . .	179 fr. 20
Parcelle B. — 4,500	—	—	ci . .	720 »
Parcelle C. — 12,400	—	—	ci . .	214 40
				1,113 fr. 60

Regarnissages. — On facilitera beaucoup l'évolution de la lande de buis de Combe-brûlée en disséminant au travers de la lande, principalement sur les points garnis de mousse, et *en enfouissant dans les taupinières*, des glands, des graines de charme, des noisettes, des baies d'alisiers, de sorbiers, de nerpruns, etc. L'instituteur de la commune, après approbation de ses chefs, s'est offert à faire effectuer ce travail par ses élèves, auxquels il donnera une excellente leçon de choses en expliquant le but et l'utilité de l'entreprise.

Exécution des travaux. — L'évaluation des travaux se monte à 2,540 fr. 30. La commune n'a pas d'argent en caisse, pas de ressources autres que les centimes additionnels. Afin de remédier à cet état fâcheux, l'agent forestier a proposé de vendre immédiatement la brosse située dans la parcelle n° 6, sous la condition de réserver les plus belles cepées de bois durs. Cette vente pourra fournir, à raison de 50 fr. par hectare, un principal de . 925 fr.

La commune a demandé et obtenu :

Une subvention	domaniale de	900
	départementale de	100
	Total. . . .	1,925 fr.

Reste donc à parfaire une somme de 615 fr. 30. Le conseil municipal a décidé que moitié de ce reliquat serait inscrit au budget de l'exercice en cours, moitié au budget de l'exercice suivant.

Recépages. — On fera recéper, dans les parcelles 1, 2 et 3, les cepées abrouties de chênes et de morts-bois.

2° Série pastorale de la Chaume

Parcellaire. — La Chaume a été divisée en trois carreaux portant les n°s 1, 2 et 3. La végétation est précoce dans 2 et 3, tardive dans 1.

Époques d'ouverture et de fermeture. — L'ouverture du pâturage sera fixée au 1er avril et la fermeture au 1er novembre; sa durée sera ainsi de 210 jours.

Possibilité. — La production en fourrage vert étant estimée à 2,000 kilos, et la ration journalière d'une vache à 25 kilos, il faut :

Un hectare pour nourrir une bête pendant 80 jours ;

2 h. 63 pour nourrir une bête pendant 210 jours.

La possibilité est donc égale à $\frac{135\ 6}{2.63} = 52$ têtes de bétail. On estime qu'elle pourra être facilement portée à 60 têtes par le seul fait de l'aménagement de la pâture, qui occasionnera une repousse plus énergique de l'herbe.

Rotation. — Le bétail broutera successivement chaque carreau en suivant l'ordre 2, 3 et 1. Il restera environ une semaine dans chacun d'eux, de façon que l'herbe ait le temps de repousser. Les vaches se nourrissent alors beaucoup mieux.

Améliorations. — 1. *Création d'abreuvoirs.* — Il est constant que les bêtes souffrent beaucoup, pendant l'été, de la soif et de la chaleur. Dans chaque carreau, on a cherché et désigné un emplacement marneux, où il sera possible de creuser des abreuvoirs. Les mares auront un are ou deux de superficie ; elles présenteront la forme ci-dessous. Leur plus grande profondeur atteindra 1 m. à 1m50. Le plancher sera garni, s'il y a lieu, d'une couche de 0m30 à 0m40 d'argile damée. Sur les décombres dressés en demi-lune, on plantera des érables ou des noyers destinés à maintenir la mare au frais et à procurer un abri au bétail. Le travail est estimé 100 fr.

2. *Réensemencement partiel des carreaux 1 et 2.* — Dans certaines parties des carreaux 1 et 2, le gazon est rompu et composé seulement de *carex prœcox*, petite herbe fort dure, qui n'est broutée qu'au printemps. Il sera nécessaire de répandre sur ces points quelques bottes de fourrage mûr, à prendre dans la coupe n° 6 de Combe-brûlée. Là s'est développée, dans les vides, une association de plantes calcicoles, particulièrement robustes et remontantes, au nombre desquelles nous pouvons citer d'excellentes fourragères : *Trifolium rubens, Galium cruciatum, Galium mollugo, Galium verum, Dactylis glomerata, Kœleria cristata*, etc. Le foin sera mis soigneusement en meules et répandu, en mars, sur la pâture. Cette petite amélioration nécessitera une dépense de 50 à 60 fr. On la répétera s'il y a lieu.

3. *Entretien des clôtures.* — L'entretien des clôtures est à la charge des bergers. Si quelques fils venaient à se rompre, ceux-là devront couper sur la friche les épines noires et les genévriers qui s'y sont développés et en garnir l'espace libre entre les piquets.

4. *Arbres épars dans la pâture.* — Les bergers seront également tenus d'entourer d'un manchon d'épines les semis naturels de bonnes essences qui pourront un jour contribuer à donner un supplément d'abri à la pâture.

5. *Taxe de pâturage.* — Afin de couvrir les dépenses d'entretien que nécessiteront les clôtures, les plantations et la prairie, le conseil municipal a établi une taxe de pâturage de 2 fr. par tête de bétail, qui sera acquittée, avant le 1er avril, par tout habitant désirant profiter de l'herbage.

II. — Aménagement d'une série de prés-bois a paturage libre

La commune de Y a voté la soumission au régime forestier de

120 hectares de boisés, situés au-dessus de sa forêt communale, sous condition que ces boisés formeraient une série de prés-bois *à pâturage libre* et qu'on se préoccuperait d'améliorer à la fois l'herbage et la forêt. Le service forestier a présenté un avant-projet d'aménagement dont nous résumons les grandes lignes.

Renseignements généraux

Contenance. — 120 hectares.

Configuration du sol. — Partie supérieure et dénuée d'abri d'un contrefort du massif du mont Blanc. Altitudes extrêmes : 1,379-1,862 m. ; altitudes moyennes : 1,600 m.

Sol. — Schistes à séricite (Bésimaudites des géologues italiens).

Climat. — IVe zone de Mühry.

Peuplement.— Boisés de mélèze $\frac{8}{10}$ et d'épicéa $\frac{2}{10}$; taillis d'aune vert. Les résineux végètent mal au sein d'une lande acide de rhododendrons. Çà et là, sur des replats et dans des combes irriguées, gazon de nard raide.

Le mélèze, essence constitutive du pré-bois, atteint en moyenne, à 200 ans, 0m40 à 0m65 de diamètre. La plupart des tiges sont déformées par le chancre de la Pezize. Ce champignon frappe toujours l'arbre isolé, rarement celui qui est en massif, presque jamais celui qui fait partie d'un bouquet d'essences mélangées.

La régénération de cette essence se fait mal, ou même pas du tout dans la lande, mieux le long des sentiers ouverts par le bétail, très bien dans les vides enherbés. La lande cède devant l'aune vert et disparait également sous les bouquets de mélèze et d'épicéa mélangés. Partout, la forêt régénère l'herbage.

La tradition verbale assigne une amplitude de 300 m au recul de la végétation forestière. Celle-ci a été remplacée par la lande.

Exploitation actuelle. — Les bois sont coupés en délit ou détruits par le berger. Il n'y a pas d'exploitation raisonnée et méthodique. Trente vaches ou génisses vivent pendant quatre mois sur cette lande. La taxe perçue par la commune est de 1 fr. 50 par tête de bétail, d'où suit un revenu brut de 45 fr., moins de 0 fr. 40 par hectare, impôts non déduits.

Traitement forestier à appliquer au pré-bois

Non seulement la commune entend ne supporter aucune charge

nouvelle du fait de cette soumission, mais elle demande encore à participer à la vente des produits forestiers dans la proportion d'un tiers. Il en résulte, pour le service forestier, la nécessité de se créer des ressources immédiates pour entreprendre la rénovation de la lande.

Les boisés sont en mauvais état; ils renferment cependant un certain matériel de vieux bois dépérissants, dont on peut échelonner la réalisation sur une longue période.

C'est par pieds isolés que l'on devra procéder de loin en loin à leur extraction. *Il faudra donc jardiner.* Mais le jardinage est inconciliable avec le pâturage libre. Il y aura donc lieu de se préoccuper de la régénération et de créer *des enclos* soustraits aux incursions du bétail.

Parcellaire. — Après une étude approfondie du terrain, la série a été divisée en 6 parcelles séparées par des limites naturelles. La composition en est la suivante :

PARCELLES	CONTENANCES	EXPOSITION	ALTITUDES EXTRÊMES	PENTE	PEUPLEMENTS (NOTIONS SUCCINCTES)
A	24h47	Nord.	1,425-1,923	90 %	Au sommet, lande impénétrable de rhododendrons, de bruyères et d'airelles; au bas, taillis d'aune vert entremêlé de bouquets d'épicéa et de mélèze.
B	20 46	Nord-ouest	1,379-1,768	80 %	Futaie jardinée assez bien venante, formée de bouquets denses, séparés par des ressauts rocheux.
C	31 30	Id.	1,555-1,862	37 à 70 %	Rares bouquets de mélèze et d'épicéa noyés au sein d'une lande très touffue; buissons d'aune vert dans les *crases*.
D	15 14	Id.	1,400-1,583	35 à 40 %	Boisés de mélèze et d'épicéa; taches d'aune vert.
E	13 43	Id.	1,403-1,630	Id.	Id.
F	15 20	Id.	1,528-1,683	Id.	Id.

Mode de traitement. — La série sera parcourue par des coupes de jardinage par contenance qui seront exactement renfermées dans l'enceinte de chaque parcelle.

Rotation. — 18 ans.

Détermination de la possibilité. — On mesure l'accroissement d'une nation par l'augmentation du nombre de ses habitants; on mesure de même la richesse forestière d'un pré-bois par le nombre des arbres qu'il renferme. Le volume ne sert pas à grand'chose ; il masque l'idée culturale qui domine de très haut l'aménagement. C'est donc par *contenance et par pieds d'arbres* qu'il convient de fixer *automatiquement* la possibilité. Mais, pour arriver à cette détermination, il faut absolument connaître *l'étendue approximative couverte par le matériel en croissance.* On y parvient en combinant les résultats de l'inventaire, dressé après comptage des arbres de la forêt, avec ceux du couvert moyen de chaque classe de diamètre.

Voici l'application au cas actuel :

DIAMÈTRE	COUVERT PAR ARBRE	A		B		C		D		E		F	
	m. q.	NOMBRE D'ARBRES	COUVERT TOTAL ares	NOMBRE D'ARBRES	COUVERT TOTAL ares	NOMBRE D'ARBRES	COUVERT TOTAL ares	NOMBRE D'ARBRES	COUVERT TOTAL ares	NOMBRE D'ARBRES	COUVERT TOTAL ares	NOMBRE D'ARBRES	COUVERT TOTAL ares
0m20	8	400	32.00	1,232	98.56	514	41.12	479	38.32	365	29.20	391	31.28
0 25	11	305	33.55	891	98.01	295	22.45	345	37.95	195	21.45	270	29.70
0 30	14	275	38.50	732	1.02.48	287	40.18	309	43.26	215	30.10	157	21.68
0 35	18	154	27.72	379	68.22	120	21.60	147	26.46	127	22.86	91	16.38
0 40	23	147	33.81	388	89.24	141	32.53	166	38.18	102	23.46	87	20.01
0 45	29	65	18 85	241	49.89	70	20.30	126	36.54	73	21.17	62	17.98
0 50	36	16	5.76	155	55 80	60	21 60	41	14.76	39	14.04	38	13.68
0 55	44	3	1.32	72	31.68	38	16.72	33	14.52	14	6.16	16	7.04
0 60	52	3	1.56	51	26.52	30	15.60	18	9.36	3	1.56	6	3.12
0 65	59	5	2.95	30	17.70	11	6.49	8	4.72	6	3 54	3	1.77
0 70	68	4	2.72	27	18.36	6	4.08	6	4.08	8	5.44	1	0.68
0 75	75	»	»	6	4.50	9	6.75	3	2 25	4	3.00	1	0.75
0 80	83	1	0.83	12	9.96	5	4.15	1	0.83	5	4.15	»	»
0 85	90			3	2.70	»	»			1	0.90	»	»
0 90	97			3	2.91	1	0 97			1	0.97	1	0.97
0 95	102			4	4.08	»	»			1	1.02	»	»
1 »	107			5	5.35	2	2.14					1	1.07
Surface couverte.		1378	$1^{h}99^{a}57$	4,231	$6^{h}85^{a}96$	1,589	$2^{h}66^{a}68$	1,682	$2^{h}71^{a}23$	1,159	$1^{h}79^{a}02$	1,125	$1^{h}66^{a}11$
Couvert des jeunes bois non inventoriés 1/3			66.52		2.25.25		88.89		90.40		59.67		55 37
Couvert total.			$2^{h}66^{a}09$		$9^{h}11^{a}21$		$3^{h}55^{a}57$		$3^{h}66^{a}63$		$2^{h}38^{a}69$		$2^{h}21^{a}48$
Nombre d'arbres à l'hectare.		56		207		51		111		86		74	

La surface totale couverte par les bois en croissance étant approximativement de 23 h. 54 a. 67 c., on propose de fixer la possibilité à un arbre un quart par hectare réellement couvert, soit à ***30 arbres*** pour l'ensemble de la série.

Seront seulement compris comme arbres, les sujets de 0m30 de diamètre et au-dessus.

Assiette des coupes pendant la première rotation. — Les coupes triennales par contenance s'étendront sur une parcelle tout entière. Le nombre d'arbres à exploiter dans chacune de ces divisions a été établi proportionnellement à la surface couverte. Le tableau ci-dessous fait connaître l'ordre, l'importance et la nature des coupes durant la première rotation :

PARCELLES	CONTENANCES	DATE des exploitations	NOMBRE d'arbres à exploiter	OBSERVATIONS
A	24h47	1910	60	*Technique des coupes :* Extraire les arbres secs et dépérissants de toutes catégories; jardiner les bois sains de 0m30 de diamètre et plus, en desserrant çà et là les bouquets trop denses et en évitant soigneusement de rompre le mélange naturel des essences; respecter les taillis d'aune vert ou se contenter de supprimer les rejets courbants appliqués contre terre, qui nuisent à la production de l'herbe et entravent le passage du bétail; assurer la régénération des résineux par la création d'enclos fermés au parcours; laisser ouverts les taillis d'aune vert dont les vaches ne broutent pas la feuille.
B	20.46	1896	205	
C	31.30	1899	80	
D	15.14	1901	91	
E	13.43	1904	54	
F	15.20	1907	50	

Taux de boisement et enclos de régénération. — Taux de boisement insuffisant dans la plupart des parcelles. On devra s'efforcer de couvrir ***moitié au moins*** du terrain. Cela implique la nécessité d'accroître le boisement par voie de régénération des arbres :

dans	A, sur 9 h. 17		35 h. 22 a.
	C, sur 12 09		
	D, sur 3 95		
	E, sur 4 32		
	F, sur 5 39		

On échelonnera ce travail sur deux rotations, donc sur 36 ans.

Dans A, la lande est trop épaisse pour que le bétail puisse y circuler et y trouver sa nourriture. Il n'y a pour ainsi dire pas de terre végétale en dehors des combes occupées par l'aune vert. Il suffira de hâter la propagation de cette essence sur les sommets, en répandant de loin en loin quelques cônes dans les endroits les plus frais et les plus propices à la germination des graines. Confier cette besogne au garde du triage, moyennant une gratification.

Dans B, la proportion du boisement est normale; les vaches et les génisses ne peuvent y aller, en raison de la pente et des rochers. C'est pourquoi nous l'avons mise en tête du roulement. Pas de travaux à exécuter.

Dans C, le bétail a partout accès. On cherchera donc dans la lande, en dehors des grands vides gazonnés, les points où se sont produits des semis de mélèze ou d'épicéa. On enveloppera ces semis d'une haie de ronces artificielles, posées sur crochets et pouvant être facilement déplacées. Les enclos de régénération à créer sur 6 hectares devront avoir une superficie de 50 ares à un hectare. Dans chacun d'eux, on jettera des cônes d'épicéa sous les genévriers, s'il n'existe pas de semis naturels; puis on arrachera, tous les dix mètres, par exemple, 3 à 4 mètres carrés de rhododendrons, en tirant avec la main; on épandra enfin sur le sol remué des graines d'aune vert, d'aune blanc ou de mélèze. On remuera avec un râteau et on foulera légèrement avec le pied.

Même opération dans D et E, où l'on enclora 2 h.

— dans F, où l'on enclora 2 h. 50 a.

Les parcs devront être visités chaque année et maintenus en bon état par le garde du triage. Ils seront maintenus fermés jusqu'après formation d'un gaulis défensable et pourront seulement alors être rendus au libre parcours.

Devis des travaux. — L'achat, le transport à pied d'œuvre et la pose d'un double cordon de ronces artificielles, sur piquets distants de 3 m. et hauts de 1ᵐ50, reviennent à 0 fr. 50 par mètre courant. La clôture d'un hectare coûte environ 200 fr. La préparation de 80 placeaux de 4 mètres carrés de superficie se monte à 60 fr.; la récolte, le transport et la mise en place des graines pour les ensemencer, s'élèvent à moins de 40 fr. La préparation d'un hectare de lande absolument dépourvue de semis naturels reviendra donc au maximum à 300 fr.

Le montant des travaux à effectuer s'apprécie facilement ainsi :

C	6 × 300 =	1,800 fr.
D	2 × 300 =	600
E	2 × 300 =	600
F	2,50 × 300 =	750
	Total. . . .	3,750 fr.

La coupe vendue en 1896 ayant donné 5,000 fr. et la commune ayant retenu une somme de 1,666 fr., il reste 3,334 fr. à consacrer à la transformation de la lande. On peut donc, courant au plus pressé, exécuter immédiatement les travaux forestiers prescrits et consacrer encore 584 fr. à l'amélioration de l'herbage, qui sera poursuivie avec les ressources provenant des ventes futures.

Traitement à appliquer au pré-bois.

Les parties les plus fertiles et les mieux placées pour la production de l'herbe seront soigneusement reconnues; on s'efforcera d'y maintenir le gazon en bon état en faisant extirper à la pioche les plaques de rhododendrons qui s'y jettent et qui finissent par dévorer le pré. On s'attachera à conserver autour de ces clairières un rideau continu d'arbres qui barrent le chemin à la lande, l'étiolent, la dépriment et empêchent l'évolution normale de ses graines. On aura soin, toutes les fois que l'on rencontrera un jeune semis résineux, de le sertir de branches de genévriers, qui lui feront un manchon protecteur.

Les grandes clairières seront reliées entre elles par des chemins de 10 mètres de largeur, créés en défrichant progressivement la lande. Pour ce faire, on utilisera les sentiers déjà existants, où les buissons sont moins denses et où le défrichement sera beaucoup moins onéreux et beaucoup plus rapide.

Des irrigations seront assurées d'une façon économique, soit en pratiquant des saignées dans les nants peu encaissés, soit en barrant ces mêmes nants avec des digues en pierres sèches ou des enrochements rendus étanches avec de la glaise.

L'importance de ces travaux sera proportionnée aux ressources que fourniront les ventes. On espère pouvoir y consacrer près de 3,000 fr. pendant la première rotation et créer, avec cette somme, 20 hectares de bonnes prairies nouvelles, pouvant doubler le revenu herbager de la lande. La forêt et l'herbage s'enrichiront donc en même temps.

Observations. — L'aménagement des prés-bois offre les combinaisons les plus variées. Pour ne pas allonger indéfiniment ce travail, nous avons dû nous borner à en donner deux exemples. C'est assez pour montrer la tendance de notre esprit à tout subordonner à la *contenance*. Pour les prés-bois feuillus, il est impossible d'opérer autrement; pour les prés-bois résineux, c'est encore le guide le plus sûr. L'accroissement du matériel ligneux, la production de la prairie sont des facteurs du sol et du milieu, les résultats de tel ou tel mode de culture. Limiter le plus possible son champ d'action pour mieux embrasser le détail; porter dans ce champ restreint toute son attention sur l'arbre, entité vivante, et sur le milieu dans lequel il évolue; vérifier par des comptages rapides si la population forestière augmente ou diminue, tels sont les points principaux qui doivent solliciter l'attention du praticien. La forme des arbres, l'accroissement, le volume à exploiter annuellement, par exemple, sont des variables échappant à toute analyse; au contraire, le nombre d'arbres à enlever est une donnée sûre et que chacun peut comprendre.

CONCLUSIONS

Il en est du pâturage en forêt comme de ces institutions qui ont joué pendant longtemps un rôle important dans les sociétés, mais qui ont dû disparaître devant les conquêtes de l'esprit moderne. Indispensable aux besoins du moyen âge, utile encore accidentellement dans les siècles précédant le nôtre, il est actuellement devenu un rouage inutile au bon fonctionnement de la vie agricole. Ce n'est plus qu'un organe atrophié, qui non seulement ne sert pas à l'organisme, mais encore l'alourdit, le gêne et devient pour lui la source de nombreuses et graves maladies. Résumant dans cette étude quinze années de persévérants efforts, nous nous sommes efforcé de déceler le mal et d'indiquer à côté le remède. Puisse donc, si quelques-unes des idées contenues dans ces pages sont susceptibles de germer en procurant un peu de bien au pays et à l'agriculture, tout le mérite en remonter : d'abord à la Société forestière de Franche-Comté et Belfort, qui a ouvert ce concours, et aux hommes éminents qui la dirigent; ensuite à l'administration forestière, notre *alma mater*.

28 avril 1899.

TABLE DES MATIÈRES

V. — Forêts de protection.

VI. — Exercice et restrictions.

VII. — Prés-bois.

CRÉATION DE PRÉS-BOIS

REBOISEMENTS

AMÉNAGEMENT

BESANÇON. — IMPRIMERIE ET LITHOGRAPHIE DE PAUL JACQUIN.

Pl. 1.

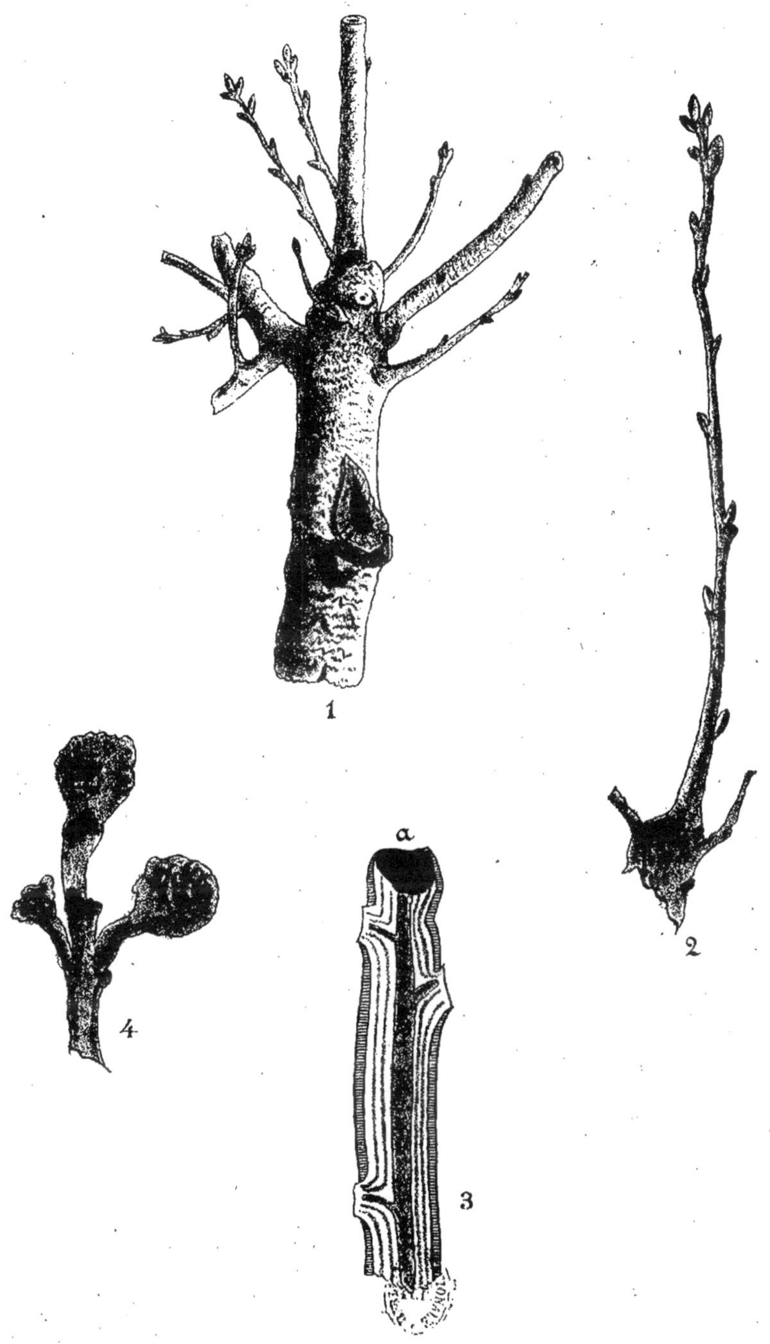

1. Rameau de chêne abrouti (mauvais sols); en bas, blessure causée par la grêle. — 2. Brindille de ce même rameau garnie de bourgeons adventifs. — 3. Section du rameau; en *a*, nécrose. — 4. Galles de cynips.

(Forêt communale de Diénay (Côte-d'Or); corallien.)

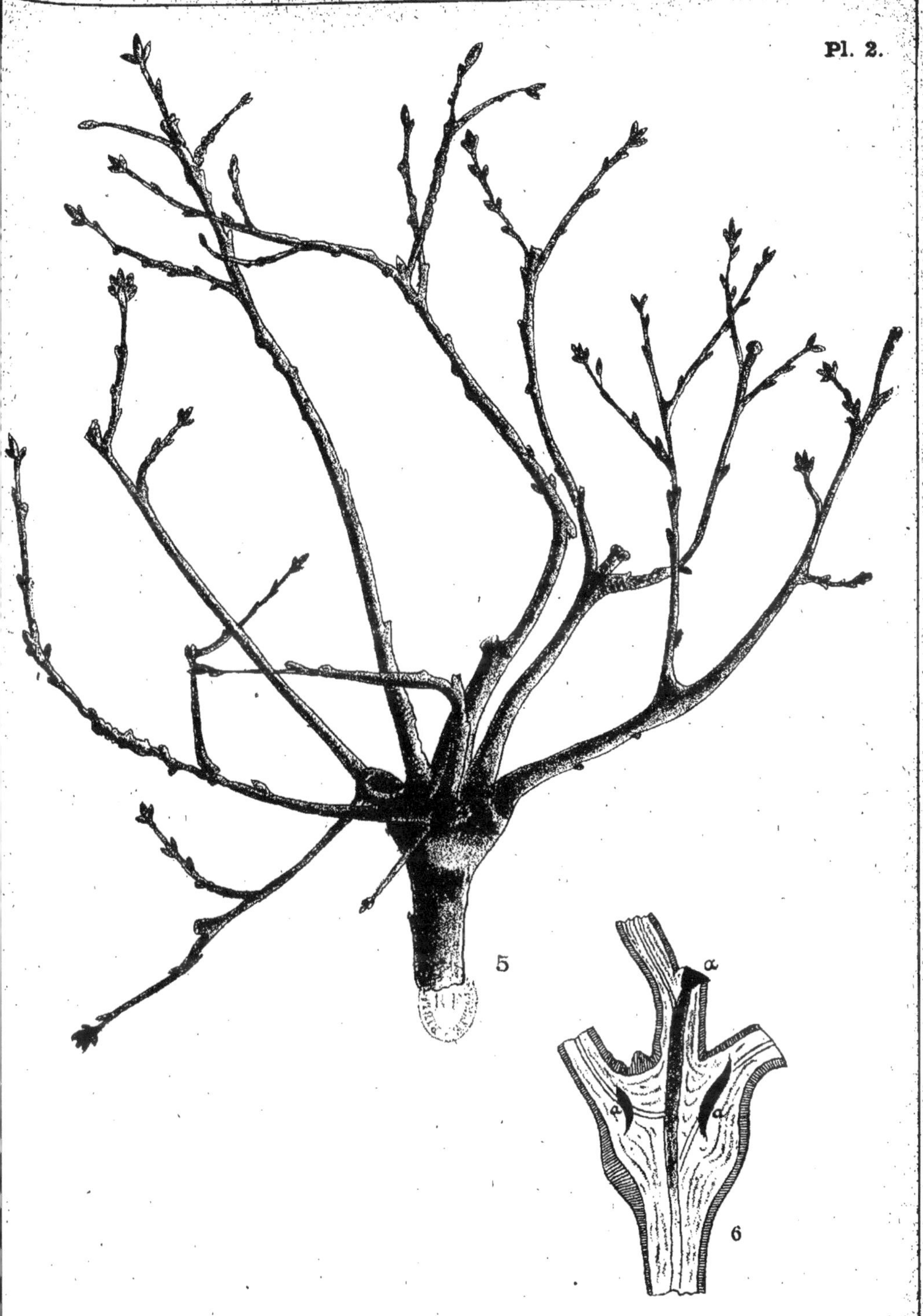

5. Nœud et balai sur un rameau abrouti de chêne rouvre (sols fertiles). — 6. Section du rameau; *a*, bois nécrosé; *b*, gangrène médullaire.

(*Forêt communale de Noiron (Côte-d'Or)*; sables albiens.)

7. **Rameau de chêne rouvre abrouti en 1893 (mauvais sols); 1/3 de grandeur naturelle.**

(*Coupe n° 2 de la forêt communale de Val-Suzon (Côte-d'Or);* bathonien.)

Pl. 4.

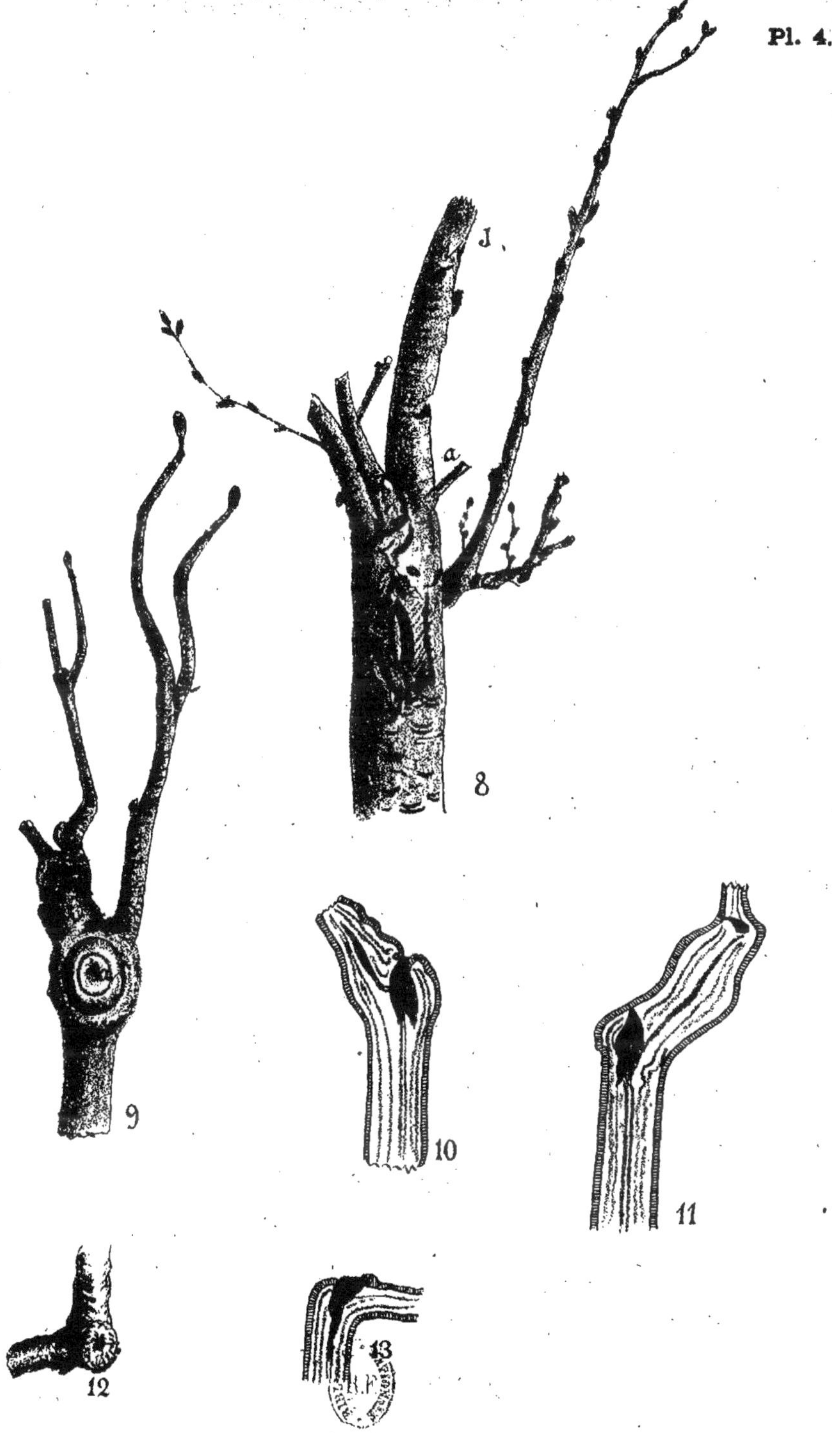

8. Rameau abrouti de chêne rouvre; *a-b*, chicot mort; en bas, blessure causée par la grêle. — 9. Rameau abrouti d'alisier blanc; *a*, lumen. — 10-11. Le même ouvert; *a*, poche de bois nécrosé. — 12. Rameau plus petit. — 13. Sa section retournée montrant la poche de bois nécrosé et le commencement de gangrène médullaire.

(Forêt communale de Diénay (Côte-d'Or.)

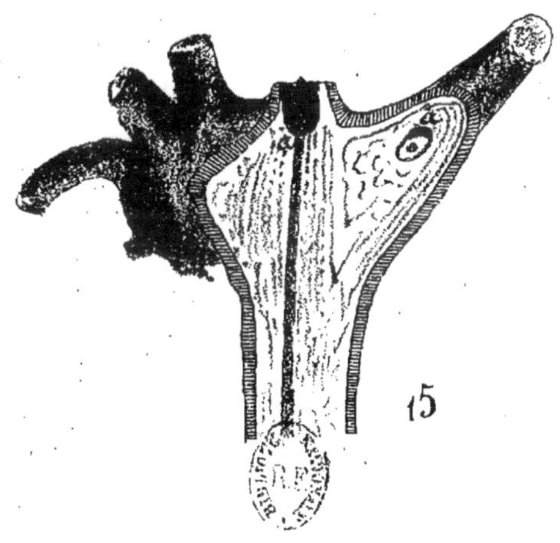

Branche abroutie d'alisier blanc. — 14. Nodosité au niveau de la blessure. — 15. Section du rameau; *a*, bois nécrosé avec commencement de gangrène médullaire.

(Forêt communale de Diénay (Côte-d'Or.)

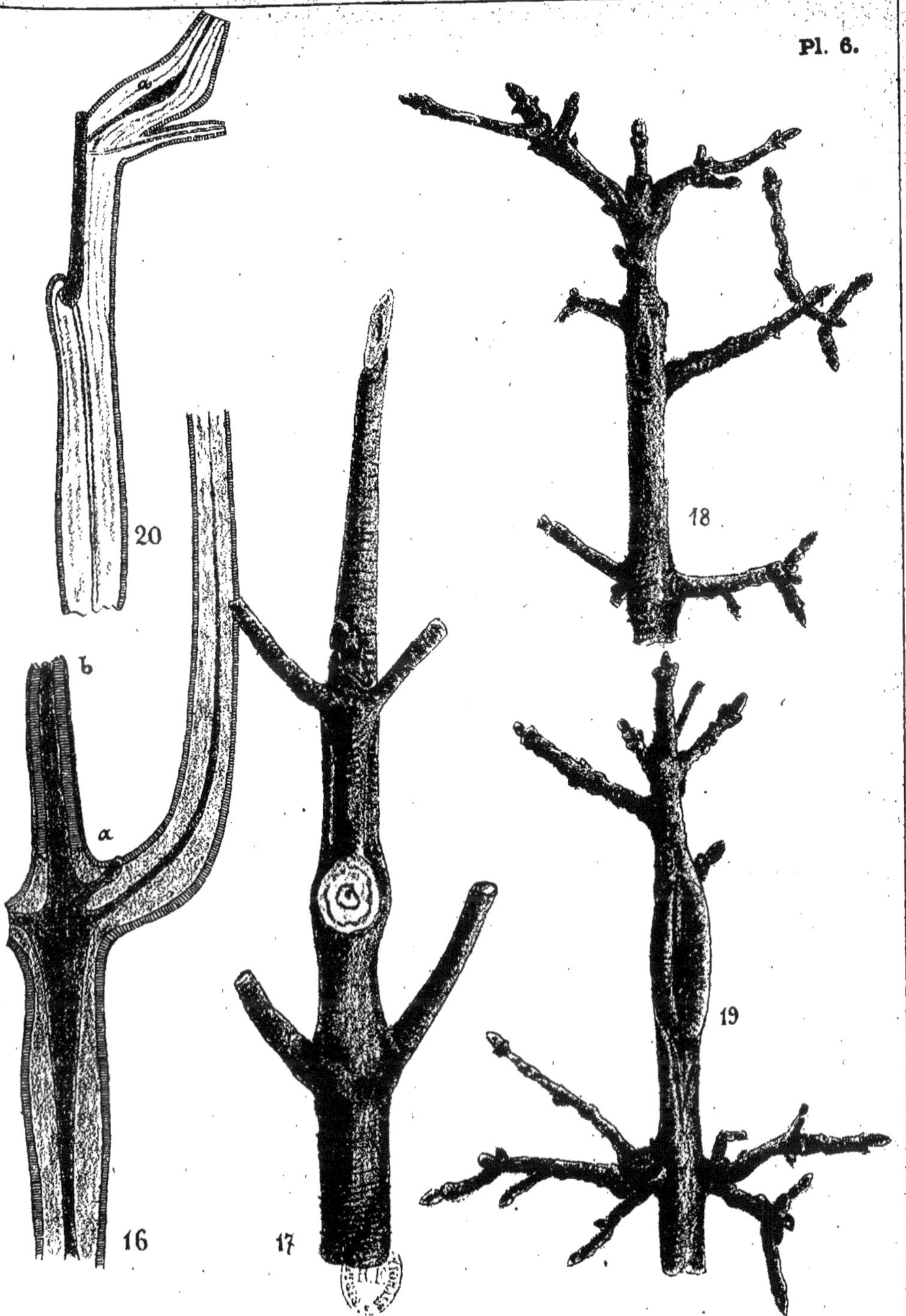

16-17. Frêne abrouti (bons sols); *a-b*, bois mort; *c*, canal médullaire. — 18-19. Frêne abrouti (mauvais sols); *a*, chicot de bois mort dans une déchirure. — 20. Section du rameau 19; *a*, bois nécrosé. — Grandeur naturelle.

(Forêt communale de Remilly-sur-Tille (Côte-d'Or.)

21. Branche de charme abroutie en 1893 (mauvais sols). Les brindilles les plus longues du balai se sont allongées de 0m72 en six ans.

(*Coupe n° 2 de la forêt communale de Val-Suzon (Côte-d'Or)*; bathonien.)

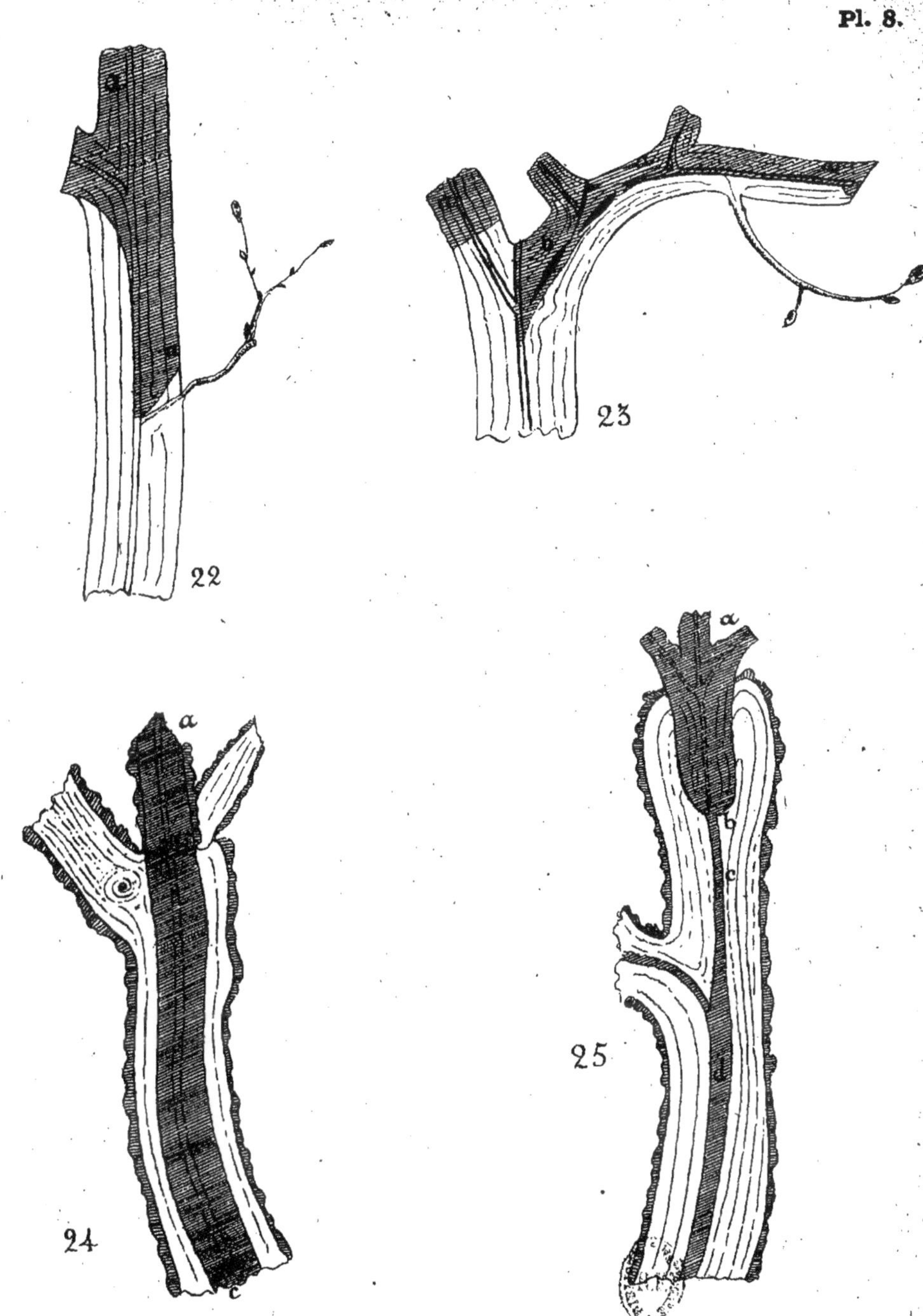

22-23. Coupe d'une branche de charme abroutie en grandeur naturelle; *a-a*, bois nécrosé; *b*, points de gangrène noire.

(Remilly-sur-Tille (Côte-d'Or.)

24-25. Érable champêtre, grandeur naturelle; *a-b*, chicot brouté et mort; *b-c*, manchon de bois gangrené autour du canal médullaire; *d*, moelle attaquée.

(Val-Suzon (Côte-d'Or.)

26. Pousse d'érable champêtre abroutie en 1893 ; 1/6 de grandeur naturelle.
(Coupe n° 2 de la forêt communale de Val-Suzon (Côte-d'Or.)

Pl. 10.

27

28

29

30

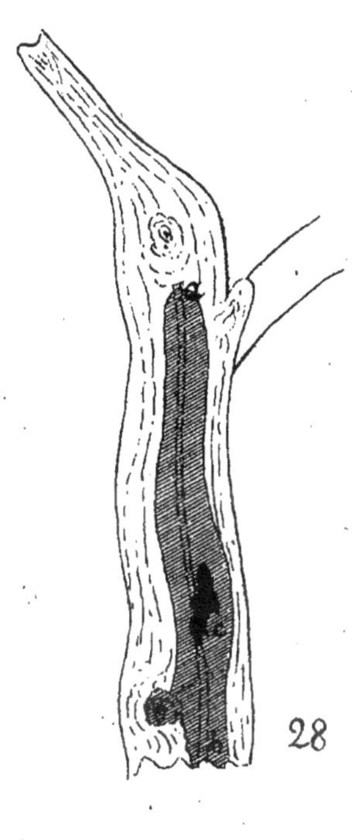

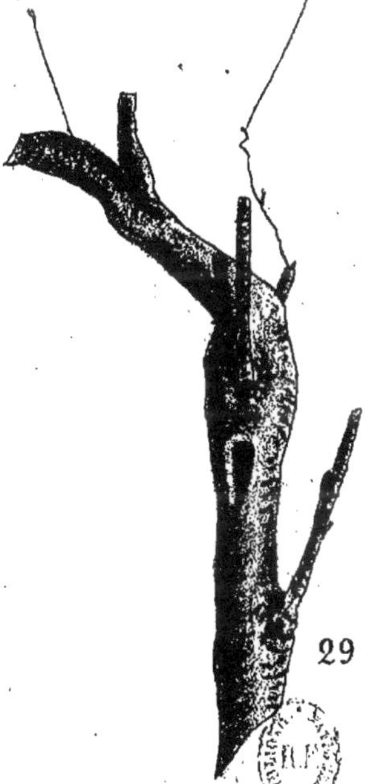

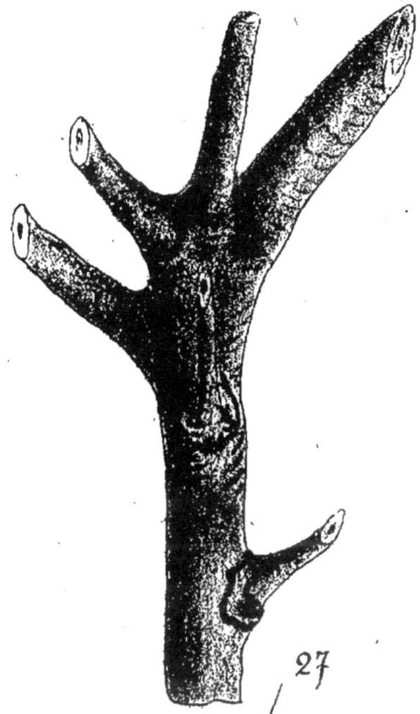

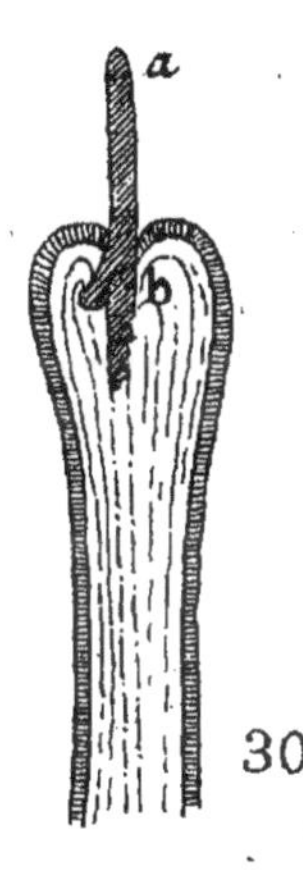

27-28. Rameau de tremble abrouti ; *a-b*, bois nécrosé ; *c*, tache de gangrène noire.

(Forêt communale de Spoy.)

29-30. Rameau de bouleau abrouti ; *a-b*, bois nécrosé.

(Forêt communale de Remilly-sur-Tille.)

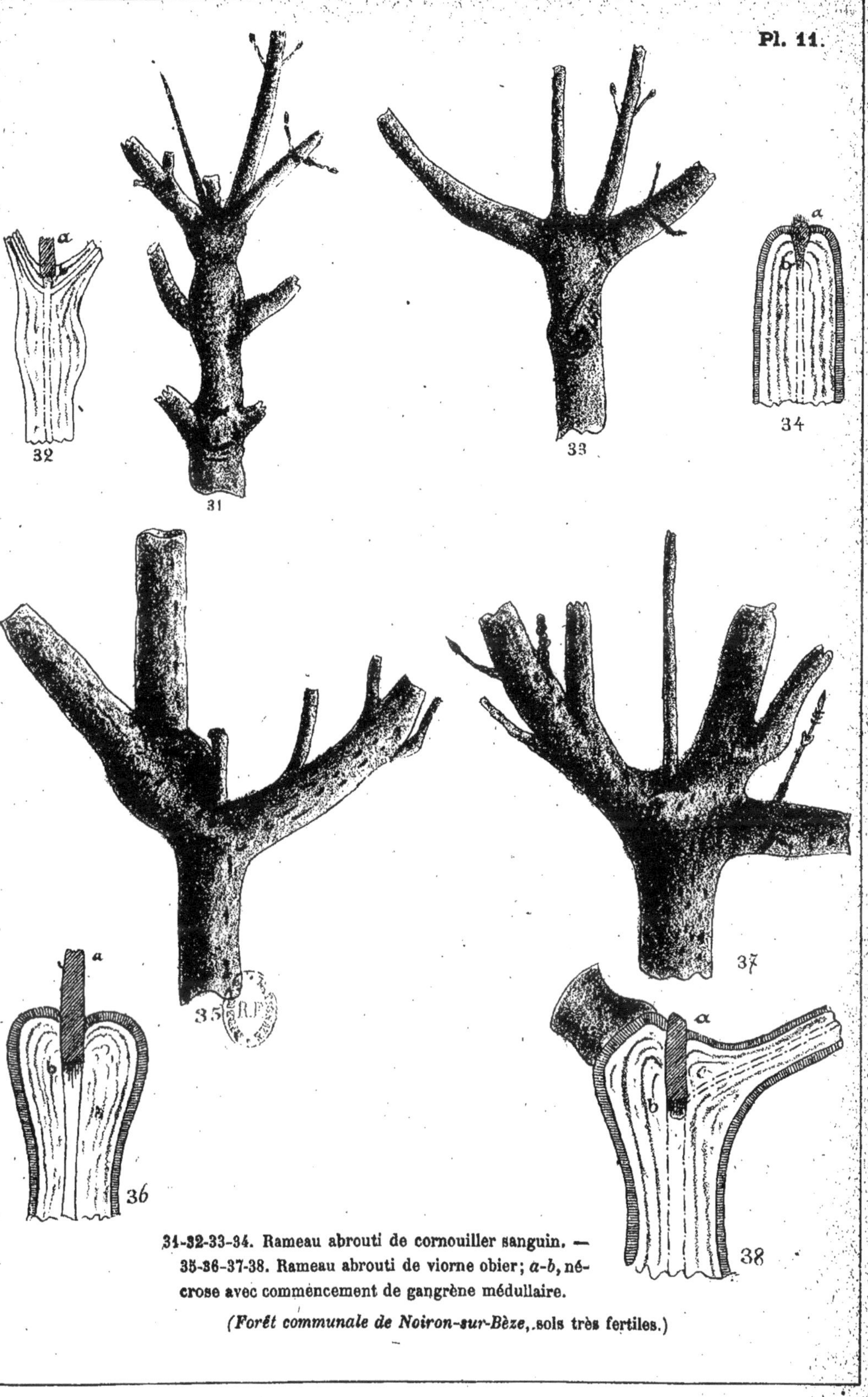

31-32-33-34. Rameau abrouti de cornouiller sanguin. — **35-36-37-38.** Rameau abrouti de viorne obier; *a-b*, nécrose avec commencement de gangrène médullaire.

(Forêt communale de Noiron-sur-Bèze, sols très fertiles.)

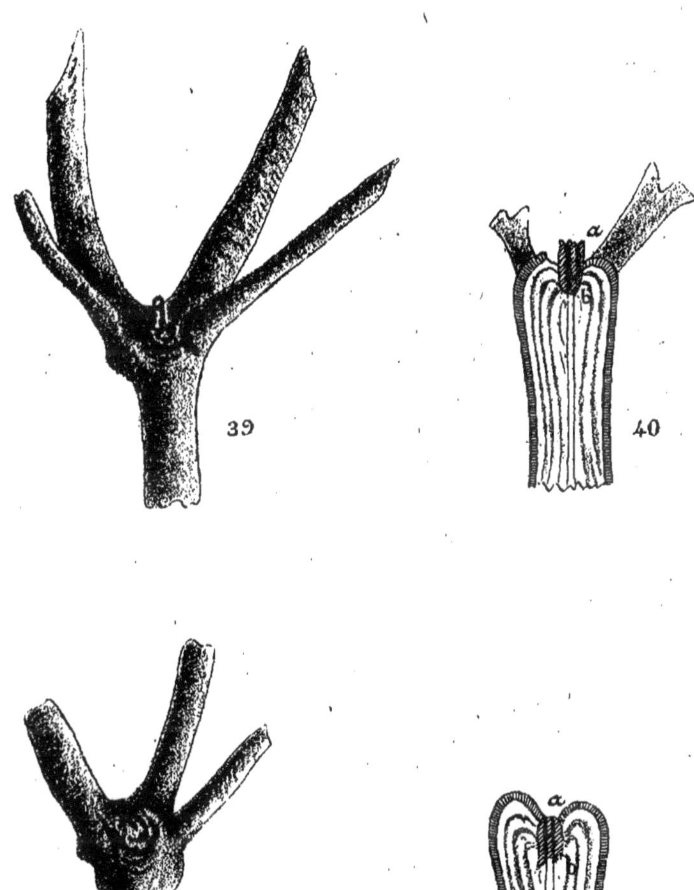

39-40-41-42. Rameaux abroutis de fusain; *a-b*, bois nécrosé; terrains fertiles.

(Forêt communale de Noiron-sur-Bèze (Côte-d'Or.)

Pl. 13.

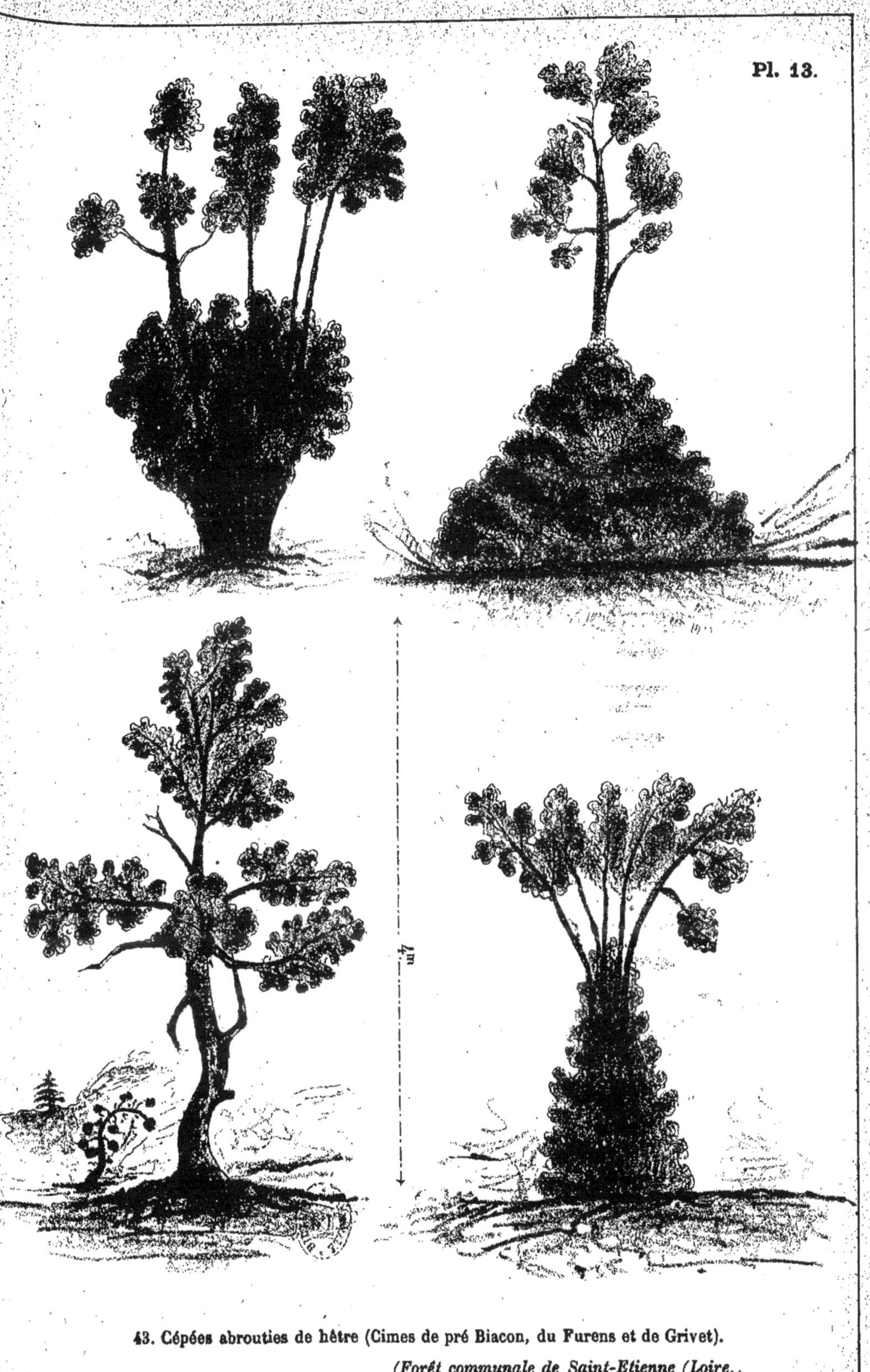

43. Cépées abrouties de hêtre (Cimes de pré Biacon, du Furens et de Grivet).

(Forêt communale de Saint-Etienne (Loire.)

44. Jeune sapin abrouti. — 45. Déformation causée par le pâturage au tronc d'un sapin.

(Forêt communale de Saint-Etienne (Loire.)

46. Une trochée d'épicéa provenant d'un semis abrouti. — 47. Epicéa en cupule; la tête a été anciennement broutée ou cassée par le bétail.

(Forêts alpestres du Dauphiné et de la Savoie.)

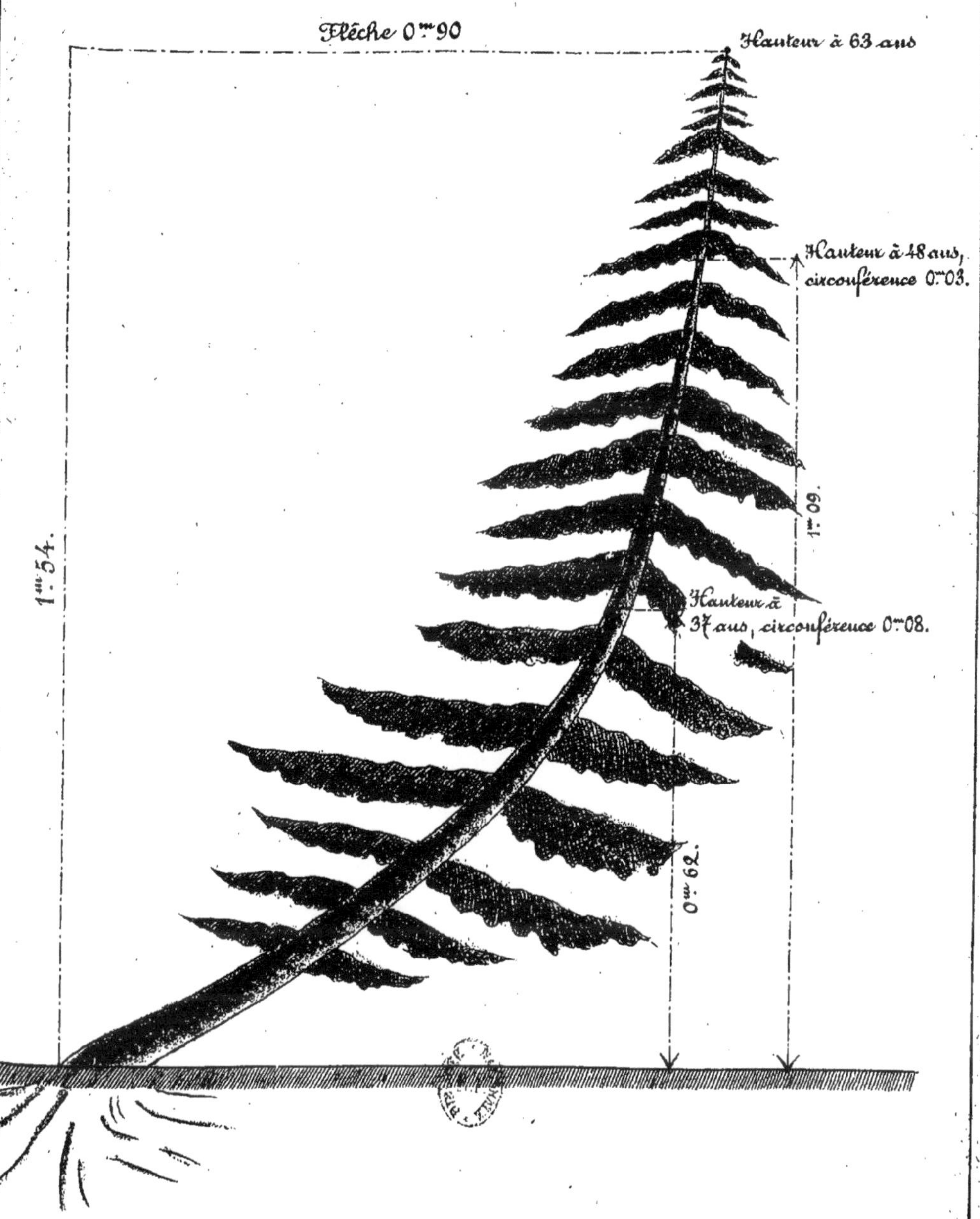

Semis abrouti d'épicéa; canton des Sçais, commune du Grand-Bornaud (Haute-Savoie). Age : 63 ans; hauteur, 1m54; circonférence : au ras du sol, 0m20; à 0m62 du sol, 0m08; à 1m09 du sol, 0m03. Déjeté de la verticale de 0m90.

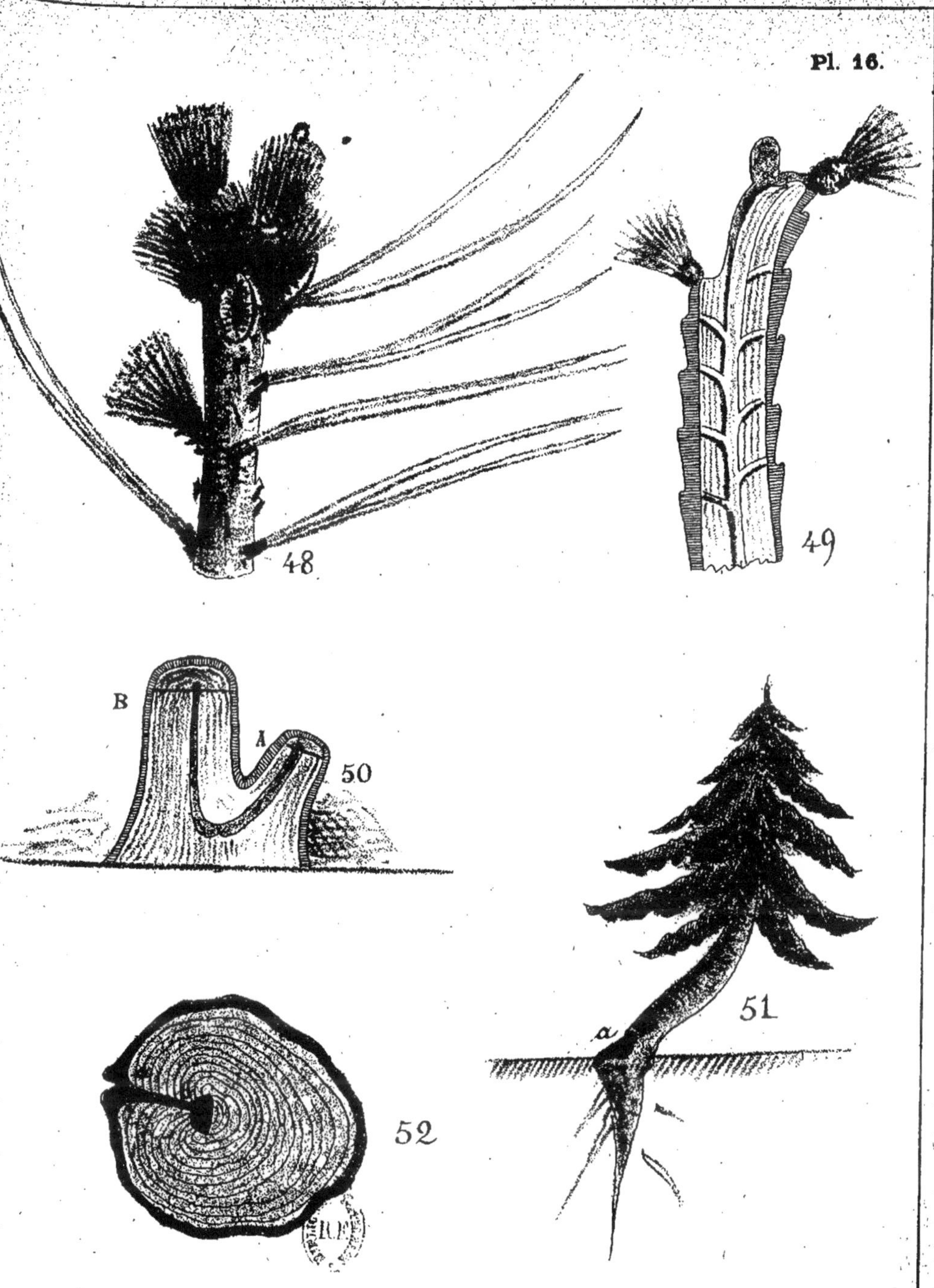

48. Tige abroutie de pin noir. — 49. Section de ce même rameau. — 50. Epicéas jumeaux; la branche *A* ayant été supprimée, la pourriture remonte dans la branche *B*.

(Forêt communale du Grand-Bornaud (Haute-Savoie.)

51. Epicéa offrant en *a* une talure causée par le sabot du bétail. — 52. Coupe transversale de la tige au niveau *a*; *a-b-c*, gangrène.

(Forêt communale du Grand-Bornaud (Haute-Savoie.)

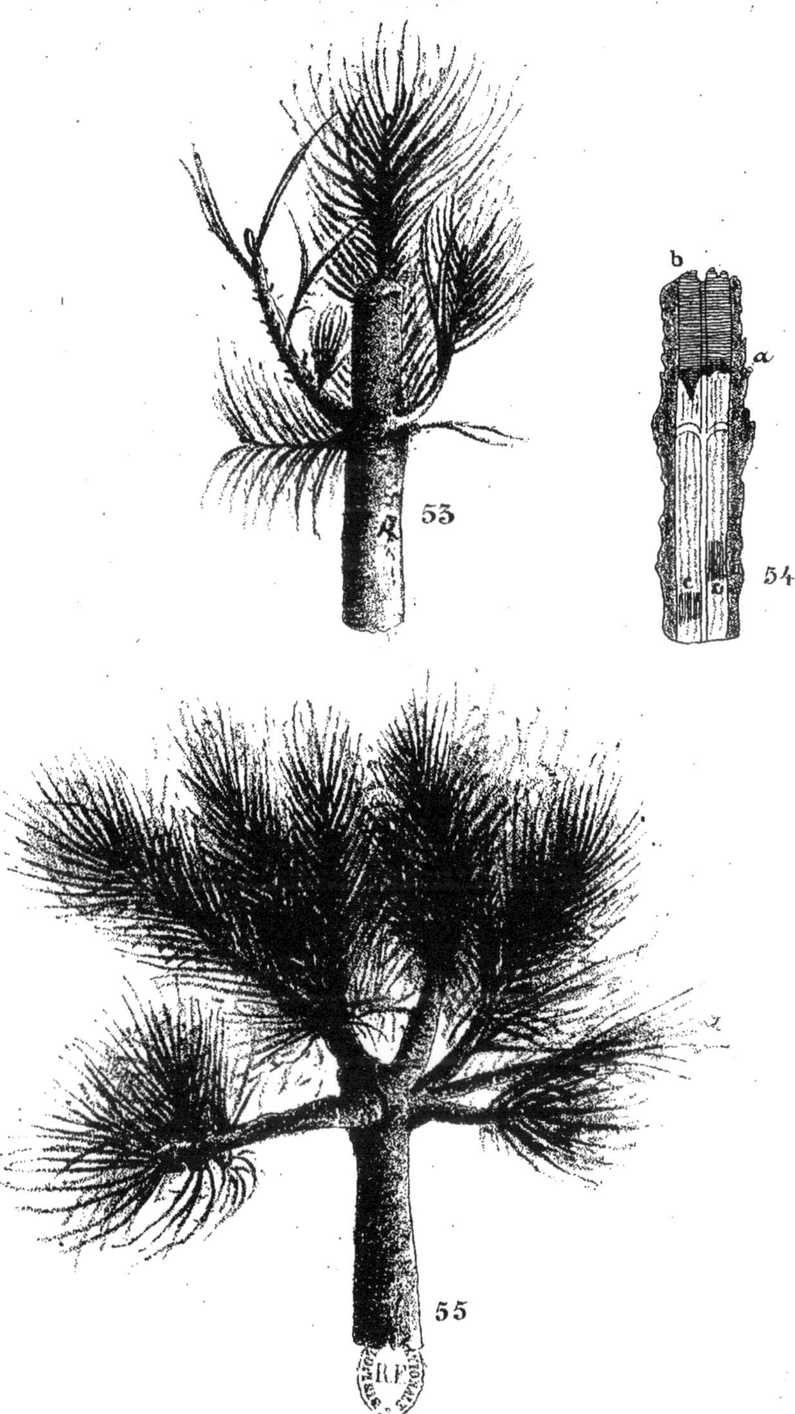

53-55. Rameau de pin sylvestre abrouti. Plantations d'Orville (Côte-d'Or). — 54. Section du rameau 53; *a-b*, bois nécrosé; *c-c*, concrétions de résine.

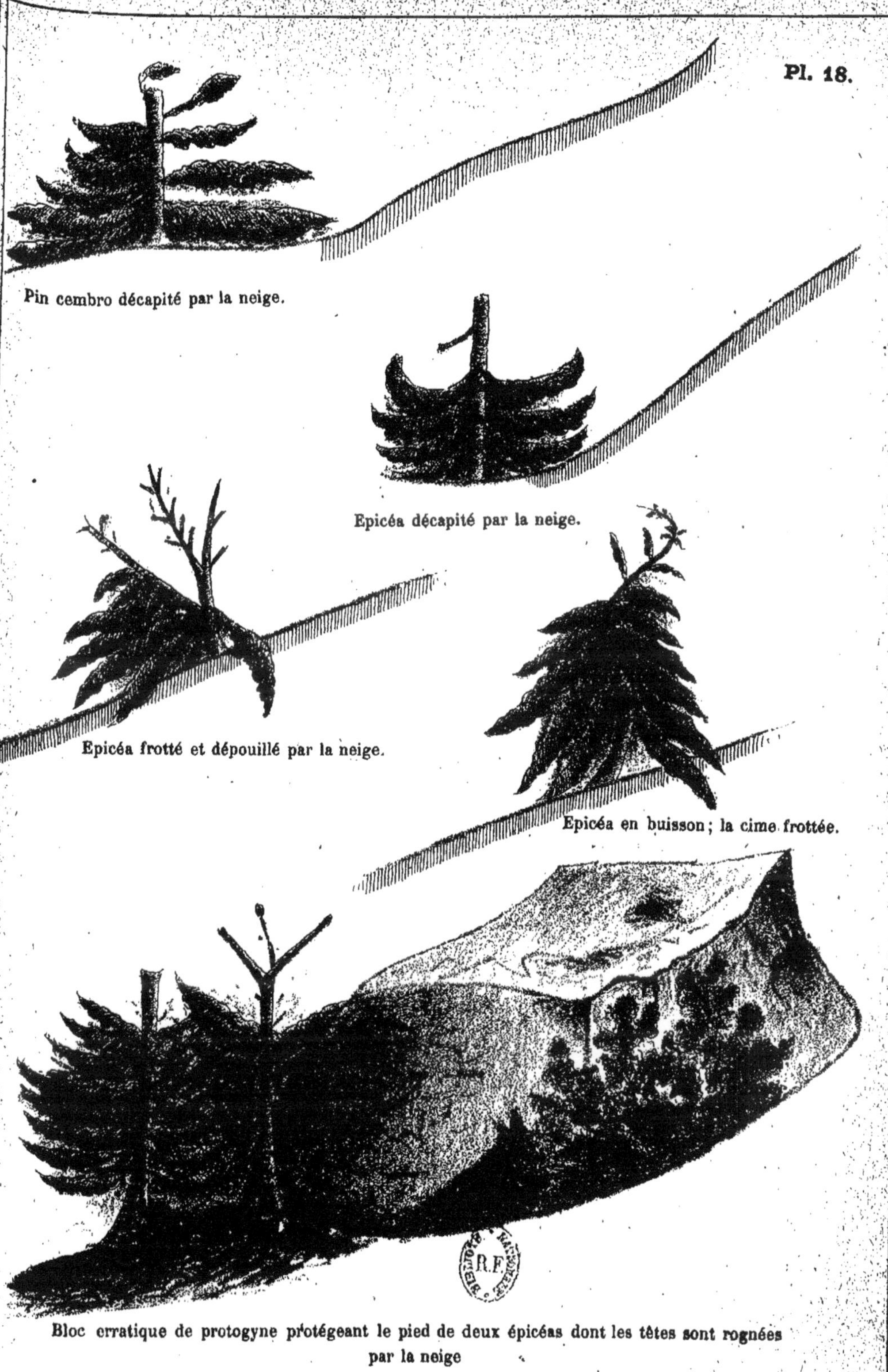

Pl. 18.

Pin cembro décapité par la neige.

Epicéa décapité par la neige.

Epicéa frotté et dépouillé par la neige.

Epicéa en buisson ; la cime frottée.

Bloc erratique de protogyne protégeant le pied de deux épicéas dont les têtes sont rognées par la neige

(Forêt communale des Contamines (Haute-Savoie). Canton de Côte d'Auran entre 1,837m et 1,855m.)

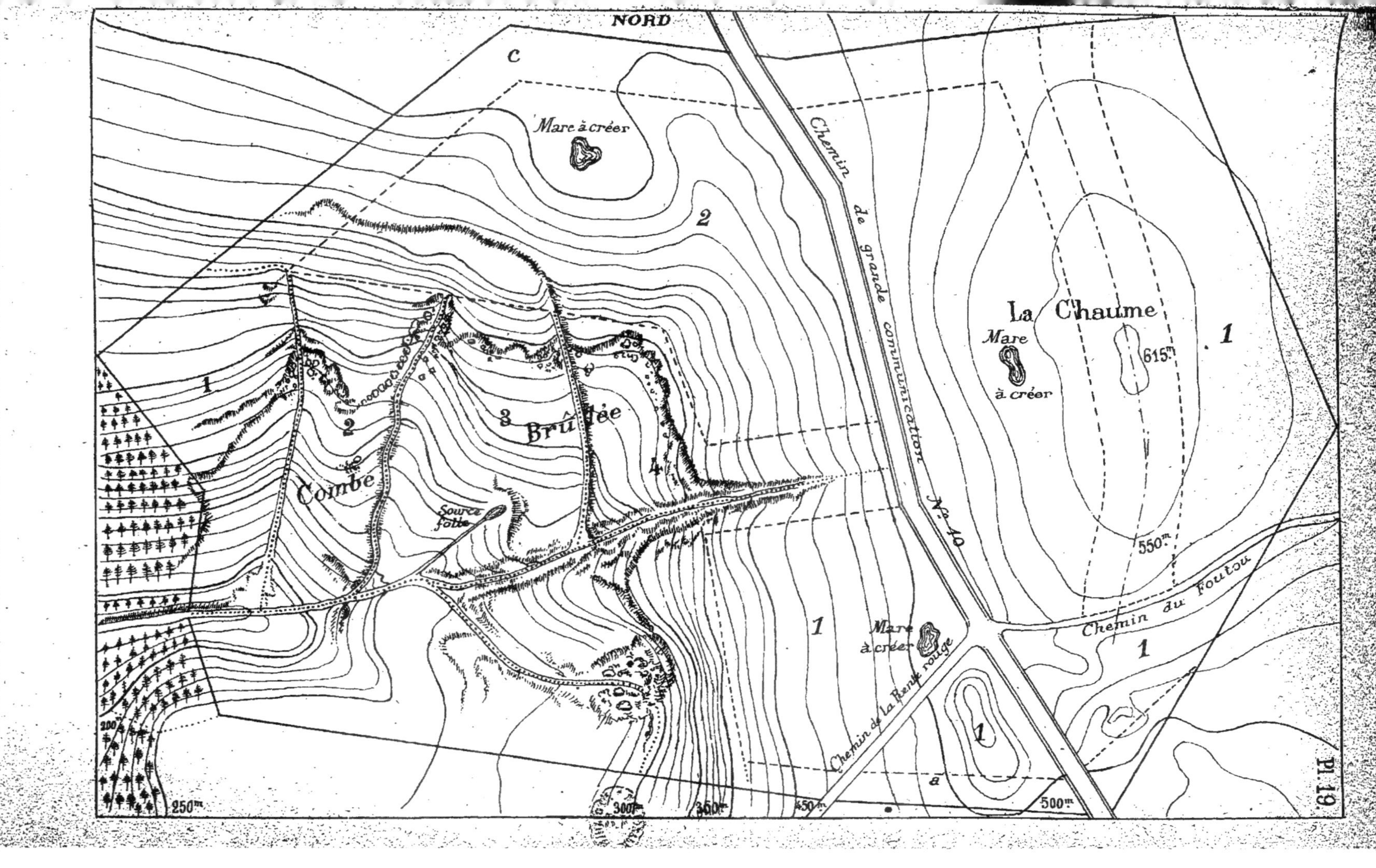
Pl. 19.
NORD
La Chaume
615m
550m
Mare à créer
Mare à créer
Mare à créer
Chemin de grande communication No. 40
Chemin du Foutou
Chemin de la Bende rouge
Brûlée
Combe
Source folle
500m
450m
350m
300m
250m
200m

www.ingramcontent.com/pod-product-compliance
Ingram Content Group UK Ltd.
Pitfield, Milton Keynes, MK11 3LW, UK
UKHW020951230726
13923UKWH00007B/246